KB272987

문예신서
210

밀교의 세계

鄭泰爀 著

東 文 選

밀교의 세계

책머리에

인생은 다시 얻기 어렵고, 불법은 더욱 만나기 어렵다.

희유하게 인간으로 태어났으니 거룩하게 살아야 하고, 장엄하게 죽어야 한다. 이러한 멋진 삶은 가장 종교적인 삶이다. 더없이 올바르며, 누구에게나 감로가 되는 가르침이 가장 좋은 종교다.

밀교는 불교의 역사에 있어서 극치에 이른 가르침이다. 그러므로 인류의 지혜의 열매인 것이다.

밀교는 붓다가 보리수 밑에서 깨달은 진리 그대로 통째로 보인 것이며, 붓다의 삶 그대로인 실천의 길을 보인 것이다. 그러기에 헤아려서 알기 어렵고 보기 어려우나 훤히 뚫려 있는 큰길이다. 그러나 수많은 붓다의 제자들은 이것을 보고 그대로 따라서 갔던 것이다.

그동안에 나는 밀교에 관한 몇 권의 책도 썼고 논문도 발표한 바 있지만 이제 다시 이 시대에 사는, 진리에 목마른 중생들에게 감로의 물을 주기 위해서 이 책을 썼다. 그러므로 이 책의 내용은 밀교의 개론이 되기도 하고, 대승불교의 실천 지침서가 되기도 할 것이다. 만다라로 표시되는 신비하고 거룩한, 멋진 인생 철학을 보여 주는 책이 되도록 노력했다. 이것이 붓다의 뜻이며, 모든 불제자의 길이기 때문이다. 불교를 지혜의 나무에 비유한다면 소승불교가 뿌리요, 대승불교의 모든 교리는 꽃이다. 그리고 밀교의 가르침은 열매다. 그러기에 이 책을 지혜의 나무와 같이 구상하였으며, 다시 밀교에 대한 깊은 연구를 바라는 사람들을 위하여 한 편의 논문을 넣었다.

붓다의 뜻이 올바르게 전해져서 이 땅의 모든 중생들이 죄짓지 않고 착하게 살면서 복을 지어 멋진 삶을 살기를 기원한다.

'이 땅 위아래에 사는 온 누리의 생명들에게 길상 있으라.'

불기 2546년 9월, 파주 포룡동 불이산방(不二山房)에서 香雲 鄭泰爀

1

서 론

1. 현대 사회가 요구하는 동양의 신비주의

현대 사회가 요구하는 종교를 생각해 보기에 앞서 우리는 먼저 현대는 어떤 시대인가를 생각해야 한다.

토인비(Arnold Joseph Toynbee)가 말한 바와 같이 현대는 문명의 과도 시대라고 할 수 있다. 현대를 지배하고 있는 문명은 근세 유럽이 창조해 낸 과학기술 문명이다. 따라서 과학기술 문명을 창조한 서구 사회가 세계를 지배하고 있다. 그것은 17세기에서 20세기까지 3백여 년 동안에 이루어졌다. 20세기 후반인 오늘날에 와서는 서구 문명의 지배가 점차로 약해지고 정치적인 지배력이 무너지면서 세계의 세력 판도가 크게 달라지고 있지만, 과학기술 문명은 앞으로의 21세기에도 세계를 지배하는 힘이 될 것이다.

오늘날은 이러한 과학기술 문명을 떠나서는 살 수 없게 되었다. 그러나 이러한 문명이 여러 가지 모순을 가지고 있는 것도 사실이다.

그러면 이러한 과학기술 문명을 만들어 낸 것은 무엇인가?

말할 것도 없이 그것은 서구의 근대에 일어난 계몽적인 합리주의 사상이다. 이것이 이미 한계에 도달한 것이다. 이 사상은 삶의 규범을 제공하였으나, 드디어 이에 대한 반성과 저항에 부딪치게 된 것이다.

서구의 근대 합리주의를 기반으로 한 정치 제도가 동서의 양대 진영으로 대립된 것도 서구 철학인 유심론과 유물론의 대립과 모순에서 비롯된 것이다. 그리하여 마침내 그것이 와해되고 말았고, 세계 각처에서 사회적 혼란이 일어나고 있다.

이러한 근대 서구 사상 뒤에는 일신교라는 기독교가 있고, 무신론인 공산주의 사상이 있었고, 이와 유사한 여러 종교와 이데올로기가 있다.

기독교 사상에 의하면, 유일신인 여호와가 절대적인 권위를 가지고 군림하면서 인간의 삶을 규범하고, 그의 말은 독생자인 예수 그리스도를 통해서 전해진다. 따라서 기독교만이 올바른 종교요, 다른 것은 모두 잘못된 믿음이라고 한다. 이러한 믿음은 서구인의 확신이었다. 그들은 이러한 믿음에 의해 세계를 지배했고, 믿음을 강요했다.

이러한 일신교에서는 이 세계가 하나의 이성, 이른바 로고스(logos)로 되어 있다고 한다. 이 로고스에 의해서 역사와 세계가 이루어져 있다는 것이다.

서구의 자유민주주의 사상뿐만 아니라, 마르크스 레닌의 사상에서도 이러한 독단적인 믿음이 계승되고 있다.

마르크스 레닌주의와 기독교는 모두 메시아라는 믿음에 의한 것인 만큼 이러한 독단적 믿음은 자기 이외의 것은 모두 배척하고 말살하려는 특징을 지닌다.

그리하여 근대에서 현대에 이르는 가장 큰 사상 싸움은, 기독교적인 일신론의 독단과 그의 이단인 마르크스주의의 무신론의 독단 사이의 싸움이었다.

일신론의 종교와 무신론의 메시아 사상은 몇 가지 큰 결점을 가지고 있다. 그들은 필연적으로 자기 이외의 다른 모든 것을 부정하고, 그 부정은 다른 것을 힘으로 제거하게 되므로 당연히 전쟁을 일으키게 된다. 그 세계가 진실로 평화를 바란다면 나와 다른 신앙이나 가치관을 수용하는 관용적인 사상이 요구된다. 이렇게 볼 때 앞으로의 세계는 일신교가 아닌 다신교적인 신앙이 필요하며, 나아가서는 서구의 합리주의보다는 동양의 신비주의가 요구된다고 하겠다.

바로 다양성이 요구된다는 것이다.

흔히들 '세계는 하나'라고 하여, 오늘날의 세계는 하나가 되어가고 있다고 한다. 그러나 앞으로의 세계는 그렇게 되어서는 안 된다. 이 세계를 하나의 이념이나 하나의 믿음이 지배해서는 안 된다. 왜냐하면 서로 다른 문화를 가진 여러 민족이 서로 다른 생각을 가지고도 이해하고 어울려 사는 지구촌이 되어야 하기 때문이다.

오늘날 과거의 냉전 시대가 사라지고 소련의 공산주의 독재 체제가 무너지면서 다국적 국가가 생겨났고, 유고의 와해로 인하여 민족의 독립을 위한 태동이 거세게 일고 있는 것은 자연스런 추세이다. 이러한 현상은 앞으로 지구의 다른 지역에서도 계속해서 일어날 것이다.

그러므로 앞으로의 세계는 바로 대승불교의 연화장세계(蓮華藏世界)와 만다라(Maṇḍala)의 세계라고 볼 수 있을 것이다.

만다라의 세계는 여러 신들이 공존하여 세계를 창조하고 돕는 세계 질서의 도상화(圖像化)이다. 힌두교의 만다라가 이것이며, 불교의 만다라는 바로 우주적인 조화를 이루는 여러 부처님의 세계인 것이다.

이러한 대조화의 세계에서는 무수히 존재하는 주체들이 조화를 이룬다. 여기에는 중심이 따로 없고, 모두가 중심을 이루어 주인이 된다. 여기에는 주체와 객체가 대립되지 않으므로 대립된 주체도 없고 객체도 없는 원융무애한 상태가 된다. 주객불이(主客不二)의 관계에 있으므로 원융 그대로요, 원만무애한 것이다.

이러한 세계에서는 인간이 중심되지 않는다. 근세의 서구적인 사유에서 나온 인간 중심 사상은 세계에 대한 근본적 견해에서 벗어난 모순을 낳는다.

김일성의 주체 사상이라는 것도 그들이 말하는 이른바 유일 사상이나 인간 중심 사상으로부터 나온 것이다. 그리고 그것은 서구 사상을 골격으로 한 공산주의 사상의 몸에 주체라는 옷을 입혀서 위장하고 있는 것이다. 서구 사상은 인간이 주체가 되어 객체인 자연을 상대하고 있다. 이 경우에는 주체인 인간이 객체인 자연을 정복하는 것이 선(善)이라고 생각되는 것이다. 이러한 세계관을 가지고 형성된 근대 문명은 필연적인 모순으로 인하여 벽에 부딪치게 된다.

자연 파괴로 인한 환경 문제뿐만 아니라, 현대인의 고독은 이러한 세계관으로 인한 것이다. 그러므로 현대 문명에 대한 반성은 동양의 신비주의로 눈을 돌리게 하였다.

인간으로 하여금 일상적인 세계로부터 벗어나서 보다 높은 차원의 성스러운 세계로 승화시키는 신비적인 종교가 바로 이것이다. 대승불교는 세속(世俗)을 떠나지 않고 성스러운 세계로 가는 가르침이다. 특히 한국불교는 1600년의 역사를 거치며 신비적인 종교적 요소로써 민중을 거룩한 세계로 인도하고 있다. 이것이 한국불교의 오늘날의 모습이다.

이 세계는 인간의 이성으로 해명할 수 없는 오묘함을 가지고 있다. 근대 사회의 과학자나 철학자가 이성을 통해 이것을 해명하려고 하지만 그것은 불가능하다.

2. 인간 욕망의 긍정

인간 욕망의 문제는 철학의 과제로서 오늘날까지 아직 만족할 만한 해답을 찾지 못했다. 욕망이 인간을 불행하게 한다고 하여 그것을 억제할 필요가 있다고 생각되기도 하였다. 많은 종교들은 이러한 욕망을 잘 다스리기 위해 지혜를 짜냈고, 욕망에서 시작되는 불행을 막기 위해 그것을 부정하는 것이 필요하다고 생각해 금욕주의를 택하여 세속 생활과 반대되는 생활을 희구하기도 했다.

그러나 이러한 욕망 부정의 금욕주의를 통해 인류가 궁극적인 이상 세계에 도달할 수 있는가 하는 문제가 제기되기도 한다.

인도에서는 중세에, 서구에서는 근세에 이르러 이 금욕주의에 대한 반성이 일어나면서 욕망에 하나의 질서를 부여하고 그것을 올바르게 꽃피우도록 하였으니, 대승불교에서는 중도(中道)의 실천이 이것이었고, 그 뒤의 밀교에 이르러서는 욕망을 과감히 긍정하는 사상으로 나타났다.

대승불교에서는 성문(聲聞)·연각(緣覺) 위에 보살도(菩薩道)를 말한다.

욕망에 따라 사는 세속 생활에서도 욕망은 어느 정도 억제돼야 하지만, 성문이나 연각과 같은 출세간의 생활에서도 욕망을 지나치게 부정하는 것은 잘못이다. 즉 어디에도 치우쳐서 집착하지 않아야 하는 것이다. 그러므로 보살도에서는 긍정이나 부정 어느것에도 치우치지 않는 공(空)의 세계를 실천하는 것이 중도의 실천이다.

이와 같이 불교는 원시불교의 엄격한 욕망 부정을 반성하면서 부정의 부정인 긍정으로 나타나게 되었다.

대승불교는 욕망의 문제뿐만 아니라 원시불교의 무신론에서 유신론(有神論)의 방향으로 가게 되었는데, 이러한 경향은 밀교의 성립으로 인해 다신론(多神論)적으로 되어서 수많은 불보살이 등장하게 되었다. 그러나 이러한 유신론적인 사상은 서구적인 유신론이 아니고, 불교적 유신론이다. 물론 원시불교의 무신론도 서구의 무신론과는 다른 독특한 불교적 무신론이다. 그러므로 불교는 흔히 말하는 무신론도 아니고 유신론도 아닌, 불교만의 독특한 무신론과 유신론이라 할 수 있다.

이러한 대승불교의 움직임은, 특히 밀교에 이르러 시대와 장소에 적응하면서 다양한 문화 요소를 수용하여 불교적인 차원으로 승화시켜 나갔다. 그 결과 한국으로 들어온 불교는 우리의 고유한 신앙을 긍정적으로 수용하면서 높은 차원으로 조화시켰다.

이와 같은 불교의 역사적인 발전을 통해 보여 준 근본 정신은 어떤 것인가?

여기에는 변치 않는 세 가지 원칙이 항상 밑에 깔려 있다.

그것은 바로 붓다가 깨달은 진리, 곧 법이라고 하는 변치 않는 이법(理法)인 것이다. 이 이법은 붓다가 출세하건 안하건 무시이래로 있어 왔고, 영원히 존재할 보편적인 이법이다. 이 이법을 깨달으면 누구나 부처가 되는 것이다. 그러므로 붓다가 설한 교설은 모두가 이러한 보편적인 이법이요, 불교 역사의 기본적인 입장이며, 우리 인간이 실천해야 할 규범이 되는 것이다.

석존은 중인도의 붓다가야(Buddhagaya)에서 선정(禪定)에 들어 드디어 깨달음을 얻었다고 한다. 그 깨달음이 어떤 것인가에 대하여는 여러 경전에서 다양하게 말하고 있어서 한마디로 말하기 어렵지만, 이들 경전들에 일관되게 흐르고 있는 것은 바로 불교의 근본 이법이자 기본적인 입장이며 근본 정신이니, 그것은 불교의 특징이기도 하다.

3. 불교의 기본 입장

불교의 기본적인 입장은 소승에서부터 대승에 이르기까지 일관된 기본 원리를 떠나지 않고 있다.

그 하나는 석존이 깨달은 법이다. 그 법은 여러 가지로 설해지고 있어서 8만 4천의 법문이 있다고 하지만, 결국 하나의 법이 여러 가지 형태로 나타나고 있을 뿐이다. 따라서 서로 다른 가르침일지라도 거기에는 석존이 깨달은 법이 살아 있는 것이다. 왜냐하면 깨달은 법 자체가 서로 다른 이것과 저것의 관계이기 때문이다. 법이라는 말의 범어인 **Dharma**는 dhṛ(유지하다, 존재하다)라는 말에서 온 것이며, 《노속경盧束經》에서 말한 바와 같이 이것과 저것에 의해 유지되고 있는 모든 것이 법이다. 그러므로 이것도 법이요 저것도 법이 되나, 이것과 저것은 뗄 수 없는 관계에 있는 것이다. 불교는 이렇게 존재하는 법을 있는 그대로 밝히고 있는 것이다. 또한 그것은 존재 자체를 밝힌다고도 할 수 있다.

둘째는, 인간의 현실을 있는 그대로 보려고 한다.

인간에게는 고뇌도 있고, 욕망도 있다. 불교의 원리는 그것을 해결하려는 인간의 현실 모습 그대로를 직시하려고 한다.

현실을 보고 판단하는 기준과 말은 서로 다르더라도 인간의 목표는 같다. 누구나 궁극적으로는 절대적인 것, 영원한 것, 행복이라는 보편적인 것을 달성하고자 한다.

셋째는, 인간의 현실 그대로의 모습에 있는 이법은 구체적이요 살아 있는 인간에게서 전개되는 것이다. 살아 있는 인간이란 항상 살아서 발전하면서 변해 간다. 그것은 사상적으로는 무한히 발전할 가능성을 가진다.

불교는 무한히 발전하는 역사 속에서 살아 움직이고 있다. 그러므로 불교는 살아 있는 인간 역사의 모습이기도 하다. 따라서 불교 자체가 역사를 지니고 있다.

역사를 가진다는 것은 본래의 불완전함을 개혁하거나 과거의 완전한 것이 멸하거나 타락한다는 서구의 변증법적인 로고스의 역사관이 아니라, 인간의 존재 자체가 변해 가는 속에서 근본 이법이 살려지고 있는 것이다. 이것을 나는 정(正)·전(轉)·성(成)이라고 하는 새로운 실증법으로 보고자 한다. 한 포기 나무가 자라서 꽃이 피고 열매를 맺는 것, 병아리가 알을 깨고 나와 자라서 알을 낳고 성숙하는 것 등에는 헤겔의 변증법과 같은 부정(否定)의 논리가 있는 것이 아니고 무상(無常)의 이법이 있으며, 이 무상은 궁극인 영원한 생명인 상(常)을 떠나지 않는다. 여기에 묘(妙)가 있는 것이다.

대승경전에 이르러서는 그 경전이 성립된 시기에 대하여 논란이 있기도 하였으나, 경전이 언제 만들어졌느냐는 중요한 문제가 아니다. 불교경전은 어떤 것이나 그 시대의 사회적 현실에 따라서 뛰어난 불교학자가 붓다의 깨달은 이법을 자기가 파악한 그대로 표현한 것이다. 그러므로 불교경전은 시대를 초월하여 모두가 석존의 가르침이라고 말해지고 있다. 따라서 불교에서는 독단적인 도그마로써 남을 규율하는 일이 없다. 누가 한 말, 어떤 경전만이 진실이고, 다른 것은 그렇지 않다고 하며 이단시하는 일은 없다.

항상 발전하는 현실 속에서 그 이법을 어떻게 살리느냐 하는 것이 말해지고 있을 뿐이다. 한 예로 "악을 행하지 말고 선을 행하라. 스스로 마음을 깨끗이 하는 것, 이것이 모든 부처의 가르침이다 諸惡莫作 衆善奉行 自淨其意 是諸佛敎"라고 한 칠불통계(七佛通誠)는, 과거로부터 일곱 부처님이 다같이 가르치신 가르침이라고 하여 불교의 핵심으로 여겨지고 있다.

일곱 부처님이 설하셨다고 하듯이, 인간이 진실로 알아야 할 진리는 석존으로부터가 아니고 석존 이전부터 있어 왔다는 것이다.

그러므로 석존은 과거의 많은 성자가 이미 알고 있었던 것을 확실하게 다시 알았을 뿐이며, 과거의 부처님은 알기만 했고 설해서 중생을 구제하지 못했으나 석존이 비로소 이것을 설했을 뿐이다. 그러므로 석존이 깨달은 진리는 누구나 깨달을 수 있는 것이다.

기독교의 예수와 같이 오직 자기만이 여호와의 독생자이므로 여호와의 말을 전할 사람은 자기뿐이라는 독단이 아니다. 본래 있는 진리를 깨달으면 누구든지 성자가 된다는 것이다. 그러므로 석존은 임종에 "모든 것은 무상하니 게으르지 말라. 자기를 지켜 바르게 생각하고, 내가 설한 법에 의지하여 바르게 살아라"라고 되풀이하셨다.

법을 깨달은 자가 깨달은 법에 의지하여 살라고 한 이 말씀은 법이 만인의 것이며, 시대와 환경에 따라서 바르게 사는 길이 열려 있음을 보여 준 것이다.

이상과 같은 세 가지 원칙은 제법무아(諸法無我)라는 삶의 원리와, 일체개고(一切皆苦)라는 현실 감각과, 제행무상(諸行無常)이라는 역사 의식을 불교가 가지고 있다는 것을 제시한다.

그러므로 불교는 이 세 가지 원리에 의해서 과감히 새로운 창조를 해나가고 있는 것이다.

2

깊고 오묘한 뿌리

1. 석존의 평화로운 고향

밀교 사상이나 그의 생활을 올바르게 이해하기 위해서는, 먼저 석존의 탄생과 그가 태어난 고향의 문화 풍토를 알아볼 필요가 있다.

석존이 탄생한 곳은 룸비니(Lumbini, Lummini)라고 한다. 이곳은 네팔의 수도인 카트만두(Kathmandu)의 서쪽 2백 킬로미터 떨어진 타라이 지방의 룸민디(Lummindhi)이다. 정확한 위치는 북위 27도 3분, 동위 83도 28분의 지점이다.

이 지점은 흔히 룸비니 동산(Lumbinivana, 林牟, 嵐毗尼園)이라고 하는 꽃동산으로 카필라(Kapila) 성 안에 있었다. 이 석존의 탄생지가 발견된 것은 1856년으로, 인도가 독립하기 전에 인도 정부의 관리인 퓨러라는 사람이 정글 속에서 아소카 왕(Aśoka, 阿育王)이 세운 돌기둥을 발견한 것에서 비롯된다. 이 돌기둥은 기원전 250년에 아소카 왕이 석존의 탄생지를 방문한 기념으로 세운 것이다.

서기 633년에 인도를 방문한 현장(玄奘)도 그의 기행록인《대당서역기大唐西域記》제6권에서 이곳을 남비니(嵐毗尼)라 하고, 돌기둥의 중간이 부러져 땅에 넘어져 있었다 기록하고 있다.

그 기둥에는 다음과 같은 기록이 있다.

"천애희견왕(天愛喜見王, 아소카 왕의 칭호)이 즉위 20년에 이곳에 와서 예배하고, 여기에서 붓다이신 석가모니가 탄생하셨으므로 말의 모습을 돌로 만들어 돌기둥을 세우게 하고, 세존이 태어나심을 기념하기 위해서 남비니 마을은 8분의 1로 면세케 하노라."

이로써 비로소 석존의 탄생지가 이곳임이 밝혀진 것이다.

법현(法顯, 337~422)도 그의 여행기에서 이곳을 논민(論民)이라 기록하고 있다.

우리는 석존의 탄생지가 인도라고 생각하여 더운 열대 지방을 연상하기 쉬우나, 그와 달리 이 룸비니는 히말라야의 남쪽 기슭이라는 점을 기억할 필요가 있다.

석존의 가르침을 이해하기 위해서는 석존의 탄생지와 문화 환경을 이해하지 않으면 안 된다.

《수타니파타 *suttanipāta*》라고 불리는 옛 불전에서 "왕이여, 히말라야 산의 기슭에 한 민족이 있으니, 그들은 재보와 용기를 갖추고 고사라 지방에 먼저 살게 된 사람들이다. 종족은 태양〔日〕이라 불려지고, 성은 석가라 불려진다. 왕이여, 나는 그 가문으로부터 출가하였다. 오욕을 바라지 않는다"고 했다. 서기 7세기에 이곳 석존의 고향을 방문한 현장은 그곳의 풍토를 다음과 같이 간단하게 설명하고 있다.

"토지가 좋고 기름져서 때에 맞춰 씨를 뿌리며, 기후와 계절의 질서가 어긋남이 없고 풍속이 화창하다."

이런 몇 가지 기록에 의해서 보더라도 석존의 고향인 카필라 성의 룸비니 지방은 북쪽으로 히말라야의 눈 덮인 흰 봉우리가 하늘 높이 솟아 있고, 그곳으로부터 흘러내리는 크고 작은 강물은 논밭을 적셔 주며, 온화한 기후에 나무가 푸르게 무성한 곳이다. 그러므로 8세기의 신라 승 혜초(慧超, 704-787)도 《왕오천축국전往五天竺國傳》에서 "토지가 매우 따뜻하여 온갖 풀이 항상 푸르고 서리나 눈이 없다"고 하였다.

이런 기름진 농촌 도시였으므로 석존의 아버지를 비롯하여 친족들은 오다나(Odana, 쌀)라는 이름을 가지고 있었다. 그래서 석존의 아버지는 정반왕(淨飯王, Śuddhodana)이라고 한다. 정반이란 깨끗한 쌀밥, 곧 흰 쌀의 밥이라는 뜻이다. 정반왕의 네 동생들 또한 모두 '오다나'라는 이름을 가지고 있다.

이런 이름으로 보더라도, 당시의 석가족은 태양의 후예로서 히말라야의 기슭에 비옥한 땅을 점유하고 벼농사를 지으며 부유한 생활을 하고 있었음을 알 수 있다.

벼농사를 지으려면 비가 적당히 오는 온화한 기후에 너무 춥거나 덥지 않아야 한다. 룸비니 지방은 표고도 꽤 높직하고 사계절이 뚜렷하나, 서리나 눈이 오지 않고 농사짓기에 적당한 구릉지대이다. 북쪽으로 히말라야의 높은 산이 있으므로 구름이 산마루에 부딪쳐서 비가 자주 오는 그런 기후 조건이다.

《수타니파타》에서도 "하늘이여, 만일 비를 내리려면 비를 내리소서"라고 되풀이하여 비를 기원하면 비가 왔음을 말하고 있다.

그들은 이처럼 좋은 쌀을 생산하고, 소를 키워서 우유와 버터를 주식으로 하는 행복한 생활을 하고 있었다. 그러므로 혜초의 《왕오천축국전》에서도 "수령과 백성들은 모두 다른 가축은 기르지 않고 소만 기른다. 우유와 버터를 짜먹는다 自外首領百姓 總不養畜 唯愛養牛 取乳酪蘇也" 하고, "이곳 사람들은 착하여 살생을 좋아하지 않는다. 그래서 시장 가게에서 고기를 파는 곳이 없다 土地人善 不多愛煞施 於市店間 不見有屠行賣肉之處"라고 하였다.

이러한 평화스러운 농촌 풍경을 현장은 '풍속화창(風俗和暢)'이라 묘사하고 있는 것이 인상적이다.

춘하추동 사계절의 변화는 있으나, 추위가 매섭지 않은 살기 좋은 기후에 땅이 걸걸하고 비가 자주 와서 좋은 쌀이 나는 곳이니, 평화로운 문화를 창조할 수 있는 것이다.

불교에서 말하는 무상(無常)이라는 것도 이런 환경 속에서 경험하고 느껴서 알 수 있는 진리요, 극단에 이르는 과격한 행동을 하지 않고 중도(中道)를 걷는 사상도 여기에서 나오게 된다. 석존의 가르침도 이런 문화 풍토에서 나오게 된 것임을 알아야 한다.

기독교나 이슬람교가 발생한 이스라엘이나 아랍의, 작열하는 태양의 열사 밑에서 고기잡이하는 어부의 생활 환경과 비교해 볼 필요가 있다. 1년에 6개월이나 비 한 방울 오지 않고, 타는 듯이 내리쬐는 불볕더위 속에서는 '미워하는 신' '벌을 주는 신'을 믿게 되는 것이 당연하다.

그러나 은혜를 주는 자연의 혜택을 입으면서 사랑을 받고 사는 백성에게 신은 용서하고 포용하는 신으로서 나타나게 된다. 그러므로 풍요로운 땅은 마치 어머니의 젖가슴과 같고, 거기서 나오는 먹을 것들은 모두 고마운 것이니, 그들이 가지고 있던 종교도 이러한 평화로운 식물성 문명이라고 말해질 수 있다. 이런 뜻에서 기독교나 이슬람교의 가르침이 동물성 문명이라고 말해지는 것도 이유가 있다고 생각된다.

불교의 성격이 이러한 자연 환경이나 문화 풍토를 떠날 수 없는 것이니만큼, 밀교 역시 이러한 지리적·문화적 요소를 고스란히 수용하고 있음을 알 수 있다. 이 때문에 밀교의 사상을 고찰하기에 앞서 석존의 고향을 먼저 살펴본 것이다. 밀교가 대소승의 모든 교리를 섭수하고, 인도의 모든 이질 문화를 받아들이고 있는 것은 우연이 아니며, 결코 인위적인 것도 아님을 알게 될 것이다.

더구나 석존의 가르침이나 생활이 당시의 인도 전역을 지배하고 있던 인도·아리안의 문화와는 판이하게 다른 점을 보여 주고 있으면서도 인도 민족의 모든 문화적인 요소를 섭수하고 있는 것은 불교, 특히 밀교로 나타난 석존의 가르침이 인도의 풍토 속에서 형성된 모든 문화 요소를 가지고 있다는 것을 나타낸다.

석존의 가르침은 기원전 2500~2000년경에 청동기 문화를 꽃피웠던 도시 문명인의 사상이 바탕이 되어, 인도·아리안계의 모든 문화를 섭수하면서 차원 높게 발전되고 있는 것이다.

2. 석존이 우유죽을 받으신 이유

붓다의 가르침은 형이상학적인 관념론이 아니라 실제 생활 속에서 얻어진 진리이다. 구체적으로 먹는 음식, 입는 옷, 머물러야 할 주거처에 이르는 모든 삶 속에는 반드시 그래야만 하는 당위의 문제가 있음을 보여 주고 있다. 무엇을 먹어야 하며, 무엇을 입어야 하며, 어떻게 살아야 하는가에 대한 구체적 사실을 그대로 보여 주는 것이다.

붓다가 35세의 젊은 고타마로서, 인간고를 해결하기 위해 출가해서 고행의 길을 밟은 금욕 생활을 6년 동안 한 후, 드디어 죽느냐 사느냐의 갈림길에 섰을 때, 그는 사는 길을 택하여 마을 소녀가 주는 우유죽을 받아 드셨다. 이 사실은 매우 중대한 사건이다. 배가 고파 지칠 대로 지친 사람이 정신없이 주는 대로 아무것이나 받아먹은 것이 아니라, 먹느냐 안 먹느냐를 결정할 수 있는 입장에서 우유죽을 받아 드신 것이다. 그저 죽게 된 사람이 살기 위해서 받아먹은 우유죽이 아니라, 죽기를 각오한 사람이 우유죽을 받아먹은 사실에는 특별한 이유가 있었다.

그는 사는 길을 택한 것이다. 삶에 대한 본능적인 욕구만이 아니라 살아야 한다는 당위의 결단이 있었던 것이다. 고타마와 같이 수행하던 다섯 비구는 "고타마는 타락했다"고 비난하며 그의 곁을 떠났다. 그러나 고타마는 그 비난을 들으면서도 사는 길을 택했다. 그리하여 우유죽을 받아 드셨다.

그는 그 뒤에 보리수 밑에서 깨달음을 얻고, 자기가 걸은 길이 중도(中道)의 길임을 선언했다. 이 중도의 길은 확실한 길이며, 가장 올바른 길이며, 누구나 가야 할 길이라고 선언했다.

이미 석존에게는 깨달음 이전에 마음속에 하나의 확신이 있었다. 그 확신이 깨달음을 통해서 밝혀진 것이다. 우유죽을 받아 드신 일은 우연이 아닌 필연이었다. 당시 석존이 우유죽을 받아 드신 것을 비난하고 반대한 사람은 다섯 비구뿐만이 아니다. 그 뒤에 붓다의 제자 중 그의 사촌동생인 데바닷타[提婆達多]의 무리들도 석존의 이런 길을 반대했던 것이다. 그들은 우유도 먹지 않고, 소금이나 고기도 먹지 않는 엄격한 금욕주의자들이었다. 그 이유는 우유를 사람이 먹는 것은 어린 송아지가 먹을 젖을 빼앗아 먹는 것이기 때문이라고 한다.

이와 같은 데바닷타의 반대 운동은 드디어 승가 단체를 분열시켰고,

데바닷타는 석존의 곁을 떠나면서 석존을 비난하고 석존을 해치려고 했으나 결국 파국에 이르게 되었다고 전해진다. 그러나 서기 5세기에 사위성을 방문한 법현(法顯)은 "조달(調達, 데바닷타)과 같은 무리들은 항상 과거의 세 부처님만 공양하고, 오직 석가모니 부처님만은 공양하지 않는다" 하였고, 7세기에 동인도를 방문한 현장(玄奘)은 "따로 세 가람이 있는데, 우유나 치즈를 먹지 않고 데바닷타의 가르침에 따른다"고 기록하고 있다.

이 말들은 주목할 만한 기록이다. 현장이 인도로 간 것은 석가모니불이 입멸한 뒤 1천 년이 지난 후였다. 그때까지도 데바닷타의 견해를 따르면서 석존을 반대하는 집단이 있었다는 것은, 금욕적인 계율을 엄수할 것이냐, 그렇지 않느냐 하는 것을 결정하는 중대한 문제인 것이다.

또한 여기에서 주목해야 할 문제는, 데바닷타의 견해를 따르는 무리들이 석가모니불을 공양하지 않고, 과거칠불(過去七佛) 중에서 비바시불(Vipaśyin, 毘婆尸佛)·시기불(Śikhin, 尸棄佛)·비사부불(Viśvabhū, 毘舍浮佛)의 세 부처님만을 받들었다고 하는 것은 그들이 철저한 금욕주의자요 고행주의자였음을 짐작케 한다.

또한 과거불에 대하여는 아소카 왕(阿育王)의 돌기둥에도 나타나듯이 석가모니 이전에 이미 여러 성자들이 있는데, 그 중 7인의 성자도 있었음을 짐작할 수 있다.

따라서 석가모니불도 새로운 종교의 창시자라기보다는 최초 설법자다. 석존도 자인하고 있는 것처럼 과거 여러 성자들의 가르침을 다시 밝힌 분임을 알 수 있다.

하여튼 마을 소녀가 드린 우유죽을 받아서 드신 석존의 태도를 반대한 사람이 있었던 것은 확실하다. 석존이 당시의 일반적인 통념을 깨고, 냉철한 이성으로 결연히 우유죽을 받아 드신 것은 하나의 혁명적인 정신 개혁이라고 할 수 있다.

당시의 동인도 지방은 여름에 무서운 더위가 덮쳐 오곤 했는데, 그 더

위를 이기기 위해서 극단적인 고행도 행해졌다. 특히 마가다국 일대에서는 고행이나 요가가 유일한 수행 방법으로 공인되고 있었다.

한 예로 자이나(Jaina) 교주는 바이샬리라는 곳에서 태어났으며, 그 가르침은 벌거벗은 알몸으로 고행하는 것이었다. 이러한 고행자들은 당시의 일반 민중에게 숭앙되기도 했다. 민중이란 기발한 행동을 하면서 남다른 면을 보여 주는 사람을 신성시하는 경향이 있다. 금욕적인 것에서 높은 가치를 찾으려는 일반적인 풍조 속에서 결연히 합리적인 길을 택하여 새로운 길을 걷는다는 것은 쉬운 일이 아니었을 것이다.

또한 어느 시대 어느곳에서나 있을 수 있는 일은 쾌락주의적인 풍조다.

당시의 인도 사회에서도 일반 대중 속에는 순세외도(順世外道)라고 하는 쾌락주의자들이 인간의 욕망을 긍정하면서 현세적인 행복이나 자연의 정서에 맡기는 것을 주장하였다. 그들은 인간의 모든 욕망을 있는 그대로 드러내는 것에는 허물이 없다고 주장하고 있었다. 이와 같은 욕망 긍정과 욕망 부정의 두 극단 사이에서 어떻게 할 것인가의 갈림길에서 있던 고타마는, 드디어 욕망 부정이 아닌 쪽을 택하였다. 그렇다고 해서 욕망을 긍정한 것도 아니었다.

긍정과 부정의 어느쪽도 아닌 길을 택한 것이 바로 우유죽을 받아 드신 사건이었다. 이것을 흔히 학자들은 중도(中道)의 길이라고 말한다. 그렇다면 이 중도의 길을 택한 근거는 어디에 있었는가?

인도의 자연 풍토는 춥지 않기 때문에 의복의 문제는 그다지 심각하지 않았다. 과실이 많고 토지가 비옥하여 음식물도 문제가 되지 않았다. 따라서 금욕적인 행동을 신성시하는 풍습이 있었다.

그러나 인간이 식욕이나 생명욕을 지나치게 억제하면 생명을 유지할 수 없다. 우리의 생명은 한계가 있으므로 생명의 연장을 위해서는 오히려 일체의 인간적인 욕망을 부정하고, 높은 차원의 영원한 생명을 추구하는 경향도 생겼다. 이것이 이른바 당시의 바라문 계통의 철학자들이나 우파니샤드(Upaniṣad) 철학자들이 추구한 범아일여(梵我一如)의 종교적인 교리였다. 이러한 영원한 생명의 추구는 인간의 본능적인 욕망을 부정하는 고행을 따르게 하였다.

인간의 영원한 삶이 인간적인 삶의 연장이거나, 인간적인 것의 부정이라는 두 가지 길에서 달성될 수 있겠는가? 이러한 문제에 부딪친 고타마는 이것이 아닌 다른 길을 택한 것이다. 그는 긍정이나 부정의 두 극단이 아닌 제3의 길이 있음을 알았다.

이 길은 인간 생명을 부정하는 것이 아니고, 인간 생명 그것을 통해서 새로운 가치를 찾는 것이다. 이것을 중도라고 하는데, 밀교는 실로 이러한 중도의 길을 실제 생활에서 구체화하는 가르침이다. 그리하여 경전들은 부정이나 긍정의 두 극단을 떠나서 중도의 생활을 하라고 가르친다. 부정적인 생활 태도인 고행 생활을 떠난 것은 이러한 자각에서였다.

고행림에서 6년 동안 수행하던 고행은 인간 생명의 부정이었다. 경에서는 그때의 상황을 이렇게 설명한다.

"서려고 하여 섰을 때 앞으로 넘어졌다. 앉으려고 하면 뒤로 넘어졌다. 나가는 숨, 들어오는 숨이 끊어지는 것 같고, 생명이 다하는 것을 느꼈다. 그러나 내가 구하고자 하는 것은 세상 사람들을 구제하는 것이니, 어떻게 하면 무상정각을 이룰 것인가. 그러나 나는 지금 힘이 다하였다. 무상정각을 이루기 위해 비록 고행으로 이 몸을 괴롭힌다 해도 도를 이룰 수는 없을 것이다. 나는 마땅히 음식을 취하지 않으면 안 된다."

이렇게 생각한 세존은 마을 소녀가 바친 우유죽을 받아 드셨다. 그때 그는 "마음은 모든 생각의 근본이다. 갈애의 근본을 끊으려면 지혜로써 해야 한다. 그러므로 몸을 보기를 원수와 같이 보지 말라"고 말했다.

이렇게 하여 그는 우루베라의 네란자라 강가의 니구로다나무 밑에 머무셨다가, 다시 보리수나무 밑으로 가서 무상정각을 얻으셨다.

그 뒤에 세존은 이렇게 생각하셨다.

"나는 이제 고행으로부터 떠났다. 이로움이 없는 고행으로부터 떠난 것은 잘한 일이다. 죽지 않기를 바라는 어떤 고행에도 이로움이 없음을 나는 알았다. 뭍에서 젓는 배의 노와 같이 얻을 것이 없다. 계(戒)와 정(定)과 혜(慧)의 깨달음의 길을 닦아서 나는 무상청정에 이르렀다."

그리하여 깨달음을 얻은 고타마는 붓다가 되어 보리수 밑에서 7일간 안정하다가, 다시 다른 나무 밑으로 옮겨 사칠일(4×7日)이 지난 뒤에 범천의 권청으로 설법을 시작하게 되었다.

석존은 먼저 우유죽을 받아먹은 자기를 타락했다고 비난하면서 곁을 떠난 다섯 비구를 찾아서 베나레스의 녹야원(鹿野苑)으로 갔다. 여기에서 석존이 다섯 비구에게 말씀하신 것이 두 극단을 떠나라는 가르침이다.

"그대들 비구여, 이 두 극단은 수행자가 피해야 할 일이다. 무엇이 둘이냐 하면, 하나는 모든 욕망에 만족하여 빠지는 것이니 이것은 비천하여 성자가 할 일이 아니다. 그것은 아무것도 얻을 것이 없다. 둘째는 나를 괴롭히는 일이니, 이것은 오직 고통뿐이요, 성자가 할 일이 아니다. 이 또한 얻을 것이 없다. 비구들이여, 진리를 체득한 여래는 이 두 극단에 의지하지 않고 중도(中道)를 깨달았다. 이 눈, 이 지혜, 이 길은 고요하여 열반에 이르는 데 도움이 된다."

두 가지 극단이란 두 가지 고집이다. 석존은 이 두 가지 고집에서 떠나지 못하는 어리석음으로부터 벗어나서 새로운 길을 발견한 것이다. 이것을 흔히 중도라고 한다. 이 중도는 어떤 길인가?

이것도 아니고 저것도 아닌 제3의 길이지만, 이것과 저것을 조화하는 타협의 길도 아니고 절충한 길도 아닌 길이요, 지혜인 것이다. 즉 하나의 새로운 식견인 것이다. 이것은 "고요하여 열반에 이르는 데 도움이 된다"고 한 것처럼 어떤 것에도 집착하지 않고 깨달음을 얻는 데 도움이 되는 길이다.

《출요경出曜經》에서는 이 중도를 "길은 여덟이니, 곧〔直〕고 묘(妙)하다. 네 가지 성제(聖諦)는 거룩한 것이요, 욕망의 없음이 법의 최상이니라. 이족존(二足尊, 부처)은 실로 밝은 눈이다"라고 찬양하고 있다.

여기에서 묘(妙)라고 번역된 것은 팔정도(八正道)의 정(正)과 같다. 구마라집(鳩摩羅什)이 번역한 《묘법연화경妙法蓮華經》의 묘법도 그 내용은 정법(正法)이다.

중도는 묘도(妙道)요, 정도(正道)인 것이다. 석존은 고(苦)와 낙(樂)의 두 극단을 떠나셨다. 그러나 그렇다고 하여 고행을 아무런 가치가 없는 것이라고 부정한 것은 아니다. 쾌락주의도 마찬가지이다.

중도인 묘법에서 보면 어떤 것도 버릴 것이 없다. 고행도 때에 따라서는 필요하고, 쾌락도 누릴 때가 있다. 부정이나 긍정의 두 극단도 각각 존재 의의가 있는 것이다.

석존이 우유죽을 받아 드신 것에는 이러한 중도의 묘법이 있는 것이니, 이것을 무엇이라고 설명할 수 있겠는가. 그러므로 바로 여기에 비밀스럽고 깊은 뜻이 있는 것이다.

흔히 고행은 정신의 대자유를 위해서 육체를 극복하는 길이라고 말해지고 있으므로 자기의 마음을 단련하는 데는 육체의 유혹을 극복할 필요가 있다.

그러나 육체가 없는 정신도 없고 정신이 없는 육체도 없으니, 정신과 육체의 어느 한쪽만을 소중히 하고 한쪽을 비하하는 것은 잘못된 견해이다. 이러한 잘못된 견해에 집착하는 것, 그 자체를 떠나야 하는 것이다. 그러므로 석존은 잘못된 고행을 떠났으나 참된 고행을 떠난 것이 아니다.

《법구경》에서는 "인내는 최상의 고행이요, 인내는 최고의 안온함이라고 깨달은 사람들은 이렇게 설한다. 남을 해치는 사람은 출가자가 아니다. 남을 방해하는 사람은 수행자가 아니다"(법구, 184)라고 하였다.

생명의 본능적인 욕망을 참는 것은 최상의 고행이다. 쾌락에 빠지지 않는 것도 고행이니, 이런 고행은 마땅히 해야 할 고행이요, 육체의 유혹에서 정신을 수호하는 것도 고행이니, 이런 고행은 떠날 수 없는 것이다.

밀교는 중도의 묘용이니, 붓다의 모든 삶 자체가 오묘(奧妙)한 법의 실천이요, 비밀스러운 가르침이다.

3. 꽃향기 그윽한 나

불타의 가르침 속에서 흔히 삼법인(三法印)을 빼고는 다른 것이 없다고 할 만큼 삼법인은 불교의 기본적인 요소이다.

혹 사법인(四法印)을 불교의 기본 요소로 보기도 하는데, 제법무아(諸法無我)·일체개고(一切皆苦)·제행무상(諸行無常)을 불교의 세 가지 진리로 삼고, 여기에 열반적정(涅槃寂靜)을 넣어서 네 가지를 틀림없는 진리로 삼고 있다. 도장을 찍듯이 틀림없는 법이라고 하여 셋 또는 넷의 법의 도장이라는 뜻으로 삼법인·사법인이라고 한다.

따라서 불교는 이것을 떠날 수 없다. 소승과 대승에서 이것을 보는 견해가 다를 뿐이다.

먼저 무아(無我)의 원리는 나의 실체가 없다고 하는 뜻이므로 자기를 잊고 황홀한 경지에 빠지는 것을 가르치거나, 나 이외의 어떤 것을 믿으라고 하는 것이 아니다.

무아(anātman)라는 말에는 '자아가 없다'는 뜻과 '자아가 아니다(非我)'라는 두 가지 뜻이 있으므로 자아가 없다고 하면 자아를 부정할 뿐이고, 자아가 아니라고 할 경우에는 부정이 아닌 긍정하는 어떤 것을 인정하는 뜻이 된다.

하여튼 무아라고 하는 부처님의 가르침은 '없다'고 했을 경우에는 자아의 실체가 없다는 뜻이요, '아니다'라고 했을 경우에는 참된 자아를 인정하는 긍정이므로 부정하면서도 긍정하는 참된 무아의 뜻을 올바르게 이해하기는 쉽지 않다.

나의 실체가 없는 속에 이렇게 나는 있는 것이다. 이러한 나의 참모습을 잘 관찰하여 '나란 어떤 것인가'를 명확히 관찰해 보면, 먼저 우리들이 가지고 있는 몸이나 정신이 나의 실체가 아님을 알 수 있다. 왜냐하면 실체라면 변하고 없어지지 않는 것이기 때문이다. 내 몸이 그대로 나는 아니고, 내 정신도 그대로 나는 아니다. 그러므로 '나의 것' '나 자신' '나의 본질'도 나에게서는 찾을 수 없다고 말해진다.

따라서 부처님도 바라문들이 나의 실체가 있다고 하는 데 반대하여 '없다'고 했으므로, 이러한 부정적인 면이 강조되면서 나에 대한 파악이 곤란하게 됐다. 나에 대한 것이 그렇다면, 이 세상의 모든 것이 또한 그와 같다.

그리하여 불교의 역사는 이 문제를 밝히려고 하였다.

이런 이야기가 《잡아함경》에 있다.

어느 때에 케마〔差摩〕라는 비구가 고산비〔拘睒彌〕의 고시타〔瞿師多〕 동산에서 병상에 누워 있었다. 이때 다른 비구들이 병상으로 와서 그를 위문하여

"어떤가, 참을 만한가"라고 물었다.

"너무 괴로워서 참을 수가 없네"라고 대답하였다. 그러자 문안 온 비구들이 그를 격려하면서

"붓다는 무아를 가르치셨는데 무엇이 괴로운가" 하니,

"나는 나 자신이 있다고 생각한다"고 대답하였다.

그러자 이 문제가 논란의 대상이 되어 많은 비구들이 달려와서 케마를 공격했다. 이때 케마는

"친구들이여, 내가 자아가 있다고 한 것은 육체를 나라고 하는 것이 아니다.

친구들이여, 그것은 가령 파담마〔鉢曇摩〕 꽃이나 푼다리카〔分陀利〕 꽃의 향기와 같은 것이다.

만일 어떤 사람이 꽃잎에 향기가 있다고 하면 옳은 말인가, 또는 줄기에 향기가 있다고 하면 옳은 말인가, 혹은 꽃술에 향기가 있다고 하면 옳은 말인가.

이와 같이 육체가 나라고 생각하면 안 되고, 감각 기관이나 의식이 나라고 해도 안 되고, 혹은 그것을 떠나서 다른 것이 나라고 해서도 안 된다. 나는 그것들 모두에 내가 있다고 하는 것이다”라고 하여 모든 비구들을 승복시켰다.

이 이야기는 무아의 원리를 이해하기 쉽게 비유하고 있다.

여기에서 무아는 부정적인 면만이 아니라 긍정적으로 설하면서 통일된 자아이다. 곧 정신과 물질로 이루어진 나의 모든 것, 다시 말하면 물질과 정신으로 나누어지기 이전의 자기로부터 이루어진 모든 것이 통일된 불가사의한 나라는 것이다. 그것은 대아(大我)의 자아로, 법신인 부처님의 몸으로서의 나를 인정하고 있다. 이러한 생각이 《열반경》에 이르러서는 부처님이 갖추고 있는 네 가지 덕인 상(常)·낙(樂)·아(我)·정(淨)으로 설해진다.

이러한 생각은 다시 《대일경》이나 《금강정경》에 이르면 구체적으로 파악되고 있다. 즉 일체가 청정하다고 하면서 모든 법을 불신(佛身)으로 보게 된다.

《잡아함경》(22.6)에는 또한 이런 말씀이 있다.

이와 같이 나는 들었다. 한때 부처님은 사위국 기수급고독원에 계시었다. 이때에 한 천자가 있었는데 용색이 절묘하였다.

밤이 깊어서 부처님 처소로 와서 부처님 발에 머리 숙여 예배하니, 몸의 광명이 기수급고독원을 비추었다. 그때에 그 천자는 부처님께 게송으로 말했다.

"만일 나란 비구가 스스로 지을 바를 다 지어서, 일체의 모든 번뇌를 끊고 나서 뒤에 다른 몸을 갖는다면〔持此後變身〕아(我)가 있다고 설하거나 아소(我所)가 있다고 설할 것입니까, 그렇지 않을 것입니까."

이때 세존이 곧 게송으로 답하셨다.

"만일 나란 비구가 스스로 지을 바를 다 지은 후, 일체의 모든 번뇌가 끊어져서 그 뒤에 몸을 갖는다면 실로 또한 아(我)와 아소(我所)가 있다고 설해도 잘못이 없다……."

연기법의 이치를 알아서 일체의 번뇌가 없어진 사람은 무아라고 하는 것에도 집착할 필요가 없다. 이때에는 내〔我〕가 있다고 하거나, 나의 것〔我所〕이 있다라고 하는 것을 세워도 무방하다.

용수의 《중관》에서도 "제불은 일체지로써 중생을 관하기 때문에 여러 가지로 설한다. 내가 있다고도 설하고, 내가 없다고도 설한다. 만일 마음이 미숙한 자가 열반에 이르지 못해서 죄의 두려움을 모르면, 이런 사람을 위해서는 내가 있다고 설한다"라고 하였다.

그러므로 또 이렇게 말할 수 있다.

"무아에 놀기 때문에 나 아님이 없고, 나 아님이 없기 때문에 섭수하지 않음이 없다. 遊無我故無不我, 無不我故無不攝"

4. 고뇌를 넘어선 즐거움

불교에서는 인생을 고(苦)라고 말하는 것이 예사이다. 그렇다고 인생의 진실한 모습을 고라고 하는 것이 아니라, 모순된 잘못된 모습을 고라고 하는 것이다.

흔히 '일체개고(一切皆苦)'라고 하여 모든 것은 고라고 해석한다. 이 세상의 모든 것은 대립 관계의 모순 속에 있으므로 고라고 말해질 수 있다.

그러나 인생의 궁극적 목표는 이 고를 떠나는 것이다. 인생의 현실을 직시하여 모순 속에서 고를 받고 있다는 것을 알아야 이로부터 벗어날 수 있는 것이다. 그러므로 "고라고 하는 현실을 있는 그대로 알라"고 가르칠 뿐이다.

고를 참으라고 하는 것이 아니고, 고가 운명적이라고 하는 것도 아니며, 고는 떠날 수 있다고 하는 것이다. 이 어찌 적극적인 사고가 아니랴. 고를 낙으로 잘못 인식하거나, 고를 감수하는 사람은 고로부터 떠날 수 없다. 그래서 석존은 《전법륜경轉法輪經》에서 "인생은 고이니, 그 원인을 알아서 제거할 수 있다. 그 방법이 여덟 가지 바른길이다"라고 사제(四諦) 법문을 보이셨다.

현실의 모순이나 갈등은 법을 모르고 잘못 생각하고 잘못 말하고 잘못 행동했기 때문에 그 결과로서 당연히 받게 되는 것이다. 이러한 도리는 벗어날 수 없는 진리다. 그러나 그 잘못된 원인만 없애면, 또한 당연히 고는 없어진다. 이것도 원인과 결과의 도리인 것이다. 고의 원인이 없어지면 고도 없어진다고 하는 것은 틀림없는 진리이다.

고가 없어졌다면 그것은 당연히 즐거움이다. 이 즐거움은 육체적으로나 정신적으로 모든 모순이 사라진 상태에서 나타나는 즐거움이니, 이러한 즐거움은 절대적인 것이 된다. 고가 없어지면서 절대적인 즐거움을 얻는 이것이 열반(涅槃)이라고 말해지는 세계다.

열반은 이 모순된 현실을 냉정하게 있는 그대로 지혜로써 바르게 보고, 그 원인을 없앨 때에 얻어진다. 모순이 없어지고 고뇌가 없어진 상태는, 마치 불을 끈 상태와 같이 아무런 대립이나 갈등이 없으므로 열반의 세계는 흔히 부정적으로 표현되기 쉽다. 그러나 마음의 안온함이나 즐거움이 있는 것은 긍정적으로 표시될 수밖에 없다.

열반은 아무런 생각도 없고 즐거움도 소멸된 망아의 상태가 아니라,

마음이 고요한 적정락이 확실히 나타나서 지극히 행복한 세계인 것이다. 그것은 또한 살아 움직이는 세계, 그리고 살아 움직이는 생명의 환희인 것이다. 이것이 외도의 열반과 다른 점이다.

외도의 수정주의(修定主義)에는 환희가 없다. 불교의 열반은 즐거움이 있다. 이것을 청정의 도라고 한다. 청정의 도는 고를 인정하고, 고를 떠나는 것이다. 이것이 곧 중도인 것이다.

《법구경》에서는 이렇게 설하고 있다.

구성된 것은 고뇌다.
고라고 지혜로써 볼 때에는
모든 고뇌를 떠난다.
이것이 청정한 길이다. (278)

구성된 것은 정신적 물질적인 모든 존재이다. 이것과 저것이 대립 상태에 있는 것이므로 고인 것이다.

이 세상의 모든 것은 이와 같이 되어 있다. 그러나 한편으로 다시 보면, 이러한 모순 대립을 통해서 모순 대립이 없는 세계로 가려고 하는 것이 또한 이 세상의 실상이다.

구성된 것을 모순된 모습으로 봄으로써 그것이 모순 없는 곳으로 가고 있다는 것을 보게 된다. 이것이 지혜인 것이다.

일체가 고뇌라고 보는 지혜의 눈은 그 원인을 보고 고뇌가 없는 즐거움으로 가게 된다. 이것이 청정한 길이라고 말했다. 청정한 길은 바로 어디에도 끌리지 않고 열반으로 가는 길이니, 중도라고 말해진다.

원시불교에서는 고가 없는 열반의 세계를 '고요함'이라 하고 있으나, 이 고요함의 내용은 지극한 즐거움이기 때문에 대승불교에서는 적극적으로 표현하였다.

《미린다 왕의 물음 *Milindapanha*, 那先比丘經》에서 왕과 나가세나 존자와의 대화를 보자.

"존자 나가세나시여, 열반이란 없애는 것입니까?"

"대왕이시여, 그렇습니다. 열반이란 없애는 것입니다."

"존자 나가세나시여, 어찌하여 열반이 없애는 것입니까?"

"대왕이시여, 모든 어리석은 범부는 안과 밖의 세계에 기뻐하고 환영하고 집착하고 있습니다. 그들은 그 흐름에 따라 휩쓸려 가서 태어나고, 늙고 죽으며, 근심하고 슬퍼하며, 고통과 오뇌와 번민으로부터 벗어나지 못하고, 괴로움에서 해탈하지 못합니다.

대왕이시여, 가르침을 받은 거룩한 불제자는 내외의 세계를 기뻐하지 않고, 환영하지 않고, 집착하지 않습니다. 그가 기뻐하지 않고 환영하지 않고 집착하지 않으면, 그에게는 애욕이 없어지고, 애욕이 없어지기 때문에 집착이 없어지고, 집착이 없어지기 때문에 존재가 없어지고, 존재가 없어지기 때문에 태어남이 없어지고, 태어남이 없어지기 때문에 늙음과 죽음과 근심과 슬픔과 고통과 오뇌와 번민이 없어집니다. 이와 같이하여 고뇌의 원인이 없어집니다. 대왕이시여, 그러므로 열반이란 없어진 것입니다."

왕이 다시 물었다.

"과연 그렇습니다. 존자 나가세나시여, 모든 사람이 열반을 얻을 수 있습니까?"

"대왕이시여, 모든 사람이 열반을 얻는 것은 아닙니다. 그러나 대왕이시여, 바른길을 행하고, 마음 깊이 알아야 할 법을 이해하고, 완전히 알아야 할 법을 완전히 알고, 끊어야 할 법을 끊고, 닦아야 할 법을 닦고, 나타내서 깨달을 법을 깨달아서 아는 사람은 열반을 얻습니다."

다시 왕이 물었다.

"과연 그렇습니다. 존자 나가세나시여, 또한 열반을 얻지 못한 자가 '열반은 안락하다' 라고 알 수 있습니까?"

"대왕이시여, 그렇습니다. 아직 열반을 얻지 못한 자가 '열반은 안락하다' 고 하는 것을 알고 있습니다."

"존자 나가세나시여, 어찌 열반을 얻지 못한 자가 '열반은 안락하다' 고 알고 있습니까?"

"대왕이시여, 당신께서는 어찌 생각하십니까. 수족이 아직 잘리지 않은 사람이 수족을 자르는 것은 괴롭다고 하는 것을 알고 있습니까?"

"존자시여, 그렇습니다. 그들은 알고 있습니다."

"어찌하여 알고 있습니까?"

"존자시여, 타인이 수족을 절단당했을 때에 지르는 비통한 소리를 듣고, 수족을 절단당하는 것은 고통이라고 알게 됩니다."

"대왕이시여, 그와 같이 열반을 얻은 사람의 말을 듣고 열반은 안락한 것이라고 아는 것입니다."

"과연 그렇습니다, 존자 나가세나시여." (《나선비구경》 제4장)

여기에서 보여 주듯이 열반은 지혜로써 고의 원인을 없앤 세계이므로 안온한 즐거움이요, 법 그대로 알려지고, 법 그대로 행해진 최고의 이상이다.

고란 현실의 모순으로부터 생기는 고뇌이므로 현실의 모순인 고뇌의 원인만 없애면 고는 사라지고 즐거움이 나타난다. '일체개고'라고 하는 명제는, 일체가 지극한 즐거움으로 바뀔 수 있는 것을 예고한 것으로서 고가 곧 낙이 되는 것은 고 속에서 낙을 동시에 보는 것이니, 이것이 중도인 것이다. 고를 보고 낙을 보는 것에는 사물을 적극적·긍정적으로 보는 눈이 있는데, 이러한 눈이 바로 지혜의 눈이다.

고와 낙의 어디에도 집착하여 끌리지 않으므로 중도요, 이것과 저것을 동시에 보고 있으므로 법을 보고 있는 것이다.

법을 보는 사람은 고의 현실을 바로 보고, 그 고의 원인이 무지에 있음을 알아서 지혜로써 법 그대로를 보고 행하게 되니, 이것이 여덟 가지 바른길이다.

올바른 진리의 실천으로 고가 지멸된 열반이 지극히 즐거운 것이라고 보는 밀교에서는, 그러한 열반을 궁극적 세계의 실재로 보므로 그것이 곧 법신이요, 세존이며, 금강살타(金剛薩埵)이다. 또한 보리심이요, 청정한 의식이며, 해탈 그것이다. 여기에 가치의 전환이 보인다.

5. 올바른 삶〔八正道〕

앞에서 붓다가 발견한 길은 두 극단을 떠난 중도라고 했다. 이 중도는 기하학적인 중간이 아니고, 이것도 저것도 아니면서 이것도 되고 저것도 될 수 있는 묘한 길이다. 이것은 어디에도 걸림이 없는 묘한 길이다. 이것은 또한 어디에도 걸림이 없는 자유자재이면서 모두를 살리는 새로운 길이기도 하다.

붓다가 다섯 비구에게 설하신 사성제(四聖諦) 중에서 여덟 가지 정도라고 하는 것이 바로 이것이다.

"그대들이여, 어떤 것이 여래가 깨달으신 중도인가. 그것은 현명한 성자가 걷는 여덟 가지 길이다. 곧 올바른 견해〔正見〕, 올바른 사유〔正思惟〕, 올바른 말〔正語〕, 올바른 행위〔正業〕, 올바른 생활〔正命〕, 올바른 노력〔正精進〕, 올바른 상념〔正念〕, 올바른 고요함〔正定〕이 이것이다. 그대들이여, 이것을 여래가 설하신 중도라고 한다"고 했다.

이것은 고를 멸하기 위한 거룩한 길이라고 말해지는 것이다.

특히 이 여덟 가지는 사제 팔정도(四諦八正道)라고 하는데, 고라고 불려지는 갈등 속에서 사는 인생을 구제하기 위한 실천 덕목이다. 경전은 또한 "비구들이여, 여래는 이 두 극단을 버리고 중도를 깨달았다. 이것은 눈이 생한 것이요, 지혜가 생한 것이며, 적정이요, 얻은 지혜이며, 열반으로 가는 길이다"라고도 했다.

석존은 이 팔정도를 중도의 내용으로서, 또 인간고를 극복하기 위한 실천 항목으로서 설하고 있다. 중도란 석존이 깨달으신 법, 곧 연기법의 상의성(相依性)을 중도로써 사유하였고, 그것의 실천 항목으로서 제시한 것이다. 따라서 팔정도는 깨달은 법 그대로를 실천하는 것이므로, 이를 통해 고를 떠날 수 있다고 보는 것이다. 붓다가 깨달은 법이 중도로써 실천되는 것이다.

중도라고 하면 용수(龍樹)의 '팔부중도(八不中道)'를 머리에 떠올려서 공(空)이나 연기(緣起)와 더불어 난해한 깨달음의 세계를 말하는 것같이 생각되기도 하나, 붓다의 중도는 있는 그대로의 법의 모습을 구체적으로 보여 주신 것이다.

정견(正見): 정견이란 올바른 인식 작용으로 판단하는 것이다. 사실을 사실 그대로 보는 것이다. 구름을 구름으로 판단하고 인식하는 것이다. 구름을 산으로 보는 것은 잘못된 것이다.

이와 같이 인생은 고라고 보는 것이다. 인생의 현실을 낙이라고 보는 것은 잘못된 견해다.

이러한 정견이 기초가 되어서 나머지 일곱 가지가 이루어지는 것이다. 그러므로 이 정견이 맨 앞에 설해졌다. 이것은 마치 먼 곳을 떠나는 사람이 방향을 바르게 잡는 것과 같다. 정견이 없으면 어떤 생활도, 어떤 수행도 올바르게 이루어지지 못하여 깨달음의 목표에 도달할 수 없는 것이다.

이 세상의 모든 것은 실체가 없으므로 무아(無我)라고 보아야 하는데, 내가 있다고 생각하는 것은 정견이 아니다. 이런 잘못된 견해를 가지면 이로부터 잘못된 행동이나 생활이 있게 된다.

인생은 무상(無常)하다고 하는 것이 정견인데, 영원한 생명을 생각하는 상견(常見)이나 죽으면 그뿐이라는 단견(斷見)은 잘못된 것이다.

있다고 하거나 없다고 하거나, 괴롭다고 하거나 즐겁다고 하는 한쪽에 치우친 견해를 떠난 것이 중도적인 견해다. 그래서 정견은 중견(中見)·묘견(妙見)·진견(眞見)이라고 할 수 있다.

정사유(正思唯), 정어(正語), 정업(正業): 정사유는 올바르게 행동하기 위한 가장 합리적인 생각을 가지는 것이다. 길을 떠나기 전에 '어디로 해서 어떻게 갈 것인가'를 잘 헤아려서 정확하게 가는 길을 모색하고 판단하는 사유이다. 이것은 마음의 자세인 것이다.

다음에 정어는 올바른 말이니, 남과의 대화에서 남을 이롭게 하는 사랑스러운 말이나 알기 쉽게 적절한 말을 하는 것 등이다. 이런 말은 행위의 한 표현인 것이다.

또한 정업은 깨끗한 마음으로 계를 지키면서 하는 행위이다.

이들 세 가지는 신(身)·구(口)·의(意) 삼업이니, 우리 행위의 대표적인 것이다. 이러한 행위가 법에 따라서 행해지는 것이 올바른 행위다. 이들 세 가지는 따로 떨어져 있는 것이 아니고 서로 관련되어 있는 것이다. 마음이 청정하면 말도 바르고 행동도 바르게 되기 때문이다.

정명(正命): 정명은 올바른 생활이다. 신·구·의 삼업이 바르면 정법에 따라서 생활하게 된다.

자기 이익만을 위한 생활은 정명이 아니다. 나와 남을 같이 생각하면서 연기의 법을 살리는 생활은 모두가 사는 것이다.

정정진(正精進), 정념(正念), 정정(正定): 이들 세 가지도 같이 관련지어서 생각할 수 있다. 정정진은 올바른 노력이요, 정념은 마음을 한결같이 머물게 하는 것이요, 정정은 마음의 머무는 것이 흔들림 없이 고요히 집중되는 것이다. 마음이 가장 고요히 집중되면 마음이 한결같이 한 가지 사물에 머물게 되고, 그렇게 되어야 올바른 노력이 있게 된다. 그러므로 정정이 근본이 된다.

정견의 목표가 설정되고 정정의 바탕이 이루어지면 여타의 모든 것이 이에 따른다고 하겠다.

그러면 어떤 것이 올바른 것인가. 불교에서 말하는 올바르다고 하는 것은 어떤 것인가.

여덟 가지 거룩한 길에는 모두 바르다는 형용사가 붙어 있다. 그 '바르다'는 어떤 것인가?

망령된 것을 떠난 것을 정견이라고 한다. 망령된 견해는 망견(妄見)이라고 한다. 망령된 것이란 법 그대로가 아니므로 여실(如實)하지 않은 것이다. 망령된 것은 허망한 것이요, 실답지 않은 것이요, 분별된 것이다. 예를 들면 길바닥에 떨어져 있는 새끼줄을 보고 뱀이라 생각하고 도망간다면, 그것은 망견이다.

어두운 밤 길가에 서 있는 나무를 보고 사람으로 생각하고 두려워한다면, 그것은 망견이다. 구름에서 비가 내리는 것을 보고 신이 주는 빗물이라고 생각하면, 그것도 망견이다.

그러면 이러한 망견은 왜 생기는가? 보는 나와 보여지는 것과의 사이에 여러 가지 다른 요소가 개입되어서 그것이 작용하여 대상을 올바르게 보지 못하게 하기 때문이다.

가령 새끼줄을 본 마음속에 뱀을 두려워한다는 관념이 섞여 있기 때문에 그 새끼줄이 뱀으로 느껴진 찰나의 공포감이 바른 인식 작용을 막아서 착각하여 망견을 일으킨다. 또한 욕심이 나를 가려서 길바닥에 떨어진 물건을 보물로 착각하게 하기도 한다. 또한 진예나 우치가 마음을 가려서 나무 밑동을 도둑으로 착각하게 한다. 그러므로 석존은 우리의 마음을 잔잔한 물에 비유하여 색에 물든 물이나 끓어오르는 물이나 파도치는 물에는 사물이 있는 그대로 비춰지지 못하듯이, 우리의 마음도 탐·진·치가 장애가 된다고 하면서 그것을 번뇌라고 하였다. 이러한 번뇌가 여실한 관찰, 여실한 지견을 방해하므로 이것을 전도몽상(顚倒夢想)이라고도 하고 가애(罣碍)라고도 한다. 이러한 것을 제거하면 주관은 본래의 맑고 또렷또렷한 본성이 나타나서 객관을 있는 그대로 파악한다.

덮여져 있는 것이 망견이다. 그러므로 덮여진 것이 제거된 깨끗한 눈으로 보고 생각하고 행동하고 노력하고, 깨끗하고 고요함 그대로 있는 것이 팔정도인 것이다.

또한 전도되지 않은 것이 바른 것이다. 전도(顚倒)가 아닌 것이 정견이다. 전도란 사물을 판단하거나 택할 때에 순서를 바꾸거나, 가치를 바꾸는 것이다. 크고 작음을 바꾸는 것도 전도다. 애욕에 마음이 어두워져서 사리를 그르치는 것도 전도다. 애욕에 끌리면 추한 것도 아름답게만 느껴지니 이것도 전도다. 무상한 것을 영원한 것으로 생각하거나, 괴로운 것을 즐거운 것으로 생각하는 것도 전도다. 그래서 전도에는 네 가지가 있다고 한다.

상전도(常顚倒) · 낙전도(樂顚倒) · 정전도(淨顚倒) · 아전도(我顚倒)가 바로 그 네 가지이다.

시간을 아낄 줄 모르고 헛되이 지내는 것은, 생명이 무상한 것을 모르고 영원히 살 줄 아는 것이니 이것이 상전도다. 뜻대로 안 되는 인생을 즐겁게만 살려고 하여 고통을 피하는 것은 낙전도다. 부정한 존재임에도 청정한 존재라고 생각하는 것은 정전도다. 실다운 내가 아닌 나를 실다운 것으로 생각하는 것은 아전도다.

그러나 이러한 전도는 네 가지만이 아니다. 모든 면에서 얼마든지 있을 수 있는 것이다. 그릇된 선입관, 잘못된 타성, 잘못된 지식, 잘못된 경험 등이 모두 우리를 전도시킨다.

또한 올바름이란 극단을 떠나서 중도에 머무는 것이다.

극단이란 지나친 것이다. 한쪽에 치우친 것이다. 그래서 치우친 집착을 편집(偏執)이라고도 하고, 변계소집(邊計所執)이라고도 한다. 그러므로 변(邊)이나 집(執)을 떠나서 중(中)에 머무르라고 한다. 이러한 중은 깨달음의 세계인 것이니, 밀교는 바로 법의 올바른 실천인 것이다.

3

지혜의 찬란한 꽃

1. 중도의 올바른 실천

이 세상은 나 홀로 사는 세상이 아니다. 나만이 옳고, 나만이 그르다는 것은 없다. 이 세상은 모두 다같이 책임이 있고, 의무가 있다. 누구의 탓도 아니고, 나만의 탓도 아니다. 모두의 탓이다.

사람들은 모두 자기 나름대로의 개성과 주장과 고집이 있다. 곧 자기 나름대로의 세계가 있다. 그러나 그것도 자기만의 것이 아니다. 나의 자랑은 남에게는 허물이 되고, 나의 허물은 남에게는 자랑이 될 수 있다. 그러므로 시비를 가릴 수 없는 것이다. 따라서 남의 허물을 허물로 보지 말고, 나의 자랑을 자랑으로 보지 말아야 한다.

내가 훌륭한 것이 아니고, 남이 어리석은 것도 아니다. 나와 남은 다같이 범부일 뿐이다. 시비를 따질 수 없다. 우리는 모두 다 현명하기도 하고, 어리석기도 하다. 마치 둥근 귀고리와 같이 끝이 없이 둥글다.

불교는 이러한 자연의 이치, 당연한 이치를 있는 그대로 설하며 있는 그대로 실천한다.

그러므로 불교는 절대주의가 아니고, 상대주의(相對主義)이다. 독선주의가 아니고 공생주의(共生主義)이다. "나를 따르라"고 외치는 것이 아니고, "스스로 자기를 의지하라"고 한다. 따라서 공론(公論)을 중요시한다.

승가(僧伽)란 공동체로 운영되는 단체다. 여기에는 내가 없다. 특별한 지도자가 없다. 모두가 지도자다. 자주적이요, 진정한 자유가 질서를 잡는 공동체다. 이것은 붓다가 깨달은 법 그대로 나타난 것이다. 연기(緣起)라고 하거나, 공(空)이라고 하거나, 중도(中道)라고 하는 것이 이것이다.

논리적으로는 이것과 저것의 관계가 대립되어 있으면서도 대립을 넘어서서 조화되는 것이다. 이것은 변증법적인 통일이 아니다. 이것과 저

것이 서로 부정하면서 높은 차원으로 통일되는 것이 아니고, 이것과 저 것은 본래부터 대립적이면서도 대립이 아닌 조화의 관계다. 이것을 불 교에서는 '하나' 라고 하지 않고, '둘이 아니다〔不二〕' 라고 한다.

이것과 저것은 둘이면서 둘이 아니기 때문이다. 둘이라고 하면 대립 이요, 부정이 따르기 때문이다. 이것과 저것, 곧 이 세상의 모든 존재는 겉으로 보기에는 서로 대립되어 있는 듯하나, 자세히 살펴보면 서로 관 련지어 떠날 수 없는 관계로 조화되어 있다.

예를 들면 남자와 여자가 서로 다른 것을 볼 때에는 대립된 관계에 있는 것 같으나, 서로 떠나서는 살 수 없게 되어 있으므로 대립을 떠나 서 존재하는 것이다. 이 세상에는 이런 관계로 되지 않은 것이 없다. 어 떤 것이 있다가 없어지는 것도 이와 같다. 생(生)과 사(死)도 그렇다.

인생은 괴로운 것이라고 하나, 괴로움이 있으면 반드시 즐거움이 따 르게 마련이다. 즐거움만이 있거나 괴로움만이 있을 수 없다. 그러므로 불교에서는 인간고(人間苦)를 절대적인 것이 아니고, 즐거움으로 바꿀 수 있는 것이라고 한다. 고가 있으므로 낙이 있고, 낙이 있으므로 고가 있기 때문이다. 고와 낙은 서로 관련되어 있는 것이다. 그러기에 인생 은 삶의 보람이 있는 것이다.

번뇌는 제거해야 할 것이 아니라 깨달음으로 바꿔져야 할 것이다. 그 러므로 번뇌는 곧 보리〔煩惱即菩提〕다. 즉(即)에는 긍정과 부정이 같이 있는 것이며, 가치 전환의 논리가 있다.

이와 같이 서로 관련지어 있으면서 새로운 가치로 전환하는 것을 '둘 이 아니다〔不二〕' 라고 한다. 이 세상에는 취할 것이나 버릴 것이 없다. 여기에 중도의 묘미가 있다.

취할 것이 없으므로 모두에게 회향하고, 버릴 것이 없으므로 다시 살 려내는 것이다. 어리석은 자라고 해도 때와 장소에 따라서 현명한 자보 다 더 나을 수가 있다. 모든 것은 경솔하게 결정하여 배척하거나 취할 수 없다. 이런 이치를 붓다는 중도로써 설하셨고, 용수보살은 다시 이것을 팔불(八不)로써 설명했다.

밀교도 이런 도리를 벗어날 수는 없다. 밀교는 이런 도리를 적극적으로 살려내는 가르침이다.

독을 약으로 쓴다

이 세상에는 버릴 것이 없다. 좋은 재목은 서까래로 쓰고, 구부러진 나무는 울타리에 쓸 수 있다. 넓적한 큰 돌은 주춧돌로 쓰고, 작은 돌은 구들의 받침돌로 쓴다.

이 세상에는 약이 되지 않는 것이 없다. 쓴것은 쓴 대로, 신것은 신 대로 모두 약이 된다. 아편과 같은 것도 소량을 적당히 쓰면 좋은 약이 된다.

아무리 독기가 있는 것이라고 해도 그것을 받아들이는 사람이 건전하면 독의 해를 입지 않고, 오히려 그것을 살려서 쓸 수 있다. 아편과 같은 독도 의학 지식이 있어서 그 약성을 이용하면 오히려 고마운 약으로 바꿀 수 있듯이, 독과 약은 서로 다른 것이면서도 근본에 있어서 그 약성에는 다를 바가 없는 것이다.

이것이 만물의 존재 법칙이다. 법이 그렇게 되어 있다는 것을 아는 지혜로운 사람은 이런 이치를 알고, 독물을 버리지 않고 약으로 쓴다.

《법구경》에서도

사람은 손에 상처가 없으면 손으로 독을 잡을 수 있다.

상처가 없는 자에게는 독이 해롭지 않다. 이와 같이 악한 짓을 하지 않는 자에게는 악함도 따르지 않는다. (124)

라고 하였다.

이 세상에는 어디에나 악이 도사리고 있다. 선도 있고, 악도 같이 있

다. 악에 유혹되지 않고 선을 행하는 것은 현명한 사람의 당연한 도리
이다.

악이 있으므로 선이 있고, 독이 있으므로 약도 있다. 악을 선으로 바
꾸고, 독을 약으로 바꾸는 지혜가 중도인 것이다.

늪에서 연꽃을 피운다

불교에서는 불교의 상징으로서 연꽃을 말한다.

이 연꽃은 불교에서만이 아니라, 옛날부터 인도 사람들이 가장 좋아
하는 꽃이다. 인도에서는 잎이 넓은 연꽃을 어디에서나 볼 수 있다. 비
단 꽃만이 아니라 잎이나 꽃대·꽃씨를 보더라도 다른 어떤 식물보다
남다른 특성을 가지고 있는 것으로 평가된다.

특히 연꽃은 늪에서 자라는 꽃이다. 큰 거리에 아무렇게나 버려진 쓰
레기 더미 속에서도 향기가 좋은 흰 연꽃이 피는 것을 본 인도 사람들
은 그것이 신기하게 느껴졌을 것이다. 늪이나 쓰레기 더미를 죄악의 세
상으로 보고, 이 속에서도 죄악에 빠지지 않는 것을 이상으로 삼던 인
도인들에게는 연꽃이 성스러움의 상징이기도 했다.

연못이나 늪은 더러움이요 연꽃은 깨끗함이니, 이들 두 개념은 인간
의 현실과 이상의 표현이기도 하다. 그런데 더럽다고 하는 늪이나 쓰레
기 더미는 향기롭고 깨끗하게 핀 연꽃과는 서로 상대가 된다. 그러나 이
러한 상대성이 오히려 서로에게 생명의 양식이 되고 있는 것이다. 더러
운 늪에는 많은 유기물이 있어서, 그것을 영양분으로 향기롭고 깨끗한
연꽃이 자라는 것이다.

더러움을 떠나서는 깨끗함도 없다는 이치가 여기에 있다. 더러움과
깨끗함은 둘이 아니라는 이치를 알고, 더러움 속에서 꽃을 피우는 연꽃
은 중도를 걷는 것이다.

연꽃이 산마루에서는 자라지 않고 꽃도 피우지 못하듯이 더러움을

떠나서 깨끗함은 있을 수 없다. 그러므로 더러움의 대표인 번뇌를 떠나서는 깨끗함의 대표인 깨달음이 있을 수 없다.

정예불이(淨穢不二)는 번뇌즉보리(煩惱卽菩提)가 된다. 불이중도(不二中道)의 논리에서 보면, 더럽다는 것도 없고 깨끗하다는 것도 없으니, 깨끗하다고 하여 그것을 사랑할 바가 못 되고, 더럽다고 하여 그것을 싫어할 바가 못 된다. 그래서 선(禪)에서는 선악방하착저(善惡放下着底)를 찾으라고 말한다. 선도 악도 다 떨쳐 버린 그곳이 바로 중도인 것이다.

《법구경》에서

> 큰 길가에 버려진 쓰레기 더미 속에서
> 아름다운 연꽃이 피어나서
> 맑은 향기를 피우듯이. (58)

라고 하였다.

아름답고 향기로운 연꽃은 더러운 쓰레기 더미나 진흙 속에서 피어난다. 향기로운 아름다움과 더러움은 서로 상대되는 것이다. 그러나 이러한 상대성을 떠나면 다른 차원의 가치가 드러나는 것이다. 이것이 둘이 아닌 중도요, 연기의 도리며 공의 세계이다.

칭찬과 비방에 감사한다

인간의 사회는 언제 어디서나 칭찬과 비난이 따르게 마련이다.

석존이 살아 계시던 당시에도 석존에게 비난과 칭찬이 뒤따랐지만, 이것에 끌리지 않고 오히려 이것을 뛰어넘었다.

석존을 비난한 사람은 데바닷타만이 아니었을 것이다. 처음에는 석존의 가족들 또한 석존을 원망하고 비난했을 것이다.

반대로 그의 제자들뿐만 아니라 많은 수행자들은 석존을 칭찬했을 것이다.

비난이나 칭찬은 비난하고 칭찬하는 그 사람의 가치 기준에 맞춰서 행해지는 것이지만, 석존은 보다 높은 차원의 세계에 있었으므로 이에 움직이지 않았다. 번개나 천둥은 높은 산 밑에 걸쳐 있는 구름 속에나 있는 것이므로 구름을 뚫고 높이 솟아오른 산 위는 아무런 영향도 받지 않는다.

초연한 위치에 서 있으면, 이 두 가지 갈등을 뛰어넘을 수 있다. 그러나 비난이나 칭찬은 항상 같이 따르는 것이다.

비난하는 데는 비난할 이유가 있고, 칭찬하는 데는 칭찬할 만한 이유가 또한 있다. 그러므로 이들을 그대로 수용하면서도 옳고 그름을 판별하여 수긍할 것은 수긍하고 부정할 것은 부정하는, 부정과 긍정이 동시에 있을 때에 이 두 가지를 보다 높은 차원으로 소화시킬 수 있다.

비난하는 것을 고맙게 생각하고, 자기의 잘못을 고치면 비난을 긍정하는 것이다. 칭찬하는 것을 경계하면서 초연히 대처하면 그것은 칭찬을 부정한 것이다.

부정할 것은 부정하고 긍정할 것은 긍정하면서 부정과 긍정을 넘어서는 것이 중도다. 이때 칭찬도 없고 비난도 없으며, 칭찬과 비난이 나의 약이 되어 살려진다. 칭찬과 비난이 없으므로 둘이 아니요, 그것이 살려졌으므로 중도요 정도다.

인도의 격언에 "뱀이 물을 먹으면 독이 되고, 소가 물을 먹으면 젖이 된다"고 했다. 같은 물임에도 불구하고 먹는 자에 따라서 이렇게 가치가 달라져 나타난다.

성자에게는 비난이나 칭찬이 열반의 밑거름이 되나, 범인에게는 괴로움과 기쁨이 되니, 범인들은 이러한 것에 흔들려서 자신을 망치게 된다.

《법구경》에서

과거나 현재나 미래나 어느 때에나,
한결같이 비난만 하거나
한결같이 칭찬만 하는 사람은 없다.
비난에는 칭찬이 따르고, 칭찬에는 비난이 따르게 마련이다. (228)

라고 하고

아투라여,
이것은 옛적부터 말해지고 있는 것이니,
지금 시작된 것이 아니다.
말 없는 자는 비난받고
말 많은 자는 비난받으며
또한 말이 적은 자도 비난받는다.
이 세상에서 비난받지 않는 사람은 없느니라. (227)

고도 했다.

  이 세상은 남을 비난하는 사람이 있고, 칭찬하는 사람이 있어서 전체적으로 조화가 이루어진다. 그러므로 이것이 세상의 실상임을 알면, 이에 흔들리지 않고 그대로 수용하게 된다. 그래서 《법구경》은 다시

큰 바위덩이가
바람에 흔들림이 없듯이
현명한 사람은
비방이나 칭찬에 흔들리지 않는다. (81)

고 했다.

  흔들림이 없다고 하여 무관심하다는 것이 아니다. 거기에 끌리지 않

고, 그것의 실상을 있는 그대로 받아들이는 것이다. 받아들이는 것은 긍정이나 부정 중의 어느 하나가 아니다. 긍정과 부정이 동시에 있으면서 그것을 살려내는 묘함이 있다.

큰 바위덩이가 흔들리지 않는다고 한 것은 무관심이거나 부정만이 아니다. 바람이 그 위를 스쳐가는 것처럼 바람에 끌리지 않고, 지나가게 하는 것이다. 지나가게 하는 것은 받아들이면서 받아들이지 않는 것이다. 무심 속에 수용하는 것이다. 즉 마음이 머물지 않고 머무는 것이다(應無所住而住心).

죄와 복덕을 넘어선다

본래 죄에 대한 깊은 죄의식이 종교에의 귀의를 가져오듯이, 인간은 스스로 죄를 의식하면서 양심을 찾아 복덕으로 나아가는 면이 있는 것 같다. 기독교의 원죄 사상도 인간 본연의 모습을 말하는 것으로 이해될 수 있으며, 불교의 정토 신앙에서도 죄의식에 대한 깊은 반성이 있는 것은 오히려 자연스러운 모습으로 느껴진다.

하여튼 인간은 죄의식을 가짐으로써 죄의 결과를 생각하고, 혹은 윤회 사상을 믿어서 죄과의 무서운 고통으로부터 벗어나려고 노력해 왔다. 인류가 죄를 떠나서 선업을 쌓아, 복덕을 내생에까지 누리고자 하는 것도 인간의 진실한 일면을 보이고 있는 것이 아닐까? 이와 같이 죄와 복덕은 서로 다른 가치로서 인간에게서 떠나지 않고 운명처럼 붙어 다니고 있는 것이다.

그렇다면 인간은 죄를 짓지 않고는 살 수 없는 존재인지도 모른다. 몸을 가지고 있으므로 먹고 입기 위해서는 남보다 앞서가지 않으면 안 되는 운명적인 존재이면서, 일면으로 그것을 떠나려고 애쓰는 존재인지도 모른다.

죄와 공덕, 이 두 가지는 확실히 서로 다른 가치를 가지고 대립되고 있는 개념이다. 그러나 죄를 지었어도 참회하지 않거나, 공덕을 쌓았어도 그 공덕이 자기 만족에 지나지 않는다면, 죄와 복덕은 서로 관련이 있는 것으로서 절대적인 가치는 되지 못하는 것이 아닐까? 그래서 달마(達磨) 대사도 양(梁)나라의 무제(武帝)에게 무공덕(無功德)이라고 했는지도 모른다.

인간은 고래로 죄를 짓느냐, 아니면 공덕을 쌓느냐의 두 가지 갈림길에서 왔다갔다하면서 살아왔다. 인간의 삶은 흔히 죄냐 공덕이냐의 어느 한쪽에 치우쳐서 살아간다고 할 수 있다. 죄도 짓지 않고, 공덕도 없이 사는 사람은 보기 드물기 때문이다.

여기에 붓다의 가르침이 있게 되는 것이다. 다시 말하면 이것이냐 저것이냐의 어느 한쪽에 치우쳐서 살고 있는 것이 범부다. 이것 아니면 저것이라는 생활은 한쪽에 치우친 그릇된 삶임을 붓다는 확실히 지적하면서, 이것도 아니고 저것도 아닌 다른 것이 있음을 보이셨다. 이것이 중도인 것이다.

그렇다면 모든 사물은 이것이라고도 할 수 없고, 저것이라고도 할 수 없는 오묘한 것이라고 하지 않으면 안 된다.

불교의 오계(五戒)인 불살생(不殺生)·불투도(不偸盜)·불사음(不邪淫)·불망어(不妄語)·불음주(不飮酒)도, 이것을 범하면 죄가 된다고 하는 것은 틀림없다. 그러므로 실제에 있어서 철저하게 살생하지 않고, 또는 철저하게 음주하지 않는 것이 공덕이 되는 것이니, 우리는 반드시 계를 철저히 지켜야 한다.

그렇지 않으면 죄가 되기 때문이다. 그런데 죄가 되기 때문에 범하지 않는다고 하거나, 공덕을 쌓고 복덕을 받기 위해서 좋은 일을 하는 것은 지극한 도가 아니다. 이것은 마음에 얻을 것을 헤아려 가지고 있기 때문에 순수한 것이 못 된다. 불교적으로 말하면 무소유(無所有)가 아니고 소유가 있기 때문이다. 이러한 것은 이것이나 저것의 어느것에 끌린 것이므로 옳지 못하다고 한다. 곧 중도가 아니기 때문이요, 법에 어굿나므로 진리가 아니기 때문이다.

《법구경》에서

> 이 세상 죄와 복덕의 두 곳에서
> 집착을 떠나서 근심이 없고,
> 탐욕이 없이 깨끗한 자,
> 그를 나는 바라문이라고 하리라. (412)

라고 하였다.

세상의 모든 것은 이것도 될 수 있고 저것도 될 수 있다.

오계 중에서 불음주에 대하여 생각해 보자. 술 한 잔을 마신 것이 진실로 죄가 된다고 할 것인가, 그렇지 않은가? 진실로는 무엇이라고 말할 수 없다. 죄가 되기도 하고, 죄가 되지 않고 약이 되기도 한다. 이것도 되고 저것도 되는 것이 세상의 일이다. 일률적으로 '이것'이라고 하거나 '저것'이라고만 말할 수 없는 것이 세상사다.

"뱀이 물을 마시면 독이 되고, 소가 물을 마시면 젖이 된다"는 인도의 격언이 있다고 앞에서 말한 바와 같이 이렇게도 될 수 있고 저렇게도 될 수 있다.

중국의 격언에 "어리석은 자가 술을 마시면 미치고, 지혜로운 자가 술을 마시면 지혜가 솟는다"고 한다. 그런데 세상 사람들은 한 가지에만 고집하여 삶의 여유를 갖지 못하고 삶을 멋지게 살지 못한다.

불교의 계도 그렇다. 계에 걸리면 안 된다. 계도 떠나서 계를 지켜야 한다. 이렇게 할 것인가, 저렇게 할 것인가의 두 극단에 걸려 있으면 그것은 잘못된 것이다.

죄와 공덕도 이와 같다. 두 극단, 이변(二邊), 이단(二斷)이므로 이를 떠나서 중도를 걸어야 한다.

중도는 청정한 길이라고도 말해진다. 청정이란 어디에도 걸리지 않은 것이다. 계를 떠나서 계를 지키며, 계를 지키면서 계를 떠나는 데 묘미가 있는 것이다. 이와 같이 공덕을 떠나서 공덕을 쌓고, 죄에 떨어지지 않고 죄를 멀리하는 데에 묘한 법이 있는 것이다.

이것을 《금강경》에서는 "응무소주 이생기심(應無所住而生其心)"이라고 했다. 이런 마음에서는 모든 것이 살려진다. 이렇게 되면 이 세상에 버릴 것이 없고, 못할 것이 없게 된다.

불가에서 술을 곡차라고 하여 한 잔 마시는 일이 있다. 그에게는 술은 술이 아니면서 술이다. 그는 술이라는 생각이 없이 마시고 있으니, 술 한 잔을 살리고 있는 것이다.

아마도 진묵(震默) 대사의 경우가 이런 것이 아니었을까 생각된다. 불교에서 술을 먹어서는 안 된다고 하는 것은 진실한 뜻에서 말한 것이다. 절대적인 견지다. 불교적으로 말하면 진제(眞諦)다. 그러나 이 세상의 실제의 삶, 곧 속제(俗諦)에서는 먹을 수도 있다. 이 경우에 어떤 사람이 "술을 먹으면 죄가 됩니까?" 하고 물었을 때, "먹어서는 안 되는 것이지만, 세상은 어디 그런가"라고 대답한다면 이것은 중도를 말한 것이다.

"세상은 어디 그런가"는 먹을 수도 있고 먹지 않을 수도 있는 것이 세상이기 때문이다.

여기에 묘미가 있다. "중도는 이것이다"라고 하거나 "저것이다"라고 하는 양단 논법이 아니고 이것도 되고 저것도 되는 것이니, 여기에 무한한 가능성이 있는 것이다.

인생의 멋은 이런 곳에 있다.

이기고 진 것 없이 모두 다 이긴다

이 세상은 싸움이라고 한다. 그렇다면 이 세상은 싸워서 이기기 위해 사는 것이라고 말해질 수 있다. 그러나 과연 그런 것일까?

인류의 역사는 싸움의 되풀이 같다. 이기고 지고 하면서 진 자가 다시 이기는 것이 되풀이되고 있는 것같이 보인다. 그러나 이러한 속에 또 다른 것이 있는 것을 볼 수 있어야 한다.

이긴 자가 있으면, 진 자가 있다. 그러나 그 진 자는 원한을 품고 다시 보복하려고 하는 것이 세상의 상정이다. 그렇다면 진 자가 다시 이기게 될 것이고, 이긴 자가 다시 지게 되어 이것이 되풀이되니, 참된 뜻에서 이겼다고 하거나 졌다고 하는 것은 없다.

진실로 이긴 자도 없고, 진실로 진 자도 없는 참된 승리는 진 자가 원한을 품지 않아야 하는 것이다. 이것이 참된 승자인 것이다. 이겼다고 하거나 졌다고 하는 의식이 모두 없는 것이라야 한다.

제2차 세계대전이 끝나고 나서 미국의 샌프란시스코에서 평화 회담이 개최되었다. 이때에 일본 대표가 패전을 승복하는 말로써 사용한 유명한 말이 있다.

이것은 당시의 스리랑카 대표가 제시한 것이다. 바로 《법구경》의

이 세상에서
원한은 원한으로써 없어지지 않는다.
오직 원한이 없어서 없어지나니
이것은 영원한 진리다. (5)

라고 하는 말씀이었다.

이것은 세계 평화의 원칙이며, 마음의 평온함의 원칙이다.

기독교에서는 원수를 사랑하라고 하고, 유교에서는 원수를 덕으로써 대하라고 한다. 원수를 사랑하는 데에는 원수라는 의식이 있다. 덕으로써 베푸는 데에도 원수라는 의식이 있다. 원수이니까 더욱 사랑하거나, 원수이니까 더욱 베푼다고 한다면, 아직 원수라는 의식이 남아 있는 것이다.

그러나 붓다는 원한이 전혀 없어야 한다고 했다. 원한이 있으면 이기고 진 것이 있고, 원한이 없으면 이기고 진 것이 없다.

이긴 것이 있거나 진 것이 있으면 언제까지나 이것이 되풀이되고, 되풀이되는 한 진정한 평화는 있을 수 없다. '이겼다'고 생각할 경우에, '졌다'고 생각하는 상대가 있다. 졌다고 하는 것은 이기겠다고 하는 마음의 나타남이고, 졌다고 하는 것은 이기려고 했으나 이기지 못했다고 하는 원통한 마음의 나타남이다.

그렇다면 이기겠다고 하거나, 이기지 못했다고 하는 의식이 문제이다. 이겼다거나 졌다고 하는 의식이 없으면 이기고 진 것도 없다.

이기고 지는 데는 상대가 있어야 한다. 상대가 없다면 이기고 지는 것이 있을 수 없다.

오늘날 핵무기의 발달로 세계는 냉전을 고하고, 새로운 질서의 세계로 진입했다고 한다. 핵무기를 쓰는 오늘날의 전쟁에는 이기고 지는 것이 없기 때문에 전쟁을 하지도 않고, 할 필요도 없다. 이것은 무기의 힘으로써 이기고 지는 두 가지 상대 개념을 포기하게 한 것이다. 핵무기를 썼을 경우에는 이긴 것도 없고, 진 것도 없게 된다.

실제로 가정에서나 사회에서나 이기고 진 것이 없는 세계가 있음을 얼마든지 볼 수 있다.

인간 사회는 모두가 이렇게 되어야 한다. 이긴 것도 떠나고 진 것도 떠나는 세계에서는 승자도 패자도 없는, 공존의 세계 질서가 이루어질 것이다.

그러므로 《법구경》에서는

이긴 자는 원한을 품고,
진 자는 원한으로 괴로워한다.
안온함을 얻은 자는
이기고 진 것을 떠나서

안온함에 머문다. (201)

고 하였다.

손자(孫子)의 병법에서도 "진실로 이기는 자는 싸우지 않고 이긴다"라고 했다.

자기의 역량이 월등했다면 상대가 없을 정도가 돼야 한다. 그때 이긴 것도 없고, 진 것도 없게 된다. "나는 이겼다" 하고 기뻐한다면, 그것은 아직도 약한 면이 있는 것이다.

세계는 승자도 없고 패자도 없는 세계로 가고 있다. 그러나 석존은 이미 이런 세계를 예견하고 실현하셨다. 이기고 진 것을 모두 떠나면, 모두가 이긴 것이 될 수 있으므로 이쪽도 살고 저쪽도 살게 된다. 이것이 '둘이 아닌 것〔不二〕'이요, 중도(中道)라고 하는 것이다.

밀교는 이러한 중도를 적극적으로 실천하는 가르침이다. 밀교는 석존의 정신을 긍정적으로 감득하여 그대로 실천하는 가르침인 것이다.

용수의 공(空) 사상은 이러한 이상적인 세계로 가기 위해서 현실을 크게 부정하고 있으므로, 이러한 부정적인 면에만 끌리면 참된 공 사상의 긍정적인 면을 망각하기 쉽다. 이러한 잘못된 점을 시정하여 공의 참된 면을 바로 알아서 크게 드러낸 사상이 밀교 사상이라고 하겠다. 그러므로 밀교에서는 인간의 모든 현실 생활을 긍정적으로 발양시키고 있다. 이렇게 함으로써 모든 것이 자기 생명을 살리게 되는 것이다.

모든 것을 살리는 것이 모든 부처님의 본원이다.

2. 중도의 차원 높은 실천

있는 그대로 살린다

우리들 인간의 삶은 자기 자신의 존재를 확인하고, 자기의 존재를 살리기 위해서 영위되고 있다. 그래서 서양철학이나 동양철학의 철학적인 과제는 항상 존재(存在)에 대한 것이다.

"존재란 무엇이냐?" 하는 것이 철학의 과제다. 그리하여 결국 '나'란 무엇이냐, 또는 '너'는 무엇이냐로 발전하고, 나아가서 "이 세계란 어떤 것이냐?" 하는 문제까지 추구해 나간다. 이러한 추구가 인생관·세계관을 형성하고, 신(神)이거나 로고스(logos)라고 하는 천지의 도리(道理), 달마(Dharma, 法)를 생각하게 하였다.

나의 생명이라고 하는 것, 나라고 하는 존재, 나의 재산이나 가족이나 민족이나 인류라고 하는 일체의 존재를 인정하는 것에서부터 모든 인간적인 삶이 시작되는 것이다. 그러나 이러한 일체의 존재는 하나의 가정에 지나지 않는 것이고, 하나의 약속에 지나지 않는다. 절대적인 입장에서는 나라고 할 아무것도 없고 너라고 하는 것도 찾을 수 없어서, 실다운 것이 아닌 헛된 것에 지나지 않는다.

"나라고 하는 것이 육체를 말하는가, 혹은 정신을 말하는가, 인격을 말하는가. 아무개라고 부르는 이 몸과 마음으로 된 존재의 실체는 어떤 것인가.

실체가 있는가, 없는가. 있다면 왜 시시각각으로 변하여 결국 없어지는가. 나의 실체가 있다면 왜 죽게 되는가? 없다면 나의 존재는 어떻게 있게 되었는가? 있기도 하고, 없기도 한 것인가?"

이와 같이 '있다' '없다'에 끄달려서 우리는 살고 있기 때문에 뜻대로 되지 않아서 고뇌하고 있는 것이다. '있다' '없다'에 집착되어 끌려다니는 한, 인간에게는 언제나 고통과 불안과 두려움과 아쉬움이 따른다.

그렇다면 있는 것도 아니고 없는 것도 아닌 어떤 것이 따로 있는가? 따로 있는 그것에 의지하고 살아야 한다면, 그것은 어떤 것인가?

이렇게 생각한다면 결국 이것이냐 저것이냐의 어느것에 걸려서 이것과 저것을 버리지 못할 것이니, 여기에서는 고통도 갈등도 불안도 면할 수 없을 것이다. 그러면 어떻게 할 것인가? 여기에 문제가 있는 것이다.

'있다' '없다'의 두 극단을 떠나서, 있는 존재 그대로의 세계에 뛰어드는 것이다. 있는 것도 아니고, 없는 것도 아닌 '그대로'의 세계를 살리는 것이다. 시시각각으로 변하는 존재의 실상, 그대로를 살리는 것이다. 이것을 불교에서는 무작삼매(無作三昧)라고 한다.

이것은 중도 그대로의 실천이기도 하다. 용수는 《대지도론大智度論》에서 이렇게 말했다.

있는 것을 보면 곧 두려워하고,
없는 것을 보면 또한 두려워한다.
그러므로 '있다'에 집착하지 않고,
또한 '없다'에도 집착하지 않는다.
이것을 무작삼매라고 한다.
일체의 법은 모습이 있는 것이 아니니, 일체법에 애착하지 않는다.

그러면 어떻게 하는 것이 있는 것도 떠나고 없는 것도 떠나서 행하는 것인가.

《법화경》에서 "아버지가 아들들의 고뇌가 이와 같음을 보고, 모든 방법을 의지하여 색향(色香)과 아름다운 맛이 다 구족함을 구해서 방아에 빻고(擣), 체로 쳐서(篩), 화합하여(和合) 자식에게 주어 먹게 하고 이 말씀을 하되, 이 큰 양약은 색(色)·향(香)·미(味)가 다 구족하므로 너희들이 먹을 만하니, 속히 고뇌를 없애고 다시 중환을 없게 하라"고 했다.

방아에 빻아서 부수는 것은 공(空)의 세계로 돌아가는 것이요, 체로 치는 것은 무상(無相)의 세계로 가는 것이요, 화합하는 것은 무작삼매(無作三昧)이다.

부수는 것은 '있다'에 집착하지 않고 공으로 돌아가는 공삼매(空三昧)요, 체로 치는 것은 '없다'에도 집착하지 않는 무상삼매(無相三昧)다. 이렇게 하여 있고 없는 어디에도 애착을 갖지 않고, 화합하여 좋은 약으로 만드는 것은 무작삼매(無作三昧)다. 이 무작삼매가 중도의 실천이다.

잘 화합함으로써 있는 것과 없는 것이 모두 살려지는 것이다. 이러한 세계를 《법화경》에서는 유희신통(遊戲神通)과 정불국토(淨佛國土)와 성취중생(成就衆生)이라고 했다.

공삼매가 유희신통에 이르고, 무상삼매가 정불국토에 이르고, 무작삼매가 성취중생에 이르러서 모든 중생이 구제되는 것이다. 《법화경》은 용수의 반야공 사상을 긍정적으로 살려서 중생 구제에까지 승화시킨 대승경전 중의 대승경전이다.

이러한 대승 사상은 《아함경阿含經》 속에 이미 설해져 있으니, 석존은 이것을 스스로 실천하신 것이다.

"이 세간은 있다[有]와 없다[無]의 두 가지 극단을 의지하고 있다. 올바른 지혜에 의해서 여실(如實)히 이 세간의 근본을 보는 자에게, 이 세간은 없는 것도 아니고 있는 것도 아니다"고 했다.

밀교는 대승불교 사상을 보다 적극적이고 긍정적이며 구체적으로 파악하여 자타의 여실함을 살리는 가르침이다.

불이중도(不二中道)의 화쟁(和諍)

우리 인간은 있기 때문에 괴롭고, 없기 때문에 또한 괴롭다. 그러나 있기도 하고 없기도 한 데에 그 묘미가 있는 것이다.

이와 같이 인간은 또한 같다고 하고, 또한 다르다고 하는 분별을 통해서 서로 다투고 휩쓸린다. 이 세상에는 같은 것도 없고, 다른 것도 없다. 그렇기 때문에 재미있고, 묘미가 있는 것이다. 같은 것만을 이상적인 것으로 생각하는 사상은 전체주의가 되고, 독선적이 되며, 제국주의로 나타난다. 다른 것을 인정하지 않기 때문이다. 기독교나 이슬람교와 같은 종교는 남의 종교를 인정하지 않기 때문에 다른 것은 잘못된 것, 이질적인 것이라고 하여 하나로 만들려고 한다. 그래서 일신교(一神敎)가 이것들에 속한다. 그러나 힌두교와 같은 종교는 다신교(多神敎)이기 때문에 서로 다른 것을 인정한다. 서로 다른 성격을 가진 것이면서 하나의 신성을 가지고 있다고 한다. 이런 종교는 같은 것이면서 다른 것이다. 이들과 같이 일원적(一元的)인 생각이나 이원적(二元的)인 생각, 또는 다원적(多元的)인 생각들은 일반적으로 우리 인간이 가지고 있는 예사로운 생각들이다.

그러나 이러한 생각들은 잘못된 것임을 알아야 한다.

이 세상에 있는 모든 존재는 서로 다르면서도 같은 것인가, 또는 모두가 같은 것인가, 그렇지 않으면 모두가 서로 다른 것인가?

'같다' 고 하는 것도 가정이요, '다르다' 고 하는 것도 가정이며, '같기도 하고 다르기도 하다' 고 하는 것도 가정에 지나지 않는다. 그러므로 이러한 여러 가지 생각은 가정된 견해인 것이다.

인간은 같은 것인가? 그렇지 않다. 남녀의 구별이 있고, 얼굴 모양이 서로 다르고, 소질과 인격이 서로 다르고, 따라서 생활 양식도 서로 다르다.

그렇다면 인간은 모두 다르기만 하고, 공통점은 없는가? 그렇지 않다. 서로 통하는 점은 얼마든지 있다. 그러므로 같은 가족이 있고, 같은 민족이 있고, 인류의 개념도 성립된다. 그렇다면 인간은 '같다' 고도 할 수 없고 '다르다' 고도 할 수 없어, 같은 점도 있고 다른 점도 있는 것이다. 같은 것과 다른 것이 같이 있다고 하겠다. 그러므로 불교에서는 이것을 일즉다(一卽多) 다즉일(多卽一)이라고 했다. 하나 속에 많은 것이 있고, 많은 것 속에 하나가 있는 것을 보면, 이 법계 연기의 도리를 본다고 한다.

불교에서는 같은 하나가 다른 많은 것과 같다고 하는 것이 아니다. 다즉일(多卽一)의 즉(卽)이라는 것은 같으면서도 다른 것을 나타낸다. '같다'고 하면 일원론이 되고, '다르다'고 하면 이원론이 된다. '같기도 하고 다르기도 하다'고 하면 애매한 입장을 취하는 것이 아니라, 이것은 같다고 하거나 다르다고 하는 잘못된 것을 시정하여 살리는 입장인 것이다. 어느것에도 치우치지 않음으로써 어느것이나 살려내는 것이다.

이것은 두 가지 서로 다른 점을 종합하거나 새로운 것으로 통일하는 다른 차원의 것도 아니고, 서로 다른 것이 화합하는 것일 뿐이다. 종합이나 통일은 긍정만이 있으나, 화합에는 긍정과 부정이 같이 있다. 만남과 헤어짐은 같이 있기 때문에 우리는 만나서 새롭게 살고, 다시 헤어져서 다른 차원으로 살게 되는 것이다.

그러므로 불교는 다름으로써 같지 않고〔異而不一〕, 같음으로써 다르지 않다〔一而不異〕는 입장이다. 이것은 같은 것도 떠나고, 다른 것도 떠난 입장이다.

용수보살은 《중론》에서 불일불이(不一不異)라고 단적으로 표현했다. 이것은 둘 다 부정한 것이다. 그러나 이 부정 속에는 같은 것과 다른 것이 다같이 살려지는 가운데 부정이 있는 것이다.

이것을 또한 일이불이(一異不二)의 중도라고 한다. 같고 다른 것이 떨어질 수 없는 관계에서 둘이 만나서 일체의 법이 살려지고 있는 것이다. 남자와 여자가 다르기 때문에 서로 만나서 화합하여 가정을 이룬다. 이 사회는 서로 통하는 사람들끼리 어울려서 살기 때문에 서로 돕고 발전해 나가는 것이다.

그래서 원효(元曉) 스님은 《화쟁론和諍論》에서 "서로 같지 않기 때문에 서로 화합하고〔和而不同〕, 서로 다르지 않기 때문에 쟁한다〔諍而不二〕"고 했다.

이것을 반대로 말하면 "우리가 화합하여 사는 것은 서로가 같지 않기 때문이요, 서로 쟁하는 것은 서로가 다르지 않기 때문이다"라고 할 수 있다.

이러한 화이부동(和而不同)·쟁이불이(諍而不異)에 인간 사회의 진리가 있는 것이다. 우리는 서로 다른 것을 있는 그대로 살리기 위해서 화합해야 하고, 한쪽의 잘못을 알게 하여 보다 잘 되게 하기 위해서 쟁해야 한다.

이때의 쟁, 곧 타이름은 모두가 잘살기 위한 것이니, 세속의 싸움이 아니고 진리의 구현을 위한 중도의 실천이다. 그러므로 쟁(諍)이라고 하는 것이다. 쟁(諍)이라는 글자는 사전에 보면 구정간야(求正諫也)라고 했다. 이것은 상대방을 바르게 타이르는 것이다. 서로 다르지 않기 때문에 논쟁하고 충언하고 타이르는 노력도 할 수 있는 것이다.

같은 것(一, 同)도 떠나고, 다른 것(異)도 떠난 것이 화쟁삼매(和諍三昧)다. 이러한 희생삼매는 우리가 사는 세간의 여실상이니 지혜가 여기에서 나온다.

석존은 몸소 이것을 보여 주셨다.

《아함경》에서 "모든 것이 같은 것이라고 하면, 이것은 하나의 극단이다. 모든 것은 서로 다른 것이라고 하면, 이것은 제2의 극단이다. 이들 두 가지 극단을 떠나서, 여래는 중(中)에 의해서 법을 설한다"고 한 것이 이것이다.

다음은 태고(太古) 보우국사가 월담(月潭)에게 보낸 게송이다.

달이 못에 비치니 다른 것이 아니며,
못이 달을 비추니 동일한 것도 아니다.
다르지도 같지도 않은 이것이 마음이요,
다르지도 같지도 않은 이것이 부처로다.
하하하 우습구나, 이 무슨 말씀인가.

큰달은 본래부터 서른 날이지.

月暎潭兮非異

潭暎月兮非一

非異非一兮卽心

無異無一兮卽佛

呵呵呵 是何言

大月元來三十日

　다르지도 같지도 않은 것이 있는 그대로의 실상이다. 그러므로 이것이 다르다거니 같다거니, 이러쿵저러쿵 분별하여 갈등을 일으키니 우습기 짝이 없는 일이다.

　본래가 그런 것인데 무슨 말을 할 것인가.

3. 이 몸 그대로 부처가 된다

깨끗한 마음으로 착한 일만 행한다

　이 세상의 도덕률은 선이냐 악이냐의 이원에 서 있다. 어느것이 선이냐, 어느것이 악이냐 하고 따지고 따져서 결국 선이 인간 생활의 근본이 된다고 하는 견해가 생기고, 악이 보다 강한 힘이 있다고 하는 견해도 생겼다.

　그러나 선이 우리의 본성이라고 하는 설이 유력하게 되어 오늘날의 윤리·도덕의 기본 관념이 되고 있다. 그러면 선이란 어떤 것인가. 깊이 추구해 보면 간단히 대답하기 어렵다. 하여튼 선은 우리를 기쁘게 하는 것이고, 악은 슬프게 하는 것이다.

　불교에서는 옳은 것, 진리에 맞는 것이 선이다. 옳으냐 그르냐, 맞느

냐 안 맞느냐 등의 갈림길에서 어떻게 해야 좋을지 모를 때에 그 기준
을 잡기란 쉽지 않다.

시대의 흐름에 따라서 선과 악의 기준이 달라지고, 생각하기에 따라
서도 달라지며, 그 동기나 결과에 따라서도 달라지고 있는 것이 현실이
다. 이것은 무엇을 말하는가? 이 세상에 선이라고 하는 절대적인 기준
이 있지만 그것이 변치 않는 법으로 있는 것은 아니며, 악 또한 그렇다
고 할 수 있다.

이 세상에서 승자는 선인이 되고, 패자는 악인이 되는 예가 얼마든지
있다. 그러면 어떻게 하면 선과 악의 갈림길에서 올바른 길로 갈 수 있
겠는가?

실제에 있어서, 우리들 범부는 선과 악을 분별하기가 어렵다. 그러므
로 성자나 존경하는 사람의 가르침에 따라 선과 악을 분별하고, 그대로
따를 수밖에 없다.

우리들 범부는 항상 흔들리는 마음을 가지고 있고, 악의 유혹을 받고
있으므로 선을 행한다고 하는 것은 장담하기 어렵다. 그렇기 때문에
"나는 어리석은 범부이다"라고 자각하여 부처님의 말씀에 따르는 것이
불제자의 길이다. 어떤 것이 선이고 악인지 알 수 없다고 하는 것이 솔
직한 고백일 수도 있다. 그러기에 오직 스승을 따라서 수행의 길을 걷
는 것이다.

이 세상은 선행을 한 사람이라고 해서 반드시 그 과보를 받아서 복을
누리는 것도 아니고, 악을 행한 사람이라고 해서 벌을 받지도 않는다.
그리하여 종교의 가르침과는 다른 사실이 이 세상에는 얼마든지 있다.
그러므로 우리는 어느쪽을 선택해야 할지 모르고, 자기 멋대로 행하기
쉽다.

그런데 불교에서는 이에 대하여 확실한 대답을 하고 있다.

흔히 말하는 〈칠불통계七佛通誡〉라는 게송은 과거의 일곱 부처님이
가르치셨다는 것이므로 틀림없는 진리인 것이다.

악한 일을 하지 말고,

선한 일을 행하라.

스스로 마음을 깨끗이 하는 것,

이것이 부처님의 가르침이니라.

諸惡莫作

衆善奉行

自淨其意

是諸佛敎

"나쁜 짓을 하지 말고 좋은 일을 행하라"고 한 이 말씀은 틀림없는 진리이다. 이 말씀은 매우 평범한 일상적인 다반사 속에 있는 일이지만 매우 행하기 어려운 일이다.

알면서도 행하기 어려운 것이 이것이다. 그러므로 좋은 일을 행하지 않고는 못 배기는 사람이 되어야 한다. 그렇게 되려면 스스로 자기의 마음이 청정해져야 한다. 마음이 청정해지면 선과 악을 떠나서 선으로 갈 수밖에 없는 마음이 된다.

선이라는 생각도 없고 악이라는 생각도 없이, 그저 자연히 선으로 끌려가서 선을 행하고 기뻐하는 마음이 청정한 마음이다.

악을 짓지 않겠다고 하거나, 선을 행하겠다고 의식하거나, 누구의 권고에 따라서 행하는 선이 아닌 저절로 기쁘게 행해지는 행위이다. 스스로 마음이 깨끗해져 있으면 자연히 악을 짓지 않게 되고, 선을 행하게 되는 것이다.

'제악막작(諸惡莫作), 중선봉행(衆善奉行)'이 속제(俗諦)의 진리라면, '자정기의(自淨其意)'는 진제(眞諦)의 진리다. 진과 속은 둘이 아니므로 청정한 마음에서는 선행이 자연히 이루어지는 것이다.

선을 행해서 복덕을 받겠다고 하거나, 악을 행하면 벌을 받는다고 의식하는 행위는 청정한 마음으로 행하는 것이 아니다. 어떤 것은 선이고 어떤 것은 악이다라고 단정지을 수 없지만, 착한 일을 행하고 싶어서 행하면 그것이 참된 선이다. 또한 부처님의 가르침에 따라서 그저 그대로 행하면 그것이 선이다.

사실상 이 세상에서 어떤 것이 옳고, 어떤 것이 그른가를 안다는 것은 쉽지 않다. 가령 불제자가 고기를 먹을 수 있느냐 없느냐, 결혼을 해야 하느냐 그렇지 않느냐, 어떻게 입고 어떻게 자느냐 하는 것들에 이르기까지, 시비를 가리면 한이 없고 시시비비에 끄달리게 되면 자유를 잃게 된다. 이러한 경우 자기의 양심·본심에 따르거나, 거룩한 이의 가르침에 무조건 따를 뿐이다. 거룩한 이의 가르침에 따르는 이유는, 그분의 말씀이 법에 맞기 때문이다.

법은 절대 불변의 진리이기 때문이다.

그러면 절대 불변의 법이란 어떤 것인가? 자기의 양심이나 본성이 '스스로 깨끗이 한 것'이 법이라고 말한 것이다.

깨끗이 한 내 마음, 내 양심, 내 본성에는 선이나 악이 없다. 선과 악을 떠나서 본성이나 양심으로 행하는 선이 참된 선이다. 중도란 이런 것이다.

선과 악을 떠난 중도의 법에 비추어 자기 마음이 청정하게 된 상태에서, 선과 악을 분별하여 선을 행하고 악을 행하지 않는 것이 불교도의 올바른 행위이다. 그렇지 않으면 선과 악에 끌려서 참된 선을 행할 수 없고, 마음에 집착이 있으므로 또 다른 악을 짓게 된다.

그러므로 선에서는 "선악을 모두 버려라 一切善惡都莫思量" 하고, 정토문에서는 오직 염불을 떠나지 않고 부처님의 뜻인 인연법에 맡긴다고 한다. 인연에 따라서 행하는 행위는 모두 선으로서 살려지는 것이다.

부처님의 인연에 따른 행위는 세속의 선과 악이 아니기 때문에 악이 될 수 없고, 악도 선으로 바뀐다.

가령 예를 들면, 외적이 침입하여 양민을 학살할 경우에 불승이 부처님의 방편문을 열어서 악을 응징한다면, 그것은 악이 아니고 선이 된다. 이때의 살생은 살생이 아니다. 더 큰 악을 막기 위해서 응징한 것이기 때문이다.

그래서 밀교에서는 분노상(忿怒像)의 불상이나 보살상이 설해진다. 이때의 부처님의 분노는 자비의 방편이며, 무서운 모습은 지혜의 모습이다. 이때에는 부처님이 중생을 제도하기 위해서 몸을 바꾸고 나타나서, 선이나 악을 떠나서 선과 악을 자재로 행하게 된다.

밀교는 선과 악을 떠나서 선을 행하는 가르침이라고 하겠다. 그러나 악을 미워하는 것이 아니라 악을 선으로 전환시키는 방편을 구사한다. 여기에 밀교의 특징이 있다.

생사윤회를 자재로 한다

흔히 불교에서는 생사(生死), 곧 미혹의 세계와 열반(涅槃), 곧 깨달음의 세계로 나누고, 미혹에서 벗어나 깨달음을 얻는 것을 이상으로 삼고 있다. 그래서 번뇌를 끊으라고 가르친다.

그러나 번뇌가 없으면 깨달음도 있을 수 없다. 번뇌는 탐(貪)·진(瞋)·치(痴)를 대표적으로 말하고 있으나, 이러한 번뇌도 실체가 있는 것이 아니다. 또한 깨달음도 깨달음의 실체가 있는 것이 아니다. 그저 마음의 상태가 바뀌었을 뿐이다.

이것을 유식(唯識) 사상에서는 전식(轉識)이라고 한다. 곧 가치의 전도인 것이다.

가치가 전도된 것이라고 하지만, 그 실체가 있어서 다른 것으로 바뀐 것도 아니다. 생사는 한마음에서 일어나고 없어지는 것일 뿐이요, 깨달음은 생멸이 없는 본래의 마음, 고요하고 맑은 마음 그 자체이다.

물에서 일어난 파도와, 파도가 잔잔해진 물은 다를 바가 없다. 그러므로 일어난 물결이라고 하거나 잔잔한 물이라고 하여 물결을 떠나서 물을 구하려고 한다면, 그것은 잘못된 일이다. 따라서 생사윤회는 싫고 열반은 좋다고 할 수 없으니, 좋고 싫은 것 없이 인연에 따라서 물결이 일어나면 물결을 타고, 인연에 따라서 물결이 잔잔해지면 그것에 따르는 그것이 곧 생사를 떠난 것이요, 생사를 떠났으니 열반도 떠난 것이다.

생사를 떠나고 열반을 떠났으니, 생사와 열반을 자유자재로 하게 된다. 생사윤회가 있는 세계를 세간(世間) 또는 세속(世俗)이라 하고, 생사윤회가 없는 세계를 출세간(出世間) 또는 승의(勝義)라고도 한다. 이들 둘은 대립된 개념같이 보이지만 공(空) 그대로의 세계인 것이다. 그래서 용수는 《중론》에서 "여러 인연을 취하기 때문에 생사 속을 유전하는 것이며, 모든 인연을 취하지 않기 때문에 열반이라고 한다 愛諸因緣故 輪轉生死中 不愛諸因緣 是名爲涅槃"라고 하면서, 또한 "열반은 세간과 조금의 구별도 없고, 세간도 열반과 구별되지 않는다 涅槃與世間 無有少分別 世間與涅槃 亦無少分別"라고 했다.

그리고 《대지도론》에서 용수는 이것을 다시 설명하여 "실상을 알기 때문에 세간을 싫어하지 않고, 열반을 바라지 않는다"고 하였다.

열반이나 세간이 모두 실체가 없으니, 싫어하고 좋아할 것이 있을 수 없다. 공의 도리를 모르고 생사의 경계에 끌리기 때문에 괴로움이 따르므로 이를 싫어하고, 열반의 경계에서 그것을 집착하기 때문에 좋아하는 것이다.

생사와 열반은 상즉불이(相卽不二)다. 생사와 열반이 본래 없으나 세속에는 있다. 다시 말하면, 세속에서 있는 것은 이것이 있어서 저것이 있으므로, 생사와 열반은 본래 있는 것이 아니면서 서로 떠나지 않고 있는 것이라고 하겠다.

이러한 상즉(相卽) 관계로 보는 중도의 입장에서는 열반이나 생사윤회 속에서 생사윤회를 떠난다고도 할 수 있고, 열반이나 생사윤회를 떠나면서 생사윤회와 열반을 자재로 한다고도 할 수 있다. 여기에 밀교의 세계가 있는 것이다.

반야공(般若空)의 세계는 색즉시공(色卽是空)이면서 공즉시색(空卽是

色)이다. 열반과 생사가 상즉하여 있으므로 생사가 곧 열반인 동시에, 열반이 곧 생사인 것이다. 그러므로 밀교는 열반에 머물러 있지 않고, 생사의 세계로 나와서 자재로 이행한다.

대승경전에서는 이러한 세계가 강조되고 있다. 그래서 부처로서 있는 것이 아니라 보살의 몸으로 바꿔서 세상으로 나오는 방편이 설해지는 것이다.

열반과 생사만이 아니라 번뇌와 깨달음도 이와 같다.

번뇌는 없애야 하고, 깨달음은 얻어야만 되는 것이 아니다. 번뇌가 많으면 깨달음도 수승하니, 마치 인연에 따라서 언 얼음이 많으면 많을수록 그 얼음이 녹은 물도 많은 것과 같다. 번뇌는 없애야 할 대상이 아니라 바꿔야 할 대상인 것이다. 감은 떫은 맛이 있기 때문에 익으면 달다. 감에게서 떫은 것을 제거하면 단맛도 나오지 않는다.

감의 떫은 것이 그대로 태양의 광선을 받아서 감미로 바뀌듯이, 번뇌가 그대로 지혜의 빛에 의해서 깨달음으로 바뀌는 것이다. 번뇌가 생기는 근본을 알고 그것을 없애면 번뇌는 저절로 없어져서 바로 열반으로 바뀌는 것이다.

《아함경》에 이런 이야기가 있다.

붓다가 사위성 제타림의 정사에 계셨을 때의 일이다. 어느 날 이교도인 밧쟈〔婆蹉〕라는 자가 붓다를 방문하여 해탈에 관하여 이야기했다.

"밧쟈여, 어디로 가서 태어난다고 하는 것을 나는 생각지 않는다."

"그러면 어디에도 가서 태어나지 않는 것입니까?"

"간다고 하거나, 가지 않는다고 하는 것은 맞지 않는다."

이렇게 붓다가 대답하자, 밧쟈는 무슨 말씀인지 알 수가 없어서 어리둥절했다. 그래서 붓다가 다시 이렇게 질문하셨다.

"밧쟈여, 그러면 내가 묻겠으니 생각나는 대로 대답해 보아라. 만일 그대의 앞에 불이 붙고 있다고 하자. 그러면 그것을 어떻게 말할 것인가.”

“세존이시여, 그것은 불이 붙고 있다고 할 뿐입니다.”

“그렇다, 그러면 그 불은 왜 붙느냐라고 묻는다면 어떻게 대답하겠는가?”

“그것은 섶나무가 있으니까 불이 붙는 것이지요.”

“그렇다면, 그 불은 꺼져서 어디로 갔는가라고 묻는다면?”

“그것은 물을 것도 없습니다. 섶나무가 있어서 불이 붙고 있었으나 그것이 다 없어져서 불이 꺼졌을 뿐이지, 꺼진 불이 어디로 갔다고 하는 것은 있을 수 없습니다.”

이렇게 대화가 있은 후에, 붓다는 해탈 또는 열반이라고 하는 것에 대해 설명하셨다.

“해탈이나 열반은 죽어서 천상에 가듯이 어떤 다른 세계로 가는 것이 아니다.

이 세상에서 탐·진·치의 번뇌의 불에 타서 괴로워하고 있는 인간의 현실을 있는 그대로 관찰하고 그 원인을 끊어 버리면, 번뇌의 불꽃이 사라져 버린다. 그와 같이 이 세상에서 번뇌를 가진 이 몸 그대로, 번뇌가 사라진 청정한 안온한 삶이 찾아온다. 이것을 번뇌가 사라져서 해탈하여 열반에 이르렀다고 한다.

열반이란, 마치 불이 꺼진 것과 같이 안온한 세계인 것이다.”

무상한 속에서 영원히 산다

인간 사회에서는 예나 지금이나 세계 어디에서든, 서로 다른 견해를 가진 사람들이 살면서 자기 주장을 내세워 남에게 강요하는 것을 볼 수 있다. 사람은 자기 잘난 대로 산다고 하는 말이 있듯이 자기 식으로 사는 면도 있지만, 자기 식으로만 살면 남과 어울릴 수가 없고 독선에 떨어져서 마침내 자기도 못살게 된다.

이 세상에 존재하는 것은 모두 상대적인 것이다. 그러나 존재하는 모든 것은 상대를 떠나 서로 화합해서 살고 있는 것이다.

석존 재세(在世)시의 인도에서도 불교 이외의 수많은 사상가들 중에 육사외도(六師外道)라고 하는 여섯 명의 대표적인 사상가가 많은 제자를 거느리고 있었다. 그 중에 부란나가섭(puranakassapa, 富蘭那伽葉)이나, 아지타(Agita)와 같은 자는 모든 것을 부정하면서 저 생긴 대로 사는 것이 가장 이상적이라고 주장하고 있었다.

그들을 흔히 단견외도(斷見外道)라고 한다. 그들은 이 세상에는 선이라고 할 아무것도 없으니 따라서 선을 행한 과보도 없다고 주장했다.

또한 이들은 악도 없으므로 악을 행한 과보도 없다고 한다. 인간의 행위는 행위 그것으로 끝나는 것이며, 그 결과는 생각할 필요도 없고, 행위의 힘이 계속되지 않는다고 말한다. 이러한 생각을 가진 이들은 모든 문화나 종교적인 교설도 부정한다.

이것은 오늘날의 유물론자(唯物論者)들의 견해와 같다. 인간에게는 이러한 파괴적인 생각을 하는 면도 없지 않다. 이들은 될 대로 되라는 식으로 자기 기분대로 행동하므로 사회의 규범이나 문화 전통을 거부하고 파괴하려고 한다.

이들은 또한 죽으면 영혼도 없고, 신도 없으며, 부처도 없고, 오직 나만이 있다고 한다. 이러한 생각은 상식적으로도 있을 수 없는 일이지만, 이 세상에는 이런 부류의 사람들이 의외로 많이 있다.

유물론의 사상 계통을 따르는 자들이 이 지구상에 얼마나 많이 있는가! 이들은 한쪽에 치우친 극단주의자들이다. 이것은 무(無)에 떨어진 단견(斷見)이다.

이에 반해서 이 세상에는 어떤 것이 있어서 그것이 영원히 이어지는 것이라고 하는 생각이 있다. 이 생각은 몸도 죽으면 그만인 것이 아니고, 정신도 그렇다고 생각하여 상주불멸(常住不滅)이라고 고집하는 것이다.

이러한 생각을 가진 사람은, 우리가 살고 있는 것은 과거로부터 이어지고 있는 어떤 힘이 나에게 있기 때문이니 이 힘은 내생에까지 이어진다고 생각한다.

영원한 생명을 믿는 종교가 이에 속한다. 유심론자(唯心論者)들과 같이 신이 있다고 생각한다. 기독교와 같은 종교 사상이 이에 속한다. 이러한 견해를 가지는 것은, 인간의 삶이나 죽음을 비롯한 세상의 모든 일이 허무하게 없어지는 것에 대한 회의를 통해서 일종의 위안을 받으려고 하는 상견(常見)이다.

그러나 불교에서는 이러한 두 견해, 곧 단견(斷見)과 상견(常見)을 잘못된 것으로 보고 배척한다.

이 세상의 모든 것은 완전히 없어지는 허무한 것도 아니고, 이대로 영원히 이어지는 것도 아니라고 보는 것이다. 이 세상에 있는 모든 것은 변해 없어지면서 존재하고 있는 것이다. 시간도 과거에서 현재로, 다시 미래라는 시간의 확대가 있는 한 실로 있다. 그러나 그러한 시간이라는 것도 실체로서 존재하는 것은 아니다.

또한 법이라고 하는 것도 공간적으로 한정되어 있는 한 항상 존재한다. 곧 변하는 존재로서 항상 존재한다. 다시 말하면 법이라고 하는 것도 실체로서 변치 않고 존재하는 것이 아니고, 변전하면서 존재한다.

법의 실체가 있어서 변치 않고 존재한다고 하면, 그것은 유물론적인 생각이거나 유심론적인 생각이므로 잘못된 것이다. 이것이 삼세실유 법체항유(三世實有 法體恒有)라고 하는 사상이다.

인생은 아무것도 없다고 단념할 수도 없으나, 그렇다고 하여 영원히 이어지는 것도 아니다. 이러한 불교의 견해는 현실을 있는 그대로 본 것이 아닐까!

세상만사는 변하면서 존재하는 것이다. 그러므로 항상도 아니고, 단멸도 아니다. 이것을 용수는 불상부단(不常不斷)인 중도라고 말한다.

항상도 아니고 단멸도 아니기에 무상한 인생을 직시하여 찰나찰나에 영원한 가치를 창조하는 삶을 살아야 한다. 찰나적인 인생을 보는 것은 불상(不常)이요, 영원한 가치 창조는 부단(不斷)이다.

인간은 언젠가는 죽는다. 그러므로 살아 있는 오늘을 소중히 하여 영원한 가치를 창조하고 산다면 그것이 죽지 않는 것이다.

이것은 다시 말하면 "죽는 것은 죽지 않는 것이요, 죽지 않는 것은 죽는 것이다"라고 말해질 수 있으니, 상(常)과 단(斷)이 둘이 아닌〔不二〕 것이다. 둘이 아닌 삶이 중도의 삶이다. 이러한 삶에 있어서는 매우 적극적이요, 긍정적인 면이 있다.

밀교는 중도의 적극적인 파악이요, 발전이다.

이 몸 그대로 살아 있는 부처가 된다

우리의 몸은 물질과 정신의 두 가지로 되어 있는 유기체라고 하는 것이 서구 학자들의 견해다. 이것은 물질과 정신의 두 가지가 우리의 근원에 실체적으로 존재한다고 보는 이원론적(二元論的)인 견해다.

이러한 이원 중에서 물질이 보다 근원이어서 물질에서 정신이 나왔다고 하는 것이 유물론(唯物論)이요, 정신이 보다 근원이라고 하는 것은 유심론(唯心論)이라고 한다. 그리하여 이 두 사상의 조류는 오늘날까지도 서구 철학의 근원에 깔려 있는 것이다.

인도에 있어서는 상캬(sāṃkhya) 학파에서 물질의 근원까지 추구하였고, 정신의 근원도 추구하여 정신이나 물질의 근원을 우주대로 확대하면서, 이들이 서로 관련되어 이 세상의 모든 것이 있게 되었다고 하니 서구 철학의 이원론과는 다른 것이다.

그러나 불교에서는 물질과 정신은 나눌 수 없는 관계에 있으면서, 이들이 오묘하게 화합하여 존재가 있게 되었다고 보는 것이 일반적인 견해다.

물질을 색(色, rūpa)이라 하고, 정신을 세밀히 분석하여 감수 작용

〔受〕· 상념〔想〕· 의지〔行〕· 인식 작용〔識〕의 넷으로 나누어, 이들 다섯 가지를 오온(五蘊)이라 하고, 이들 오온이 가화합(假和合)한 것이 우리들의 몸이라 보고 있다.

그러나 이들 다섯 가지는 어느것이 먼저요, 어느것이 뒤에 나타난 것이 아니고, 이것이 있어서 저것이 있고, 저것이 있어서 이것이 있는 것이다. 그러므로 이들 물질이나 정신 작용은 연기의 관계에 있으며, 물질이니 정신이니 하는 개념은 본래 실체적으로 있는 것이 아니고, 하나도 아니며 둘도 아닌 것이다.

이것을 불교에서는 물심불이(物心不二)라고 한다. 왜냐하면 물질이니 정신이니 하는 것은 근본적으로는 공(空)이기 때문이다.

실제로 현대의 양자물리학(量子物理學)에서도 근원적으로는 정신과 물질의 한계를 나눌 수 없다고 하며, 오늘날 물질의 최소 단위인 쿼크라고 하는 것도 그 실체를 알 수 없다고 한다.

따라서 유물론에 근거한 어떤 사상이나 유심론에 근거한 어떤 사상도, 그것은 성립되지 않는 것으로 보고 있다. 유(唯)란 있을 수 없는 것이다. 서구 사상은 '오직'을 내세우는 사상이지만, 불교는 그렇지 않다. 또직 여호와 하나님 하나만을 내세우는 기독교나, 알라만을 내세우는 이슬람교는 독선적이요, 배타적인 것이기 때문이다.

불교는 존재의 구조로서 이것과 저것의 상의(相依) 관계인 법(法)을 보고 있기 때문에, 이들 둘을 보면서도 조화로운 원융무애함을 그대로 살리려고 하는 중도의 입장이다. 그러나 불교는 물질보다는 정신을 중요시하는 경향이 있어서, 불교를 유심론이라고 하거나 관념론(觀念論)이라고 하는 학자도 있으나, 이것은 불교를 잘못 본 견해이다. 왜냐하면 불교에서 '마음'을 강조하여 마음이 근본이라고 하는 것은, 마음을 실체적으로 보고 마음에서 물질이 나온다는 유심론이 아니고, 인간 생활의 실제에 있어서는 마음이 위주가 되고 있다고 하는 것뿐이다.

마음이 주인이요, 물질이 이에 따른다고 하는 주종(主從) 관계도 아니고 선후(先後) 관계도 아닌, 마음이 몸을 움직이는 주인격인 역할을 하고 있을 뿐이다. 이것은 현실적으로 진실이다.

몸이 움직이기 싫어서 눕고 싶을 때에 이래서는 안 되겠다고 하여 의욕을 일으키면 몸이 이에 따라 준다. 그러나 이 경우에도 그런 의지가 작용할 때에 어떤 신경이나 호르몬 작용이 있었을 것이며, 그 작용이 있게 된 데에는 어떤 정신적인 작용이 있었을 것임에 틀림없다. 실로 물질과 정신은 어떤 것이 먼저이고 어떤 것이 나중이라고 결정할 수 없는 것이니, 불교는 이러한 관계를 불이(不二)라고 직관하고 있는 것이다.

어디까지가 물질 작용이요, 어디까지가 정신 작용이나 심리 작용이라고 확실하게 분석 · 구분할 수 없다. 실제로 음식을 섭취하지 않고 심리 작용이나 정신 작용이 있을 수 있겠는가. 또한 이와 반대로 정신 작용 없이 육체의 기능이 있을 수 있겠는가. 실로 심신불이(心身不二), 색심불이(色心不二)이다.

그러면 흔히 일체유심조(一切唯心造)라고 하고, 심즉불(心卽佛)이라고 하는 것은 어찌된 말인가? 이 경우도 앞서 말한 바와 같이, 마음이 실체적으로 있어서 그것이 근본이 되어서 모든 것을 만든다고 하는 뜻이 아니고, 마음만이 부처라는 뜻도 아니다.

인간사는 마음에 따라서 좌우되는 것이니 마음이 청정하면 이 세상도 청정하게 보이는 것이 사실이다. 이 세상은 마음먹기에 달린 것이기 때문에 이러한 마음을 강조했을 뿐이다.

유심조(唯心造)라는 말은 "오직 마음만이 만든다"는 뜻이 아니라, "마음이야말로 이 세상을 만든다"고 마음을 강조한 것이다.

유식학파가 유식무경(唯識無境)이라고 할 경우에도 "오직 근본식만이 있고 대경은 없다"고 하는 뜻이 아니고, "인식 작용이야말로 대경을 바꾸어 놓는 것이다. 식이 없이는 보여지는 대경 그대로는 있을 수 없다"고 식을 강조한 것이다.

길가에 새끼줄이 구불구불하게 놓여 있을 때에 뱀이라고 착각하는 것은 인식의 주체가 객체인 새끼줄을 뱀이라고 잘못 집착했기 때문이니, 이때에 뱀이라고 하는 객체는 없다고 하지 않으면 안 된다.

또한 새끼줄이라고 알게 된 대상도 실체적으로 있는 것이 아니고, 짚으로 되어 있는 것이 실상이다. 이러한 사실들을 있는 그대로 알면 뱀이라고 하거나 새끼줄이라고 하는 것에 끌려서 마음이 움직이는 일 없이 사물을 있는 그대로 보는 지혜가 얻어지니, 이것이 내 마음을 찾은 것이요, 이 세상을 있는 그대로 보게 되어 어디에도 끌리지 않는 안온한 삶을 살게 된다.

이러한 사람이 바로 부처인 것이니, 어찌 마음이 부처라고 하지 않을 수 있으며, 마음만이 부처가 아닌 이 몸이 그대로 살아 있는 부처가 아니겠는가!

범부가 부처로 바뀐다

우리는 흔히 부처님이라고 하면, 29세에 카필라 성에서 출가하여 35세에 깨달음을 얻은 고타마 붓다를 가리키는 것으로 알고 있다.

그러나 이분도 인간의 아들로서 인간적인 고뇌를 가졌었고 인간적인 삶을 살면서 결혼도 했고 아들도 있었으나, 드디어 부처님으로 모습을 바꾸셨다.

고타마 붓다는 부처가 되기 이전이나, 부처가 된 이후에도 인간임에는 다름없다. 그는 인간으로 인간다운 삶을 어떻게 사느냐 하는 것을 보여 주신 것이다.

고타마 붓다가 깨달으시기 이전에는 범부라고 하나, 깨달음을 얻은 이후에는 붓다, 곧 각자, 부처라고 불린다. 범부와 부처는 같은 사람이지만 이 둘의 삶의 모습은 다르다.

석존이 입멸하신 뒤에 인간의 여러 가지 이상적인 인간상을 부처라고 하게 되어 인간 사회의 구제자로서, 미래에 말법시대의 고통받는 중생을 구제하는 미륵불(彌勒佛), 석존을 과거에 인도했다는 과거불, 인간의 미래에 내생의 행복을 책임지는 아미타불, 또한 현세의 질병의 고통을 치유하는 약사불(藥師佛) 등, 신화적인 품격을 지닌 부처님이 등장하여 인간 이상의 절대적인 능력을 가진 존재와 같이 생각하게 되었다. 따라서 우리 범부가 이러한 부처가 되기는 너무도 어려워서 먼 미래에 몇 겁을 닦아야 한다고 생각하게 되었다.

그러나 불교의 근본은 인간 석존의 가르침으로서 인간으로 태어나서 인간다운 삶을 살고, 인간에게 가르친 것이므로 어디까지나 목표는 인간인 부처요, 인간의 근본을 밝힌 것에 지나지 않는다.

그러므로 깨닫기 전에는 범부요, 깨달으면 범부가 부처로 바뀐다고 하는 종교철학이 성립된다.

이러한 철학은 매우 중요한 뜻을 가진다. '인간이 부처가 된다'고 하는 것은 매우 고귀한 뜻이 있으며 인간 혁명을 예고하는 것이요, 위대한 인간의 발견이며 비약이다.

세계에 이런 종교철학이 어디 또 있겠는가? 열사의 지방에서 일어난 유대교나 기독교·이슬람교의 신에 비하면 이것은 너무도 놀라운 차이가 있는 것이다.

이스라엘에서 발생한 종교나 아랍이나 이집트에서 일어난 종교에서 받드는 신은 인간이 감히 접근하지 못하는 존재다. 이것은 인간이 감히 따를 수 없는 인간 이상의 존재로 표현되기 때문이다. 인간의 사회가 너무도 비참하고, 악에 차 있기에 이런 것을 떠난 저 멀고 높은 곳에 신을 두고, 인간 사회를 벌하고 미워하고 규제하는 신이다. 여기에 그들 종교의 비관용성과 독단적인 성격이 있게 된 것이다.

그러나 불교의 부처님은 그들 신과 같이 전지전능한 신이 아니고, 또한 세계를 창조한 초월적인 신도 아니다.

석존은 본래 전능한 신격과 천지 창조의 신격을 부정하였고, 인간이
나 세계의 실체성을 부정하고 인간 본래의 깨달음을 갖도록 가르쳤다.
따라서 불교에서 등장하는 데바(deva, 天) 신은 모든 불법을 보호하는
일을 맡은 순종하는 신이다. 이러한 점에서도 불교의 관용 정신의 전통
을 볼 수 있다.

번뇌를 가진 범부와 번뇌가 없는 부처는 본질적으로 다른 인간성이
아니다. 부처는 스승이요, 범부는 제자와 같고 선배 · 후배와 같아서, 제
자가 스승을 따라 깨달음에 이를 수 있는 것을 약속하고 있는 것이다.

기독교의 신과 인간의 원죄는 본질적으로 다르기 때문에 인간은 신
이 될 수 없다는 것을 나타낸다. 그러나 불교는 부처와 범부가 비록 현
실적으로는 다르지만 본질적으로는 같은 것이라고 보고 있기 때문에
곧 불범불이(佛凡不二)이다.

그러면 범부가 어떻게 부처가 될 수 있는가.

범부는 부정해야 할 대상이고, 부처는 긍정해야 할 대상이 아니다. 우
리의 생명에는 생과 사가 반드시 따른다. 이러한 생명은 천지의 진리인
법이므로 곧 부처이다. 이 법을 깨달은 이도 부처요, 법 자체도 부처이
므로, 생사가 있는 우리의 생명에 어떤 것은 좋고 어떤 것은 싫다고 할
수 없다. 불교는 생사 그대로를 부처님의 법으로 받아들일 뿐이다.

우리의 인간적인 상념으로 생사를 분별하고, 좋고 싫음을 따져서는
안 된다. 태어나서 죽는 이 몸을 그대로 부처님의 법에 맡기면 그것이
생사를 떠나는 것이니, 생사를 떠나면 그것이 또한 부처 그대로인 것
이다.

부처가 된다고 하는 것은 부처님의 법 그대로 되는 것이다. 부처가
되는 길은 매우 쉬운 길이다. 악을 행하지 않고 선을 행하며, 생이나 사
에 집착하지 않으며, 일체 중생을 위해서 자비 방편으로 공경 선도하고,
마음에 바라는 바가 없고 근심이나 헤아림이 없어 마치 텅 빈 허공과
같이 마음을 자재로이 머물게 하면, 그것이 부처인 것이다.

　이 세상이 되어진 법 그대로 마음을 쓰고, 되어진 법 그대로 말하고, 되어진 대로 몸을 움직이면 그대로가 부처인 것이다.

　몸으로 부처님같이 자비행을 하고, 말로써 남을 이롭게 하고, 마음이 안온하고 바르게 정화되면 그것이 부처인 것이다. 이것을 밀교에서는 삼밀(三密)이라고 한다. 신(身)·구(口)·의(意) 삼업(三業)이 청정하면, 그것이 부처인 것이다.

지혜의 멋진 열매

1. 금강승(金剛乘)의 비밀

금강승(金剛乘)과 대승(大乘)

밀교는 대승불교의 정점에 위치하고 있으므로 복잡한 구조를 가지고 있어서, 간단히 정의하기가 어렵다. 그러나 불교를 현교(顯教)와 밀교(密教)로 나누어 본다면 밀교의 특징을 이해할 수 있을 것이다.

현(顯)·밀(密)의 교판(教判)은 언제부터인지는 확실치 않으나, 역사적으로 고찰해 볼 때에 일찍이 용수(龍樹, Nāgārjuna, 150~250년경)의 《대지도론大智度論》에서 "불법에는 2종이 있으니, 하나는 비밀(秘密)이요, 둘째는 현시(顯示)니라"라고 판석하고 있다.

여기에서 말한 현시(顯示)라고 함은 출가 수도자로서 상(相)을 나타내서 수행하는 성문승(聲聞乘)을 말하고, 비밀이라고 함은 방편(方便)을 가지고 상을 나타내지 않고 민중 속으로 들어가서 민중을 구제하는 재가보살승(在家菩薩乘)을 말한다. 이것은 그 당시의 불교가 성문승도(聲聞乘道)와 보살도(菩薩道), 곧 소승교와 대승교로 나누어져 있었기 때문이다. 여기에서 비밀이라고 함은 붓다의 가르침의 심오하고 비밀스러운 내용을 말한 것이다.

그리하여 그 뒤에 이러한 보살도의 실천을 밝히기 위해서 《대일경大日經》과 《금강정경金剛頂經》 등이 성립되어, 거기에서 깊고 비밀스러운 붓다의 깨달음의 세계와 중생 구제의 실천을 그대로 보였을 뿐만 아니라, 그 방편으로서 신비스러움을 그대로 보인 유가관정(瑜伽灌頂)이나 호마법(護摩法), 그리고 신(身)·구(口)·의(意)를 완전하고 최고로 여기는 삼밀(三密)의 수행이 보여지고, 나아가서 만다라(曼茶羅)가 도시(圖示)되어서 비밀교로서 체계화되었다. 그리하여 이것이 중국으로 전해지면서 학자들이 "一顯敎者 諸乘經律論也…… 二密敎者 瑜伽 灌頂 五部護摩 三密 曼茶羅法也"라고 하게 되었다. 이에 대하여 겉에 나타난 소승불교나 대승불교의 경이나 율이나 논을 현교라고 하게 되었다.

그러나 《열반경涅槃經》이나 《원각경圓覺經》이나 《대방광여래비밀경 大放光如來秘密經》이나 《대보적경大寶積經》 등은 밀장(密藏)이라고도 한다. 이것은 이 경전이 여래의 깨달음의 신비 체험을 나타내고 있기 때문이다.

또한 《화엄경華嚴經》은 붓다의 깊은 깨달음의 세계를 그대로 보여 주는 것이요, 성문 등의 말이나 생각을 뛰어넘은 것이므로 비밀장이라고 현수(賢首) 대사는 말하고 있다.

따라서 밀교라고 하는 말은 비밀불교의 준말이다. 이러한 비밀불교는 인도의 말로는 구흐야야나(guhyayāna)에 해당된다. 이 말은 비밀승 (秘密乘)이라고 번역되는데, 이러한 비밀승은 또한 유가종(瑜伽宗) · 비밀대승(秘密大乘) · 다라니교(茶羅尼敎) · 유가상승(瑜伽宗) · 비밀종(秘密宗) · 금강승(金剛乘)이라고도 한다.

근래에 와서 서양 사람들이 밀교를 탄트라불교(tantric Buddhism)라고 부르고 있는데, 이것은 7,8세기경의 인도교와 불교가 융합된 불교를 말한다. 오늘날 네팔이나 티베트 등지에서 행해지고 있는 것이 이것이다.

탄트라라는 말은 씨줄, 강요(綱要), 주법적인 신비한 경전 등을 뜻하는 말로서, 교법(敎法)이라고 번역되기도 하여 비밀스러운 가르침을 실은 전적(典籍)의 총칭으로 사용되고 있다.

나타낼 수 없는 심밀한 가르침

현교가 나타내어진 가르침이라고 한다면 밀교는 무엇을 뜻하는가?

이에 대하여 일본밀교의 대성자인 홍법(弘法) 대사는 "현밀(顯密)의 뜻은 여러 가지가 있다. 얕은 것과 깊은 것이 있다. 얕은 것은 나타난 것이다. 그러므로 외도들의 경서에도 비장(秘藏)이라는 말이 있다. 또한 여래가 설한 가르침 중에도 현과 밀의 여러 가지가 있다. 소승의 교설도 외도의 교설에 비하면 심밀(深密)의 가르침이다. 또한 크고 작은 것을 비교하면, 일승(一乘)은 삼승(三乘)에 비하여 비밀에 속하고, 총지(總持)의 설법은 심오한 것이요, 응화신(應化身)의 교설은 얕은 것이다. 그러므로 비(秘)라고 한다"고 하였다.

아무튼 밀교라고 함은 우주의 신비를 그대로 나타내는 가르침이 되므로 불교에서는 진여(眞如)라고 하거나, 법성(法性)이라고 하거나, 공성(空性)이라는 말로 표현된 것은 모두 현교에 속하는 추상적인 개념만을 전하는 데 그치고 있다고 하지만, 이와는 달리 우주의 신비인 절대 진리를 직접 감득하고 체험하도록 가르친 것을 밀교라고 한다.

그러므로 나타나 있지는 않으나 항상 우주에 변재하고, 항상 광명을 발하여 인연에 따라서 형태를 나타내서 설법하시어, 항상 일체중생을 제도하는 법신불이 설하시는 것이다.

또한 붓다의 깨달음의 세계는 신비 체험이라고 말해질 경지이니, 그 세계는 말이나 생각을 넘어선 세계요, 수행자가 스스로 직참하여 감득하지 않으면 안 된다. 그리하여 법상종(法相宗)이나 삼론종(三論宗)에서는 이것을 언어가 끊어지고 생각이 막힌 곳이라고 하여 모든 것을 부정하여 궁극에 이르러 꿰뚫어지는 곳에서 얻어진다고 하고, 화엄종에서는 그 세계는 말로 표현할 수 없다고 한다.

그러나 진언밀교에서는 진언(眞言)이나 다라니(茶羅尼) 등의 독특한 말로써 이 세계를 나타내고, 완전한 인격자인 붓다의 자비행을 독특한 수인(手印)으로 나타내고, 우주의 신비스러운 조화의 세계를 독특한 도상(圖像)으로 나타내고 있다. 이것은 깨달음의 신비한 세계를 몸과 말과 마음으로 직접 증득하게 하려고 하는 자비심의 표현이다.

또한 현교에 속하는 많은 경전에서는 마음으로 깊이 사유하고, 설법을 듣고, 몸으로 행하여 오래도록 닦아서 언젠가는 부처가 될 수 있다고 믿고 행하라고 가르치고 있으나, 밀교에서는 독특한 의식을 통해서 많은 중생들이 동시에 성불하도록 하고 있으므로 바로 이 몸 그대로 지금 이 자리에서 성불한다는 즉신성불(卽身成佛)을 지향하고 있는 것이다. 따라서 현교에서는 견문각지(見聞覺知)의 모든 것의 부정을 거쳐서 긍정으로 가는 데 비하여, 밀교는 지금 이대로를 긍정하는 속득(速得)이 이루어지게 하고 있다.

또한 현교는 설법을 듣는 자의 근기에 맞춰서 응병투약하여 설하였고, 법에 있어서 때의 효험에 의한 정(正)·상(像)·말(末)의 구별이 있다고 하나, 밀교는 일체의 시공(時空)을 통해서 모든 중생을 구제하여 이롭게 한다고 하는 입장이다.

이상과 같이 볼 때, 붓다의 깨달음의 세계나 중생 제도의 방편문은 우리의 이성으로는 헤아릴 수 없는 신비적인 것이다. 따라서 인간을 구제하는 절대적인 가르침도 신비적인 것이 아니면 안 되기 때문에 밀교는 신비주의적인 종교성을 가지고 있는 것이라 하겠다.

신비주의란, 우리 인간 생명의 깊은 내면에서, 또는 신비한 인간 존재의 이 몸 그대로 초월적인 가치를 파악하여 우주적인 차원에서 내가 하나가 되고자 하는 주의다. 밀교에서 설해진 여러 가지 행법이나 의식 등은, 그러한 초월적·절대적인 가치인 성(聖)과 상대적인 속(俗)이 하나가 되는 것이다.

구체적인 방법으로서 밀교에서는 만다라(maṇḍala)나 진언(眞言)이나 인상(印相)과 같은 것을 통해서 시각이나 청각, 또는 마음의 활동을 활용하여 극치에 이르게 한 후 이것과 합일하게 하는 것이다.

이질 문화의 승화

밀교는 인도라는 문화 풍토에서 자란 것으로, 밀교가 형성된 그 시대는 인도 문화가 극도로 발달하였고, 불교도 크게 발달한 시대였다. 인도의 정통 종교와 바라문 사상이 베단타철학으로 발달하여 바라문 사상이 철학적으로 완성된 시기였다. 그리하여 정통 사상인 베단타(ve-dānta) 사상이 크게 떨쳤고, 대승불교의 유가유식(瑜伽唯識) 사상이나 중관(中觀) 사상이 원숙하게 열매를 맺어서 인도의 일반 민중 생활 속에서 이들 두 위대한 사상이 생활 이념으로 자리잡혀지던 시대이므로, 7,8세기경에 이르러서 일반 인도 국민의 종교인 힌두교와 인도의 지식층에 속하는 엘리트 종교인 불교의 대승 사상이 서로 만나서 드디어 밀교로서 나타나게 된 것이다. 따라서 밀교는 힌두교의 문화 요소를 남김 없이 흡수하여 불교의 교리로 지향시켜 나갔다.

그 예로서 고대로 인도 민족이 행하고 있던 여러 제의(祭儀)를 과감하게 받아들여서 차원 높게 행하도록 유도한 것이 밀교에서 행하는 호마(Homa)법이다. 호마법은 인간의 수많은 욕구를 합리적으로 채워 주어서 그 욕망을 성화시키는 종교적인 의식이다.

이에는 대표적으로 다섯 가지가 말해지고 있다. 증익(增益)과 조복(調伏)과 경애(敬愛)와 구소(鉤召)·식재(息災) 등이다.

이들 호마를 통해서 인간의 욕망이 정화되므로 절대적인 가치를 가지게 된다. 이와 같이 호마는 인간의 욕망뿐만 아니라 범부의 일상적인 삶 전반을 정화함으로써 새로운 삶의 가치를 찾게 한다. 동물적인 삶에서 인간적인 삶으로 상향하고, 인간적인 삶에서 다시 절대 가치인 부처의 삶으로 옮아가게 하는 것이 이 호마이다.

호마를 통해서 탐(貪)이나 진(瞋)의 독을 해소하면 그것이 곧 청정한 행위가 되고, 악심이 선심으로 바뀐다. 그때 모든 사람이 종교심을 가지므로 청정한 도덕이 행해지고 여기에서 오계(五戒)가 스스로 행해지게 된다.

밀교에서는 세간의 인간만이 아니라 악귀도 버리지 않고 정화하면 불보살의 방편 아님이 없고, 축생의 세계도 버리지 않고 방편으로 인도하면 부처 아님이 없다고 한다. 그리하여 모든 악을 행하지 않고 선을 행하는 불교의 실천이 있게 되니, 여기에 인도(人道)를 밝히고 정화하는 밀교로서 나타나게 되었다.

선무외 삼장(善無畏三藏)이 "비밀장(秘密藏) 중에는 일체의 방편이 또한 부처의 방편이다. 그러므로 하나하나의 법을 헐뜯는 것은, 곧 일체의 법을 헐뜯는 것이다. 내지 세간의 치생(治生)이나 산업(産業)이나 예술도 따라서 정리(正理)가 있으니, 이 부처의 설함에 서로 따라서 비방하지 말지니라"라고 하였다.

또한 고대로 인도인은 욕망을 따르는 우리의 세계를 욕계(欲界)라고 하면서, 여기에 여섯 단계가 있다고 하여 육욕천(六欲天)을 설하고, 다시 여기에서 벗어나 보다 아름다운 형체를 갖춘 색계(色界)가 있다고 믿고서 여기에 십팔천(十八天)을 두고, 다시 이러한 형색을 떠나서 오직 정신만이 존재하는 무색계(無色界)에 사무색계(四無色界)를 생각하고, 그 가장 높은 곳을 비상비비상천(非想非非想天)이라고 생각했다.

인도인들은 이들 삼계(三界) 28천(天)에 따라서 뛰어난 곳에 태어나기를 바란다. 이들은 이 세계가 고통만이 있고 추악하며, 장애가 있는 곳이라 생각하고 이것을 기피하여 상천의 묘락 얻기를 기원한다.

또한 인도의 바라문교에서는 자재천(自在天, Īśvara), 범천(梵天, Brahman), 그리고 비쉬누(viṣṇu) 등을 상정하여 이에 귀의하고 선행을 닦으면, 사후에 저 신의 세계인 천계에 태어나서 무상 복락을 누린다고 믿었다.

이와 같은 생천 사상도 밀교에서는 무조건 배척하지 않고, 이것을 선도하여 보다 높은 차원으로 전환시킨다. 이 세상에 있는 모든 사상이나 사물은 어떤 뜻이 있는 것이므로, 그것을 어떻게 살리느냐 하는 것이 중요하다. 이것을 방편이라고 하는 것이다.

그리하여 이와 같은 생천 사상에 매여 있는 사람은 그것을 통해서 구제하는 방편문을 여는 것이다.

《대일경》에서 "혹은 생천을 바라거나, 혹은 인간 속에 태어나거나,

용(龍)이나 야차(夜叉)나 건달바(乾闥婆)로 태어나거나 내지 마후라가
(摩睺羅伽)로 태어나는 법을 설하신다"라고 하였다.

밀교에서는 대일여래(大日如來)가 생천하기를 바라는 사람들에게 제
천 귀신의 모습을 나타내서 제천 귀신에게 맞는 진언으로 설하신다.

《대일경》에서는 이것을 "세간의 천(天)에 속하는 진언법(眞言法)의 가
르침은 모든 유정을 이롭게 하기 위해서 근용자(勤勇者), 곧 부처님이
그때에 설하셨다"고 하였다. 이것은 이질 문화를 수용하여 그것을 승화
시킨 것이다.

대 · 소승의 장엄

고대 인도 사상에서는, 인간이 이 세상에서 오래 살겠다고 하거나 죽
은 뒤에까지 복락을 누리겠다고 하여 여러 가지로 복덕을 쌓고 수행하
여 천계에 태어났다고 해도, 그것은 영원한 것이 못 되며 천상의 환락
도 과보가 다하면 다시 그것보다 못한 나쁜 곳으로 내려오게 되므로,
결국 우리 인간은 고뇌가 많은 윤회(輪廻)의 세상에서 끊임없이 유전하
게 된다고 한다.

이와 같이 윤회를 떠나지 못하는 것은, 우리가 이 세상의 사물에 집
착하여 매여 있기 때문이다. 그러므로 이러한 집착을 떠나서 윤회의 세
계를 해탈하여 영원히 멸함이 없고, 고통이 없는 세계로 가는 길을 찾
았다.

그 길이 해탈이라고 하는 세계다. 이것이 인도에서 불교가 발생하게
된 동기인 것이다.

그리하여 불교의 가르침은 인생의 현실을 바로 알아서 고통 없는 깨
달음을 얻는 가르침이었다. 깨달음을 얻기 위해서는 이 세상의 현실에
대한 올바른 이해와, 깨달음으로 가는 수행의 길이 있다. 깨달음을 얻
은 붓다의 가르침에 따라서 수행한다면, 그때 깨달음을 얻는 아라한(阿

羅漢, arhan)이 되는 것이다.

이러한 아라한은 무아(無我)를 깨달은, 일체의 걸림에서 벗어난 사람이므로 자아에 집착된 번뇌를 완전히 없앤 이상적인 사람이다.

이러한 아라한이 되는 것을 이상으로 하는 것이 성문승(聲聞乘)이다. 성문승은 해탈하는 방법을 설명한 네 가지 관법인 고(苦)·집(集)·멸(滅)·도(道)의 사성제(四聖諦)에 의해서 고를 없애고 팔정도(八正道)를 실천하여 이상적인 열반적정(涅槃寂靜)의 경지에 도달하게 된다. 이렇게 다시는 미혹하는 일이 없는 경지에 이르러서 스스로 홀로 깨달음을 얻는다. 이같은 사람이 독각(獨覺)이라고 하는 벽지불(壁支佛)이다.

벽지불의 경지에 이르면 사물의 생멸에 관하여 다시는 그에 끄달리지 않게 되고, 이 세상 사물의 있고 없는 인연을 보게 되어 다시는 윤회의 세계로 떨어지지 않는다. 이것은 인연법을 깨달았기 때문에 연각승(緣覺乘)이라고 한다. 이 연각승은 고의 과보를 받는 업이나 번뇌의 종자를 철저히 없앤 사람이므로, 악업(惡業)의 종자가 끊어졌고 번뇌의 종자인 무명(無明)을 없앤 사람이다.

독각이나 성문은 수행을 통해서 뛰어난 세계에 도달하기는 했지만, 아직 남을 교화하는 힘은 얻지 못한 것이다. 따라서 독선에 머물러 있고, 자기 중심인 소승에 속한다.

그러나 이러한 성문이나 연각의 소승도 우주나 인생의 신비한 능력을 발휘하기 위한 신비 체험의 초입문이 되는 것이다. 진리의 궁극 세계는 단계를 따라서 얻어질 수 있는 것이다. 이것을 선무외(善無畏) 삼장은 "한 문으로 들어감에 따라서 일체 법계의 문을 갖춘다"고 하였다.

그러나 이러한 성문이나 독각이 비록 무아를 깨닫고, 인생의 무상함과 이 세상의 고와, 열반의 세계가 적정락(寂靜樂)임을 깨달았다고 하나, 우리의 몸을 구성하고 있는 다섯 가지 요소인 색(色)·수(受)·상(想)·행(行)·식(識)은 항상 존재하고 있는 것이라 믿고 있다.

이 오온(五蘊)의 법이 실재한다고 하는 믿음도 마음이 있기 때문이다.

이 마음을 떠나서는 아무것도 없다. 그러므로 이 세상에 있는 모든 것은 결국 자기 마음의 투영임에 지나지 않는다. 따라서 자기 마음을 청정하게 하여 안온함을 유지하려면 마음의 투영인 일체 중생을 구제하지 않으면 안 된다.

이와 같이 나와 남은 떠날 수 없는 관계에 있는 것이다. 나도 구제하고 남도 구제하는 세계가 가장 이상적인 세계이다. 자기 마음을 청정히 하고, 자기가 깨달음에 머물기 위해서는 남도 구제하지 않으면 안 된다고 하는 것이 대자비심인 것이다.

그런데 우주의 일체 현상 세계를 자기 마음의 투영이라고 볼 뿐만 아니라, 내 마음이란 어떤 것인가를 규명하여 오직 심식(心識)만 존재한다는 생각이 나타났다.

성문승과 연각승에 속하는 사람들은 우리의 마음은 여섯 가지 감각 기능인 육식(六識)을 가지고 있다고 하는 데 대하여, 유식(唯識) 학파인 법상(法相)의 대승에서는 마음의 기능을 언제까지나 보존하고 지속시키는 근본 심식인 제7의 마나(末那, Manas)식과 제8의 아뢰야(阿賴耶, Ālaya)식이 있다고 한다.

이 중에서 마나식은 우리들 의식의 핵심적인 실체로서 자아 관념의 근본이요, 아뢰야식은 일체의 업행의 결과를 스스로 받아서 가지고 있고, 모든 경험을 쌓아서 가지는 것이다. 그러므로 우리는 과거에 행한 선행이나 악행을 이 아뢰야식 속에 인상으로 소장하여, 그것이 종자가 되어서 현재의 행위로서 훈습하기 때문에 다시 미래의 업행을 일으켜서 그 과보를 받는다.

따라서 이 아뢰야식은 무시이래 오랜 과거로부터의 모든 경험과, 현재의 경험을 소장하고 발휘하는 근본이 된다. 우리의 마음만이 아니라 마음 밖에 실존하는 것같이 느껴지는 천지 만유도 이 아뢰야식으로부터 전개된 것이다. 이렇게 보는 것을 아뢰야연기(阿賴耶緣起)라고 하거나, 유식연기(唯識緣起)라고 한다.

그리하여 이 아뢰야식은 모든 사람이 각각 갖추어서 가지고 있고, 이로부터 전개된 밖의 세계도 각각 사람에 따라서 다르게 인식된다. 그러나 우리들이 서로 다른 아뢰야식을 가졌으면서도 다같이 공통적으로 같은 것처럼 보이는 것은 우리들의 공통된 업력 때문이다.

우리는 공업(共業) 속에 각각 다른 특수한 업력인 불공업(不共業)도 가지고 있다고 한다. 그러므로 한 송이 꽃을 보고 다같이 아름답다고 느끼면서도, 자세히 살피면 각각 다른 견해를 가지고 있는 것이다.

이러한 아뢰야식을 법상종에서는 우주 만법의 근원이라고 하여 진여(眞如, tathata)라고 하고 있다. 그리고 이 아뢰야식은 선과 악의 두 가지 종자를 가지고 있으므로 악의 종자를 훈습하면 지옥·아귀·축생의 악한 세계를 전개하고, 선의 종자를 배양하면 부처의 세계로 전개된다.

그러나 이러한 심식도 절대적인 존재로서 인정할 수 있는가 하는 문제를 제기하여 이것도 또한 인연에 의한 것이므로 공(空)이라고 하니, 이것이 심경 구공(心境俱空)을 주장하는 중관 사상으로 삼론종(三論宗)과 같은 대승불교 사상이다.

중관의 대승에서 볼 때, 우주 일체의 사물은 주관인 마음이거나 객관 세계이거나 모두 인연 생멸하는 것이므로 실답게 존재하는 것이 아니다. 그러므로 인연에 의해서 현존하는 것은 인연에 의한 것인 이상 없는 것이고, 또한 그와 같이 존재하는 것이니 있는 것이다. 그러므로 '있다'고 하거나 '없다'고 할 수 없고, 있고 없음을 초월한 것이 곧 중도(中道)다. 중도에 있으므로 있기도 하고 없기도 하며, 있는 것도 아니고 없는 것도 아닌 그러한 존재가 제법의 실상이다. 이러한 사실을 진여(眞如)라고 하니, 이 진여가 있는 그대로 인연에 따라서 있고 없는 일체의 현상을 전개한다. 따라서 이 경우에 일체의 현상은 무상하나 근본 진여는 상주(常住)하는 것이다. 이와 같이 현상 세계의 모습을 강조하면서 진여의 나타나는 모습을 가지고 세계를 설명하는 법상종(法相宗)이 생겼고, 진여 법성의 본성을 밝히는 것을 주로 하는 삼론종(三論宗)

이 생겼다.

중관 사상을 바탕으로 한 대승에서는 생하고 멸하는 현상에 걸리지 않고 진여 그대로의 실상에 안주하는 경지가 붓다의 깨달음의 세계라고 하니, 용수는 이것을 불생(不生)·불멸(不滅)·부단(不斷)·불상(不常)·불일(不一)·불이(不異)·불거(不去)·불래(不來)의 팔불(八不)로 설명하고 있다.

여기에서 있고 없음에 걸리지 않는 무소득(無所得)의 중도를 강조한다고 하여 인연 소생인 현상 세계를 부정하는 것이 아니다. 현상 세계가 속(俗)의 세계라면 중도인 공의 본체는 진(眞)의 세계다. 그리하여 진과 속은 둘이 아니라고 한다.

그러나 여기에서 유식 계통인 법상종에서는 너무도 심식만을 강조하여 현상 세계를 등한히 하고, 마음을 대상에 끌리지 말라고 하여 객관 세계를 살리는 데에 소극적이었다.

또한 중관 계통인 삼론종에서는 표현이 부정적이기 때문에 소극적으로 사물을 대하게 되어 진공묘유(眞空妙有)의 실상을 나타내고 살리지 못하게 되었다.

아무리 좋은 약이라고 해도 그 약이 병에 맞아야 하듯이, 이러한 좋은 교설도 받아들이는 사람에 따라서 약도 되고 독도 된다. 그러므로 밀교에서는 이런 점을 보고 각각의 견해를 경책하고 정화하여 이들 모두가 훌륭한 가르침이니, 이것을 올바르게 살리는 길을 설하게 되었다. 그리하여 밀교에서는 "법상 대승은 대일여래의 대자삼매(大慈三昧)를 보이는 미륵보살의 법문이요, 삼론 대승은 대일여래의 대공삼매(大空三昧)를 보이는 문수보살의 법문이다"라고 한다.

이렇게 보는 밀교의 입장은 《법화경》의 회삼귀일(會三歸一)이나 《화엄경》의 이사무애(理事無碍)의 법계연기(法界緣起) 사상과 같은 것이니, 이른바 법화일승(法華一乘)이나 화엄일승(華嚴一乘)의 절대구경(絶對究竟)의 세계에서는 어떤 것이고 가치가 발휘되는 것이다.

《법화경》을 받드는 천태종(天台宗)에서는 천지간에 존재하는 모든 사물이 본래 하나의 절대적인 법 그대로를 가지고 있으므로, 천지와 더불어 영원한 절대적인 존재라고 보는 것이다.

다시 말하면 모든 사물의 모습이나 본성은 근본인 법이 나타나고 있는 것이니, 법의 근본 작용으로 생명력이 나타나서 그로 인해 업력이 되고, 그 업력의 결과를 가져오는 인연이 생기고, 이에 따라서 생기는 과보가 있게 된다고 하여 이것을 상(相)·성(性)·체(體)·역(力)·작(作)·인(因)·연(緣)·과(果)·보(報)의 아홉으로 나누어 구여시(九如是)라 하고, 이들이 각각 가지고 있는 궁극적인 진리인 본말구경여시(本末究竟如是)를 더해서 십여시(十如是), 곧 십종실상(十種實相)이라 한다. 이 십여시가 각각 십계(十界)를 갖추고 있고, 그것이 다시 3종 세계로 나누어지므로 3천의 원융무애한 실상을 보이는 것이다.

이러한 3천의 제법은 대립을 떠나서 있으므로 공(空)이요, 이것이 현상으로 존재하므로 가(假)요, 이것은 있고 없음을 초월하므로 절대적으로 이것도 아니고 저것도 아닌 중(中)이다. 그래서 원융삼제(圓融三諦)라고 한다.

이와 같이 3천의 제법은 각각 걸림이 없이 관련되어 있는 그대로가 진실상이므로 진여(眞如)라고 한다. 이 진여는 공이고 무상이며 무위(無爲) 무작(無作)이니, 이러한 진여 그대로를 비로자나(毘盧遮那) 부처님의 경지라고 한다.

《법화경》은 일체의 유정이나 비정물까지도, 이러한 불성을 가지고 있으므로 중도 아닌 것이 없다고 하는 입장이다.

그러나 이러한 《법화경》의 세계는 모든 사물을 여실하게 보고 있으면서도 정적(靜的)으로 볼 뿐, 살아 있는 생명으로서 동적(動的)으로 보지 않은 면이 있다. 그래서 《법화경》은 성구(性具)의 법문이라고 한다. 이에 대하여 동적으로 살아 있는 그대로 파악하는 《화엄경》은 성기(性起)의 법문이라고 한다. 이에 의하면 모든 사물은 종횡으로 떠나지 않는 관계에 있는 전일적(全一的)인 존재이므로 하나를 들면 일체가 따르고, 그 일체도 각각 고립된 것이 아니고 하나로 되어 있다. 곧 일즉다(一卽多) 다즉일(多卽一)이며, 삼세를 꿰뚫어 절대적인 가치의 세계로서 무한히 살고 있는 것이다.

그러나 이러한 법계 연기의 세계는 불가득(不可得) 불가설(不可說)인 경지라고 하는데, 이렇게 되면 이상과 현실이 조화를 잃게 되어 진리 그대로 행동할 수 없으니, 부처의 세계를 현실 세계에서 실현할 수 없다.

여기에서 이러한 법의 실상을 있는 그대로 법신(法身)의 부처님으로 보고, 법신불로서 일체의 사물을 장엄하려고 하는 밀교가 일어나게 된다. 밀교에 이르러서 일사일물(一事一物)이 비밀 장엄한 불신 아님이 없다고 말해지게 된다.

그리하여 법화나 화엄의 일승(一乘) 법문이 한걸음 더 나아가서 금강승(金剛乘)인 밀교로 귀착된 것이다.

우주적인 생명의 자각

종교는 어떤 것이나 인간의 삶을 보다 행복하게 하기 위한 것이 아니면 안 된다.

인간이 가지고 있는 고뇌는 항상 따라다니는 것이므로 불안한 삶을 벗어날 수 없다. 이러한 인간적인 고뇌가 종교에 의해서 근본적으로 해소될 수 있기 때문에, 종교는 가장 근본적인 인생 문제를 해결해 주는 가르침이 된다.

그러므로 인간의 고뇌나 불안의 대표적인 것인 죽음의 문제를 종교가 중요시하고 있는 것이다. 죽음의 문제가 해소되면 여타의 것들은 문제되지 않는다. 따라서 인간의 삶에서는 언제 어떤 일이 일어나더라도 흔들리지 않고 태연자약한 삶을 살면서 그에 대처하는 것이 인간의 바람직한 소망이다.

이것을 불교에서는 안심입명(安心立命)이라고 하여 궁극적인 목표로 삼고 있다. 이러한 안심입명이 궁극적으로 달성된 세계가 얻어졌을 때에 인간에겐 인생의 멋진 완성이 있게 된다. 불교에서 말하는 열반(涅槃)의 세계가 이것이다.

열반에 이르기 위해서는 어떻게 해야 하는가에 대하여 대·소승에서는 여러 가지를 설하고 있다.

그런데 밀교에서는 먼저 나의 생명이란 어떤 것인가를 살피고, 그것을 완전히 살리기 위해서는 나의 생명의 근원은 무엇인가? 이 천지를 관통하고 통섭하는 생명 현상의 힘은 무엇인가? 그리고 그 힘이 만물과 어떤 관계가 있는가? 하는 것 등, 우주나 인생에 대한 올바른 인식으로부터 풀어나가려고 하고 있다.

화엄(華嚴)에서는 법계의 연기를 내 속에서 지각함으로써 안심입명하고, 선에서는 내 마음속에서 우주적인 영성을 봄으로써 그와 하나가 되어 안심입명하고, 정토교에 있어서는 내 마음의 청정함으로써 아미타불을 보고 안심입명한다.

이와 같이 중생들 각각의 근기에 따라서 그에 상응한 입장에서 설해지고 있는 것이 현교다. 그러나 이들 현교의 가르침은 그것을 증득한 사람에게만 있을 수 있다. 왜냐하면 현교는 이성이나 감성에 의하고 있기 때문이다. 인간의 생명이 아무리 올바르게 알려졌다고 하더라도 그것이 구체적인 것으로 파악돼서 나의 것으로 살아나지 않으면 안 된다.

인간의 지성이나 이성은 마음의 표현이다. 이 마음은 항상 움직이고 있으며, 근원적인 고뇌를 가지고 있는 한 절대적인 안심입명은 있을 수 없다. 인간에게 고뇌나 불안이 있는 한 절대적인 열반은 있을 수 없다고 할 수 있다.

마치 둥근 달이 항상 떠 있지 않고, 초승달이나 그믐달이 있기 때문에 보름달을 희망하는 것과 같다. 그러므로 불교에서는 "삼계는 불붙는 집과 같다 三界火宅"고 하였다. 이 세상에 태어난 이상 어느 정도의 차이는 있을망정 누구도 고뇌나 불만이 없는 사람은 없다. 그것은 우리 인간이 몸과 마음을 가지고 태어났기 때문이다.

육체를 가지고 있기 때문에 먹어야 하고 입어야 하며, 늙고 죽지 않으면 안 된다. 육체는 항상 변하고 멸하게 되므로 무상하다는 고통을 면할 수 없고, 아무리 건강에 유의해도 질병을 완전히 떠날 수는 없다. 그러므로 생·로·병·사의 네 가지 고뇌는 인간의 기본적인 고뇌이다.

그리고 인간은 이 세상에 살고 있는 한 여러 가지 재난을 피할 수 없고, 사랑하는 이와 헤어지지 않을 수 없으며, 다퉈야 할 사람과 싸우지 않을 수 없으며, 바라는 것이 모두 채워지지 않아서 불안한 것도 면할 수 없다.

그러나 이러한 고뇌들은 반드시 없앨 수 있다는 것이 불교의 입장이다. 석존이 그것을 보여 주었으며, 팔만대장경이 모두 그 방법을 설하고 있다. 그러면 어떻게 하여 모든 인간고를 영구히 떠나서 고뇌가 없는 안온한 세계에 안주할 수 있겠는가? 이것이 인간 근본 문제의 해결인 동시에 붓다의 가르침의 전부인 것이다.

다른 말로 하면, 이고득락(離苦得樂)으로 중생을 구제하고자 하는 것이 붓다의 서원이며 가르침이다.

현교에서는 이 문제를 어떻게 해결하고 있는가?

현교에서는 우리 인간의 고뇌는 마음에서 받아들이는 감정이나 생각을 고뇌로 받아들이기 때문에 그렇게 비춰진 것이라고 한다. 마치 물에 비친 달이 일그러지게 보이는 것은 물결이 흔들리기 때문인 것과 같다. 그러므로 우리의 고통이나 불안은 그 원인을 내 마음의 흔들림 때문이라고 보고, 흔들린 마음을 바르게 하는 것이다. 그러기 위해서는 흔들림이 없는 마음의 상태인 부동심(不動心)을 얻어야 하니, 그 방법은 마음을 한 곳에 집중하여 완전히 무아의 상태에 들어가서 흔들림 없는 곳에 안주하는 것이다. 그것이 선이요, 지관법(止觀法)인 것이다.

달마(達磨, **Bodhidharma**)가 기원후 6세기 때에 노구를 무릅쓰고 중국으로 건너와서 마음을 편안히 하는 참된 법을 전하려고 했으나, 당시 중국의 학자들은 지해에 집착하여 지적으로 이해하려고만 하여 더 나아가지 못하였으므로 달마대사의 선법을 이해하지 못했다. 달마가 9년 동안을 기다린 끝에 혜가(慧可)가 드디어 그 법을 받으니, 그것이 달마의 안심법이다. 이 법은 우리의 마음을 항상 편안하고 태평하게 하는 방법이다.

《금강삼매경金剛三昧經》에서 "중생으로 하여금 마음을 편안히 가라앉혀 금강지(金剛地)에 머물게 하고 생각을 고요히 하여 마음에 일어남이 없게 하면 마음이 항상 편안하고 태평하게 되리니, 이것이 곧 하나의 생각도 없는 것이다 令彼衆生安坐心神 金剛地靜念無起心常安奉卽無一物"라고 한 것이 이것이다.

달마의 이 안심법을 벽관(壁觀)이라고 하니, 면벽하여 모든 것을 보지 않는 것과 같이 밖으로부터 들어오는 장애의 인연을 끊고 마음을 통일하는 것이다. 그리하여 나의 본마음을 보는 것이다.

경에서 말한 금강지는 본마음의 자리다. 이 마음의 근원의 자리는 일어나고 멸함이 없기 때문에 항상 편안하며, 시작과 끝이 없기 때문에 태평하다. 원효(元曉)는 《금강삼매경론金剛三昧經論》에서 "마음을 편안히 가라앉힌다는 것은 십주(十住) 이상에서 마음을 삼공(三空)에 편안히 하여 결정코 퇴전하지 않으므로 안좌(安座)라고 한다 安座心神者 拾住已去 安心三空 定不退心 名安座" 하고, "마음이 항상 편안하고 태평하다고 함은 묘각의 자리에 이르러 마음의 근원을 보면 일어남도 없고 멸함도 없어서 본래 움직이는 생각이 없으니 시작도 없고 끝도 없다. 시작과 끝이 없으므로 '항상'이요, 움직이는 생각이 없기 때문에 '편안'하고, 시작과 끝이 없으므로 '태연'하지 않음이 없다 心常安泰者 至妙覺位 得見心源無起無滅 本無動念 無始終 無起滅故常 無動念故安 無始終故無不泰然"고 했다.

달마 대사는 남인도의 왕가 출신으로서, 불교에 귀의하기 전에는 사디야 요가(sādhya-yoga)라고 하는 조심법(調心法)을 닦았다고도 하니, 선의 안심법은 마음의 근원을 보고 꼭 잡아 흔들리지 않게 하는 길이다.

또한 천태종(天台宗)을 완성한 천태 대사 지의(智顗)는 이 안심법을 역설하여 "안심이란 지관(止觀)을 잘하여 법성(法性)에 편안히 머무는 것이다 安心者 善止觀 安法性"라고 정의하고, 이것을 64종으로 발전시켜서 설명하고 있다.

다시 이러한 마음 다스리는 법이 널리 보급되면서, 선종의 제4조인 도신(道信, 580-651)은 이것을 염불과 관련시켜서 "부처를 염하여 마음이 끊이지 않고 이어지면 홀연히 맑고 고요해져서 다시는 다른 생각이 일어나지 않는다. 내지 부처를 생각하는 것이 곧 마음을 생각하는 것이요, 마음을 구하는 것이 곧 부처를 구하는 것이다. 왜냐하면 식(識)에 형상이 없고, 부처에 형상이 없기 때문이다. 이 도리를 알면 곧 이것이 안심이다"라고 하였다.

이러한 도신 선사의 견해를 받아서 정토문에 활용한 사람이 선도(善導, 613-681) 대사이다. 선도는 그의 저서인 《왕생예참게往生禮懺偈》의 서문에서 "이제 사람들에게 권해서 왕생하기 위하여 어떻게 안심하고 움직이고 행하면 반드시 저 국토에 왕생하게 됩니까" 하고 묻고, 이에 대한 대답으로 "어떤 의혹도 갖지 않는 지성심을 바탕으로 하여 극락정토에 마음을 오로지 경주하고, 마음의 깊은 곳으로부터 이에 생하려고 그리워하는 깊은 마음을 일으켜서 어떤 것을 보든지 어떤 것을 듣든지 모두 극락에 왕생하기 위해 회향하여 저 나라에 태어나서 저 나라의 주인인 아미타불을 보려고 발원하면, 반드시 저 정토에 왕생할 수 있다"고 하였다.

곧 지성심과 심심과 회향발원심의 세 마음을 가지면 극락 세계에 태어나서 지극한 즐거움을 얻는다고 말하고 있다.

선에 있어서나 정토에 있어서나 다같이 인간의 고를 떠나서 즐거움을 얻는 길을 설하고 있다.

인간의 궁극적인 목표는 인간고를 떠나서 절대적인 즐거움을 얻는 것이다. 인간고 중에 가장 근본이 되는 것이 생사고이므로, 생사고를 떠나서 생사가 없는 세계에 이르면 고가 사라지고 즐거움만이 있게 된다고 보는 것이다. 그러므로 선에서는 한 마음이 일어나고 멸하는 생사를 완전히 지멸하여 적정의 근본 마음으로 돌아가서 신령스러운 생명의 빛을 보면 그것이 바로 안심이요, 견성이요, 성불이라고 한다.

정토문에서는 무량광(無量光)이요, 무량수(無量壽)인 아미타불과 하나가 되는 회향발원심과 우리의 지성심과 심심(深心)인 깊은 마음이 만나 하나가 됨으로써 불퇴전의 불심이 증득되어 극락에 왕생하는 것이다.

《대무량수경大無量壽經》에서 "정토에 왕생하려면 반드시 보리심(菩提心)을 일으켜라" 하고, 《관무량수경觀無量壽經》에서 "저 나라에 태어나려고 원하는 자는 세 가지 마음을 일으켜라"고 한 것이 이것이다.

밀교 역시 인간이 가지고 있는 고통을 떠나서 즐거운 삶을 사는 것을 지향하는 것임에는 다름이 없다고 하겠다. 그러나 밀교는 현교와 그 차원을 달리한다.

밀교를 중국으로 전한 선무외(善無畏) 삼장(637-735)과 금강지(金剛智) 삼장(671-741)에게서 밀교를 공부한 일행(一行, -727) 선사가 《대일경소大日經疏》에서 "스스로 마음에서 보리심을 일으켜 마음에 만행(萬行)을 갖추고, 마음에서 정등각(正等覺)을 보고 마음의 대열반을 증득하고, 마음의 방편(方便)을 일으켜 마음의 불국토를 장엄하게 청정히 하고, 인(因)으로부터 과(果)에 이르기까지 모두 머무른 바 없이 그 마음에 머문다"고 하였다.

선종의 소의경전인 《금강경》에서는 무소주이생기심(無所住而生其心)이라고 하여 머무르지 않는 무념무상을 기리고 있으나, 밀교에서는 머무른 바 없이 마음을 머무르게 하는 적극적인 주심(住心)을 강조하고 있다.

이때의 마음은 법계심(法界心)이다. 법계심이기 때문에 심신불이(心

身不二)요, 내가 곧 법계다.

내가 부처요, 법계 그대로인 자신을 그대로 보고 그대로 증득함으로써 우주적인 대생명으로서 안심입명(安心立命)하게 되므로, 여기에서 비로소 대락(大樂)의 절대적인 즐거움을 얻게 된다. 선무외 삼장이 "하나의 사실은 허망하지 않다. 나는 곧 이것이다. 나는 곧 이것이란, 나는 곧 결정코 법계라고 진리에 의해서 믿는 것이다. 여기에서 믿음이란, 그 이치를 그대로 보고 마음에 의심이 없는 것이다. 마치 우물을 팔 때에 깊이 파들어가서 진흙을 보면, 물을 아직 발견하지 못했더라도 물이 반드시 나온다고 아는 것과 같다"고 하였다.

하나의 사실이 진실임을 알면 그것을 이치를 통해서 믿게 되고, 믿음에 의해서 마음이 안주한다.

"나는 법계다"라고 이치를 통해서 믿게 되면, 추상적으로 내가 부처라고 믿는 것이 아니라 나는 구체적인 현실로서 법계에 편재하는 대생명이요, 신령스러운 실체로서의 나를 보고 내가 우주 생명 그대로 되는 것이다.

이것을 즉신성불(卽身成佛)이라고 한다. 내가 곧 부처라고 하는 신념은, 이 세계의 모든 사물을 거룩한 존재로서 받들게 되면서 마음이 안주하는 것이다.

2. 대긍정(大肯定)의 논리

영원한 현재

지금 내가 이렇게 살고 있다는 이 사실처럼 불가사의하고 값진 일이 어디 있으랴.

내가 지금 살아 있으므로 나 이외의 것이 저렇게 빛나고, 나와 남의 모든 것이 이렇게 존재하는 깊은 뜻이 있는 것이다.

나를 통해서 이 세상은 존재하는 것이다. 그러므로 나는 더없이 존귀한 것이다.

나의 생명처럼 소중한 것은 없다. 따라서 죽음은 모두에게 있어서 가장 두려운 것이다. 생명에 대한 애착, 살겠다는 충동은 부정할 수 없는 생명의 표현이다. 어찌 죽음에 대한 두려움이나 생에 대한 집착을 생에 대한 애착이라고 부정할 것인가?

모든 존재는 자기 생명에 대한 애착이 있고, 생명 보존의 충동이 있다. 길가에서 자라고 있는 이름 없는 풀이라도 밟으면 다시 일어나고, 지렁이나 뱀도 몸이 잘리면 꿈틀거리면서 몸부림친다. 게도 다리가 하나 떨어지면 다시 나오고, 나뭇잎도 떨어지면 다시 싹이 난다.

우리 인간도 오래 살고 싶은 것은 사실이다. 천년이고 만년이고 무궁장수하고 싶은 것이다. 그러나 실제에 있어서는 오래 살아야 1백 년을 넘기 어렵다.

우리의 생명은 정신과 육체로 되어 있으므로 육체는 한정이 있으나, 정신은 그렇지 않으리라고 생각하여 영혼이라도 영원히 살고자 하는 것이 또한 인간의 상정이다.

인간이 결국 죽는 것이라면, 언제 죽으나 마찬가지라고 하여 자포자기하거나 염세적인 삶을 사는 사람도 있고, 살아 있는 동안에 향락하겠다고 하는 향락주의자도 있으며, 이 세상은 뜬구름과 같이 찰나에 사라지는 것이니 즐겁게 살자고 하는 찰나주의자도 있을 수 있다. 그러나 이러한 찰나주의자나 향락주의자나 염세주의자들은 우리의 삶의 단면만을 보고 있는 것이다.

우리의 삶은 끊어지는 것같이 보이는 속에 영원히 이어지고 있는 것이다. 끊어지는 것만을 보면 무상(無常)에 떨어지게 되고, 이어지는 것만을 보면 상(常)에 떨어진다. 그래서 부처님은 상에도 떨어지지 말고, 무상에도 떨어지지 말라고 하셨다.

우리는 영원 속에 짧은 삶을 누리고 있는 것이다. 영원과 순간을 동시에 보면 오늘 하루를 영원히 살게 된다. 이것을 시(時)·공(空)을 초월하여 사는 것이라고 한다. 실제로 우리 인간은 이러한 삶을 살도록 되어 있는 것이다.

여래는 과거·현재·미래의 삼시를 초월하여 존재하는 것이니, 우리의 삶 또한 이와 같다. 그러므로《대일경소大日經疏》에서 "시간은 과거·미래·현재에 있어서 길고 짧으며, 겁(劫)의 양에 있어서 여러 가지로 같지 않음이 있다. 그러나 청정한 눈으로 이것을 보면 삼제(三際)의 모습은 불가득이다. 끝이 없고 시작도 없으며, 또한 가고 옴도 없다. 곧 이러한 실상의 날은 원명상주(圓明常住)하여 담연(湛然)히 허공과 같다. 때에 짧고 긴 다름이 있을 수 없다"고 하였다.

'진실된 오늘'은 오늘 하루의 삶이 과거·미래·현재의 시간을 초월하여 있어서 시작도 끝도 없는 삶이라고 깨달아 알아서 그렇게 살면, 우리는 삼세를 관통한 영원한 삶을 살고 있는 것이다.

이때의 영원이란 시간을 초월한 영원이기 때문에 무상이니 항상이니 하는 것이 아닌 절대적인 가치의 시간이다. 즉 무시간의 시간이다. 과거·미래라고 하는 것은 현재를 기점으로 한 추상적인 개념일 뿐이니, 삼세는 오직 현재일 뿐이다. 그러므로 지금의 삶이 이 현재로서 과거와 미래를 관통해서 살고 있는 것이다.

이와 같이 '영원한 현재'에 살고 있다는 신념을 가지고 산다면 오늘 하루의 삶은 생사를 초월하여 영원히 사는 것이 된다. 그러므로《법구경》에서 "사람이 만일 1백 년을 살더라도 죽지 않는 길을 보지 못하면, 하루를 살더라도 죽지 않는 길을 보는 사람만 같지 못하다"고 한 것도 이런 뜻을 말한 것이다.

이것은 다시 말하면 양보다는 질을 강조한 것이니, 현재의 이 삶을 중요시한 것이요, 하루의 삶을 통해서 무상함을 느끼면서도 무상을 떠나서 영원히 사는 길을 보인 것이다.

제행무상(諸行無常)이란 생멸법(生滅法)을 말한 것이나, 이러한 생멸법은 또한 생과 멸을 초월한 법 속에 있는 것이다.

그러므로 생멸을 떠난 법 속에서 지금 누리고 있는 생멸을 즐길 수 있어야 한다.

즐거운 인생

이 세상에 존재하는 어떤 사물도 그 나름대로의 가치를 지니고 있다. 크든 작든간에 의미 없이 존재하고 있는 것은 없다. 이런 뜻에서는 천상천하(天上天下)에 유아독존(唯我獨尊)적인 것이다.

유아독존적인 존재 가치는 남이 알아 주거나 알아 주지 않거나 상관없이 오직 자기만이 지니고 있는 것이지만, 그것은 또한 아는 자에게는 알려지는 유일한 것이다. 왜냐하면 모든 것이 저 홀로 존재하는 것이 아니고, 다른 것과의 관련 속에서 존재하고 있기 때문이다.

이런 뜻에서는 존재가 존재하고 있는 것은 남으로부터 힘입고 있는 동시에 자기 스스로 존재하고 있다고 할 수 있다.

나와 남의 한량없는 힘이 하나로 나타나서 절대 가치가 창조되고 있는 것이다. 나는 남만 못하다고 하거나, 남이 나만 못하다고 하는 생각은 잘못된 생각이다. 이런 뜻에서도 모든 것은 평등한 가치를 가지고 있다.

그러므로 나는 우주적인 힘에 의해서 존재하는 것이니, 법신(法身)의 부처라고 말해진다. 법신인 너와 나의 관계가 서로 잘 응해지면 그의 삶은 즐거운 것이고, 그렇지 않으면 괴로움일 뿐이다.

그러므로 석존도 인생은 고라고 설파하시고, 그 고의 원인이 잘못된 번뇌라 했으며, 그 번뇌를 없애고 올바른 삶을 살면 고를 없애고 즐거운 열반으로 갈 수 있다고 하셨다.

인생의 목표는 고가 아니고 낙이다. 잘못된 인생은 고이지만 올바른 인생살이는 즐거움이다. 불교에서 말하는 일체개고(一切皆苦)라는 말은 그릇된 너와 나의 관계로 이루어진 모든 것이라는 뜻이다. 그러므로 올바른 너와 나의 관계에서는 즐거움이 있을 뿐이다.

일체 제법이 여실한 세계에 있기 때문이다.《이취경理趣經》에서는 “묘적청정함은 이것이 보살이다 妙適淸淨句是菩薩位”라고 했다.

묘적이란 일체 제법이 잘 상응한 것을 말한 것이니, 주객이 합일한 실상반야의 세계요, 청정이란 자성(自性)이 청정함을 말한다.

일체 제법이 실상 그대로 미묘히 어울리면 기쁨이 있다.

《아함경》에서는 열반제일락(涅槃第一樂, nirvāṇaṃ paramaṃ sukham)이라고 했다. 그래서《법구경》에서는 “건강은 최상의 이익이요, 만족은 최상의 재산이요, 믿음은 최상의 벗이요, 열반은 최상의 즐거움이다 無病最利 知足最富 信爲最友 泥洹最樂”라고 했다.

열반이라는 말의 개념은 소승이나 대승에서 여러 가지로 논의되고 있으며, 열반의 세계는 말로 표현할 수 없는 성질이라고 하여 깨달음의 경지로서 차고 더운 것은 스스로 아는 것 같다고도 하고, 침묵으로 나타내기도 하며, 사후의 세계로 말하거나, 사성제(四聖諦)에서 보였듯이 고의 지멸로 보기도 한다.

학자들의 논쟁은 그렇다고 하더라도, 초기 불교에서는 열반의 개념이 생사의 흐름을 완전히 정지한 것으로 생각되었다.

다시 열반은 일체의 훈습이나 행(行)의 지멸로부터 생하는 영원한 적정과, 그 결과로 얻어지는 생사로부터의 해방을 뜻한다고도 했다. 여하튼 열반의 세계는 적정, 지극한 기쁨의 세계라고 하여 긍정적으로 파악되었다.

그러나 대승불교의 중관(中觀)에서는, 이 열반의 세계가 너무도 깊은 것이므로 어떤 표현으로도 한정될 수 없는 것이라고 하여 “불경에서 있다는 말도 끊어지고 없다는 말도 끊어졌다고 한 바와 같이 열반은 있는 것도 아니고 없는 것도 아니라고 알아라 如佛經中說 斷有斷非有 是故

知涅槃　非有亦非無"하였다. 그러나 중관학자인 월칭(月稱)은 유여열반(有餘涅槃)과 무여열반(無餘涅槃)의 구별을 말하고 있으며, 열반의 개념을 이해하기 어려운 것으로 나타내고 있다.

그 뒤의 유식학파(唯識學派)에서는 열반의 개념을 긍정적으로 표현하여 공성(空性), 곧 청정한 의식으로서의 완전한 지혜, 그것 자체를 열반이라고 하였다.

《유식삼십송唯識三十頌》의 표현을 보자.

이것은 무루(無漏)의 세계다.
부사의(不思議)요, 선(善)이요, 상(常)이니,
이것은 안락(安樂)이요, 해탈신(解脫身)이다.
대무니(大牟尼)의 법이라고 말해진다.
此卽無漏界
不思議善常
安樂解說身
名大牟尼法

유식성(唯識性)에 마음이 머물면 출세간지를 얻어서 번뇌장과 소지장을 버리고, 무루계에 들어가면 안락한 해탈신을 얻게 된다고 했다. 안락이란 무상이 아닌 상성(常性)이므로 고가 아니고 안락함이다.

번뇌장을 떠났으므로 해탈신이다. 이 해탈신은 대무니의 법신이라고 말해진다. 왜냐하면 십지(十地)와 바라밀다를 수습하고 번뇌장과 소지장을 떠났으므로 의지(依止)하는 전(轉)을 여실히 성취했기 때문이다.

이상과 같이 초기 불교에서 유식학설에 이르기까지의 열반의 개념은 부정적이기보다는 긍정적인 해석이었다. 그러한 해석은 즐거움으로 나타났다. 그리하여 결국 지극한 즐거움의 내용을 가진 것으로 설해지게 되었다. 특히 밀교에서 열반은 최고의 궁극적인 실재로서 법신 그것이요, 금강살타(金剛薩埵)이다.

또한 그것은 보리심(菩提心)이니, 청정한 의식이다.

올바른 논의

이 세상 사람들은 자기 나름대로 생각한 견해를 주장하면서 남과 다투는 것이 예사다.

어떤 주장이나 어떤 견해도 그것이 남을 그릇되게 하면 망견(妄見)이라고 하지 않을 수 없고, 어떤 견해로써 남을 현혹시키면 그것은 희롱하는 견해이니 남을 혼란에 빠지게 한다. 이뿐만 아니라, 쓸데없는 농담이나 우스운 말도 진실로 남을 즐겁게 하는 것이 아니면 실다운 것이 못 된다.

사람을 진실로 즐겁게 하고 이롭게 하는 뜻을 가진 견해가 아니면 정견(正見)이 될 수 없다. 이러한 정견은 올바른 행동을 가져오게 하여, 고로부터 벗어나서 즐거운 열반으로 가게 한다.

그러므로 여래는 희론을 지멸시키신 분이라고 말해지고, 여래가 설하신 올바른 법은 희론을 지멸하여 진실한 세계로 가게 한다고 말해진다. 따라서 여래는 공(空)을 설하시어 희론을 지멸시키셨다고 용수는 말하고 있는 것이다.

이와 같이 여래만이 진실로 실속 있는 가르침을 주셨다.

하늘을 나는 새가 아무 발자취도 남기지 않듯이, 외도들의 교설은 우리에게 어떤 이로움도 주지 못하는 헛된 것뿐이다. 그럼에도 불구하고 어리석은 사람들은 헛된 짓, 헛된 말만 하고 있다.

용수는 여래가 인연법을 설하여 모든 희론을 지멸시켰다고 말한다. 그 인연법이 곧 여덟 가지로 대표되는 팔불중도(八不中道)다. 팔불중도는 허공을 나는 새가 자취를 남기지 않고 헛되이 지나가는 것과 달리, 이 세상에 존재하는 모든 사물 그대로에 나타나고 있는 것이다.

이 세상에 있는 어떤 존재도 뜻 없는 것이 어디 있으며, 법에 어긋나서 이루어진 것이 어디 있으며, 청정한 행위 아님이 어디 있으며, 궁극의 완성된 세계로 가지 않는 것이 어디 있으랴.

그러므로 《잡아함경》에서 "실로 어떤 수행자나 바라문들은 단지 일부분만을 보고 이것을 거론하여 다툰다. 그대들이여, 이와 같이 세상의 무상함과 영원함 등에 대한 논쟁을 하지 말라. 이와 같은 논쟁은 뜻에 있어서 얻음이 없고, 법에 있어서 얻음이 없고, 행위에 도움이 없고, 지혜롭지 못하며, 깨달음에 이르지 못하며, 올바른 열반으로 가는 것이 아니다. 그대들 비구여, 실로 이와 같이 논의할지니 '이것은 고(苦)이고, 이것은 고의 근본이고, 이것은 고의 없어짐이고, 이것은 고의 멸로 가는 길이다' 라고 논의하라. 이것은 뜻과 법과 청정한 행위와 지혜와 바른 깨달음과 열반으로 가기 때문이다"라고 했다.

진실한 뜻이 있고, 법에 맞으며, 행위에 있어서 청정하며, 지혜와 깨달음과 열반으로 가게 하는 것, 이것은 실다운 것이다. 이것이 없으면 모두가 허망한 것이다. 이 세상이 끝이 있느냐 없느냐 하는 등의 논란은 편견을 가지고 다툴 뿐이요, 아무런 뜻도 없고 진리 그것도 아니며, 청정한 행위에 도움이 되지도 않고 지혜나 깨달음이나 열반의 세계로 갈 수도 없다.

석존의 말씀은 현실을 있는 그대로 말하고 있을 뿐이다. 인생이 고라고 하는 것은, 움직일 수 없는 현실이다. 누구도 피할 수 없는 실상 그대로이다. 있는 그대로를 인정하고, 이것을 해결하는 것뿐이다. 이러한 고인 현실은 원인이 있고, 그 원인은 없앨 수 있으며, 그 방법이 있으니, 그것을 말하라고 했다.

이러한 현실은 뜻과 법과 지혜에 맞는 것이며, 깨달음이나 열반으로 이르는 길이다. 그러므로 쓸데없는 공론이 아니고 실다운 올바른 쟁론이니, 이것이 화쟁(和諍)이다.

《법구경》에서도 "허공에는 길이 없고, 외도에는 수행자가 없다. 어리석은 세상 사람은 희론을 즐기나, 여래에게는 희론이 없다"고 했다.

이 법구는 예나 이제나 모든 종교를 평가한 흥미있는 말씀이다.

원효(元曉)는 희론이 적멸된 진실한 논의를 화쟁이라고 했다. 화쟁은 쓸데없이 다투는 것이 아니고 화(和)를 위한 쟁(諍)이니, 대립이 따르는 희론이 아니다. 이것은 둘이면서 둘이 아니며(二而不二), 모순 대립의 초극이다.

화쟁(和諍)의 교화

석존이 태어난 고대 인도에서는 당시에 수많은 철학자가 배출되어, 육사외도(六師外道)와 육파철학(六派哲學)을 비롯한 많은 학자들이 종래의 바라문교인 보수적인 문화에 대하여 혁신론을 내세워 활발한 논의가 행해졌다.

석존도 당시에 이른바 혁신적인 인물이었다고 할 수 있다. 따라서 석존은 당시의 수많은 학설이나 사상의 소용돌이 속에서 많은 논란을 겪지 않을 수 없었다.

특히 인도 민족은 형이상학적인 논의를 즐겨 하는 민족이었으므로 자유로운 의견의 교환이나 쟁론이 행해졌다. 따라서 서로 쟁론을 하여 한쪽이 이기면 진 쪽의 제자가 모두 이긴 쪽으로 오는 것이 예사였다.

《수타니파타》에서 "'같다'고 하거나 '훌륭하다'고 하거나, 혹은 '열악하다'고 생각하는 사람은 그런 생각에 의해서 다툰다. 그러나 그들 세 가지에 움직이지 않는 사람은 '같다'고 하거나 '훌륭하다'고 하거나, 혹은 '열악하다'고 하는 생각이 없다"고 하고, 다시 "생각을 떠난 사람에게는 결박이 없다. 지혜에 의해서 해탈한 사람에게는 미혹이 없다. 생각과 견해를 고집하고 있는 사람은 남과 충돌하면서 이 세상에서 방황한다"고 했다.

여기에서 말하고 있듯이 같다, 훌륭하다, 열악하다고 하는 분별은 논쟁의 원인이 된다. 분별심이 모든 논쟁의 원인이다. 이겼다, 졌다, 위다, 아래다, 좋다, 나쁘다는 등 분별심을 가지고 자기 나름대로 판정하며 논쟁을 하는 것이 세속 사람들의 모습이다.

석존은 이것을 희론이라고 하고 망견이라고 하여, 허망한 것이며 진실이 아니라고 했다. 석존은 중도의 입장에 서 있었으므로 일방적인 삿된 견해는 허위라고도 했다.

상대방의 견해를 들어 주면서도 그에 무조건 동조하거나, 짐짓 반대하지도 않았다. 그가 주장하는 것이 진실로 가치가 있는가, 이법에 맞는가, 지혜에서 나온 말인가, 깨달음을 주는 것인가, 열반으로 갈 수 있는가를 보고, 이에 화(和)하기도 하고, 상대방의 잘못을 일깨워 쟁(諍)하기도 했다.

화했을 때에는 '좋도다' 칭찬하시고, 잘못된 것에 대하여는 방편으로 상대방에 가까이 가서 '잘 들어라' 하고 비유로써 알려 주셨다.

상대방의 말을 들어 줄 수 있는 관용 정신이 있어야 좋고 나쁜 것을 올바르게 가릴 수 있다. 여기에는 같다, 훌륭하다, 열악하다는 고정관념이 없다. 고정관념이 없기 때문에 같을 수도 있고 다를 수도 있다. 서로 같을 수도 있기 때문에 화합하는 것이다. 이것을 화이부동(和而不同)이라고 한다.

또한 서로 다를 수도 있기 때문에 잘못을 지적하여 바른길로 인도할 수 있으니, 이것이 쟁론(諍論)이다. 그래서 쟁이불이(諍而不異)라고 한다.

화쟁삼매(和諍三昧)는 화이부동하고 쟁이불이하는 것이니, 이것이 중도의 실천이다.

이 세상에 진실한 뜻에서 같은 것이 어디 있으며, 훌륭한 것이 어디 있으며, 열악한 것이 어디 있으랴. 이러한 분별은 상대적인 개념에 지나지 않는 것이니, 이것을 고집하여 집착하는 것은 잘못된 일이다.

이 세상의 모든 것은 인연, 곧 조건이나 환경 여하에 따라서 가치 판단이 이루어진다. 인연에 의한 것이라면 실체가 없으니, 이것을 억지로 주장하는 것은 허위인 것이다. 모든 가치 평가는 상대를 놓고 비교한 것이니 같다, 훌륭하다, 열악하다고 하는 것은 상대가 있어서 분별된 것에 지나지 않는다.

따라서 상대적인 것이요, 절대적이 아니다. 이러한 이치를 알면 어찌 다툴 수 있겠는가. 어찌 진실한 논의가 있겠는가. 그러므로 모든 세상의 일은 희론이다.

희론이 없어지면 오직 진실만이 있게 되고, 희론이 없어졌으니 화합이 있고, 다툼이 아닌 쟁론(諍論)이 있다. 여기에서 너와 나는 모두 구제되는 것이다.

석존은 침묵을 최고로 삼지 않았다. 침묵할 때는 침묵했으나, 쟁론에서는 오히려 올바른 논의를 통해서 중생을 제도하셨다. 이것은 부처와 중생의 차별을 인정하면서 차별을 없애는 것이다.

《금강정경》의 〈비밀집회경祕密集會經〉의 범본에서 "둘의 모습을 한 일체의 법은 그대로 둘이 아니다"라고 설하고 있다.

이것은 모순 대립된 두 가지 다른 것이 차별이 없어져서 평등하게 된 것이 아니라, 모순 대립의 차별을 그대로 둔 채 이들을 살리는 것이다. 즉 이것은 서로 다른 견해를 그대로 둔 채 화쟁하는 것이다.

모순 대립으로 다투고 싸우면서도 그것을 통해서 발전하는 계기로 삼는 것이다. 순진한 아이들이 하찮은 일로 싸우면서 자라는 것과 같다.

또한 형제간에 서로 싸우면서도 누구보다도 친밀하게 지내는 것과 같다. 이것을 비유하면 밭에서 자라는 잡풀을 뽑아서 그대로 퇴비로 쓰는 것과도 같다.

오늘을 멋지게 산다

불교에서는 현법낙주(現法樂住)라는 말을 한다. "법을 그대로 드러내서 즐겁게 머문다"는 뜻이다. 법을 있는 그대로 드러내면 즐거운 것이니, 이에 머무는 것이다.

법을 그대로 드러낸다는 것은 존재의 실상을 숨김 없이 그대로 드러
내는 것이므로 현실을 중요시하는 불교의 입장이요, 즐겁게 머문다고
하는 것은 인생의 궁극 목적인 열반은 즐거운 것이므로 열반에 머무는
것을 뜻한다.

올바른 인생의 삶 그대로를 말한 것이다. 그러나 인간은 쓸데없는 일
에 관심을 가져서 법을 드러내지도 않고, 따라서 괴로움을 벗어나지 못
한다.

쓸데없는 일은 인생살이에 아무 도움이 되지 않는다. 그 대표가 형이
상학적인 사변이다. 특히 인도인은 옛부터 이런 형이상학적인 사변에
능하여 나의 본질이 무엇인가, 이 세계의 시작과 끝은 무엇이며, 인생
은 내생이 있는가 없는가, 죽으면 다시 사는가 끝나는가 등 관념적이
요, 추상적인 사물에 대한 흥미를 가지고 이를 추구해 왔다.

그러므로 붓다는 이러한 일은 삶에 도움이 되지 않는다고 하여 논의
하지 않았다. 이것은 현실적이자 실증적인 것을 중요시하였음을 보여
주는 것이며, 또 한편 실용주의적이요 합리적임을 알 수 있다. 이러한
붓다의 태도는 진리 그대로를 드러내고 살려서 즐겁게 살게 하기 위한
지혜와 자비의 표현이었다.

《아함경》에 이런 이야기가 있다. 유명한《전유경箭喩經》의 내용이다.

이와 같이 나는 들었다. 세존께서 제타바나라는 동산에 머물고 계셨
을 때에, 홀로 명상하고 앉아 있던 존자 마룬캬는 이렇게 생각했다.

"세존은 다음과 같은 일에 대하여는 설하지 않으셨으니, 그대로 버려
두고 거부하셨다. 곧 이 세상은 영원한 것인가, 덧없는 것인가, 끝이 있
는가, 끝이 없는가, 내 목숨은 이 몸 그대로인가, 몸과 목숨이 다른 것인
가, 사람은 죽은 뒤에도 어떤 것이 존재하는가, 그렇지 않은가, 혹은 죽
은 뒤에는 존재하는 것도 아니고 존재하지 않는 것도 아닌가 등.

세존은 이런 것들은 나에게 설하지 않으셨다. 나는 이런 일에 대해서 만족하지 않는다. 그러니 나는 세존에게로 가서 그 뜻을 묻겠노라.

만일 세존이 나에게 ‘세상은 영원히 머문다’고 하거나, 혹은 ‘세상은 무상하다’고 하거나, 혹은 ‘사람은 죽은 뒤에도 무엇이 있는 것이 아니고, 또한 없는 것도 아니다’고 설하지 않는다면 나는 그 밑에서 배우지 않고 세속으로 돌아가겠노라.”

그리하여 존자인 마룬캬는 그날 저녁 세존에게로 가서 온 연유를 말했다.

세존은 이때에 비유로써 말씀하셨다. “마룬캬여, 내가 일찍이 너에게 ‘어서 오너라, 너는 내 앞에서 수행하라. 그리고 나는 네가 지금 나에게 물은 것을 너에게 말하겠노라’하고 말했느냐. 그렇다면 마룬캬여, 그것이 설해지기 전에 많은 사람이 목숨이 다할 것이다. 마룬캬여, 가령 어떤 사람이 독을 칠한 화살을 맞았다고 하자. 그의 친구나 동료나 친족들이 그를 위해서 화살을 빼낼 의사를 부를 것이다.

그러나 그가 ‘나를 쏜 사람은 왕족인가, 바라문인가, 서민인가, 노예인가를 알지 않으면, 이 화살을 빼지 말라’고 말한다면 어떠한가. 또한 그가 ‘나를 쏜 사람의 키가 큰가, 작은가, 중간치인가를 알지 않으면 화살을 뽑지 못한다’고 말한다고 하자. 또한 그가 ‘나를 쏜 사람의 피부 색깔이 검은가, 황색인가, 금빛인가를 알지 않으면 이 화살을 뽑지 못한다’고 말한다고 하자. 또한 그가 ‘나를 쏜 사람은 저 마을 사람인가, 저 고을 사람인가, 혹은 저 시가지에 사는 사람인가를 알지 않으면 이 화살을 뽑지 못한다’고 말한다고 하자. 또한 그가 ‘나를 쏜 활은 보통 활인가, 센 활인가를 알지 않으면 이 화살을 뽑지 말라’고 말한다고 하자.

마룬캬여, 그것을 알지 못하는 동안에 그의 목숨은 끝날 것이다.

마룬캬여, 이와 같이 만일 어떤 사람이 ‘세존이 나에게 세간은 상주한다……. 사람은 죽은 뒤에도 어떤 것이 있는 것도 아니고 없는 것도 아니다라고 설하지 않는다면 나는 세존의 앞에서 수행하지 않겠다’고 말한다고 하자. 그리하여 여래가 그것을 설하지 않은 동안에 그 사람의 목숨은 끝날 것이다.

마룬캬여, ‘세간은 상주한다’ 라는 생각이 있을 때는 청정한 수행이 행해질 수 있다고 말할 수 없다. 또한 세간은 무상하다고 하는 때에도 그와 같다.

생이 있고, 늙음도 있고 죽음도 있고, 슬픔이나 괴로움이나 근심과 고뇌도 있다. 나는 이 나타난 법에서의 괴로움의 조복을 가르친다. 이와 같이 세간은 끝이 있다, 끝이 없다, 목숨은 곧 이 몸이다, 목숨과 몸은 각각 다르다, 사람은 사후가 있다, 또한 사람은 사후가 없다고 하는 이러한 견해가 있을 때에도 생은 있고, 늙음은 있고, 슬픔은 있고, 괴로움이나 근심은 있다고, 나타난 법에서의 괴로움의 조복을 가르친다.

그러므로 마룬캬여, 나에게서 설해지지 않은 그대로 받아 가져라. 또한 나에 의해서 설해진 것을 그대로 받아 가져라. 마룬캬여, 어찌하여 그것이 나에 의해서 설해지지 않았는가. 그것은 실로 이로운 뜻을 가져오지 못하기 때문이다. 청정한 수행에 도움이 되지 못하고, 싫어하고, 피하고, 없애고, 고요함과 깨달음과 열반을 얻지 못하기 때문이다. 그렇기 때문에 나에 의해서 설해지지 않았다.

그렇다면 나에게서 설해진 것은 무엇인가. 곧 이것은 괴로움이요, 이것은 괴로움의 원인이요, 이것은 괴로움의 지멸이요, 이것은 괴로움의 지멸로 가는 길이다.

이와 같이 나에 의해서 설해졌다. 그렇다면 그것이 어찌하여 나에 의해서 설해졌는가? 마룬캬여, 실로 그것은 이로움을 가져오고, 청정한 수행의 근본이 되고, 염리 · 이욕 · 멸진 · 적정 · 정각 · 열반을 가져오기 때문이다.

마룬캬여, 그러므로 나에 의해서 설해지지 않은 것은 설해지지 않은 그대로 받아 가져라. 또한 나에 의해서 설해진 것은 그대로 받아 가져라.”

존자 마룬캬는 환희하여 세존의 가르침을 믿고 받아 가졌다.

이것은 불교의 근본 입장을 잘 보여 주는 것으로서, 문제삼지 않을 일은 그대로 버려두고 말하지 않는 사치무기(捨置無記)의 좋은 예이다.

여기에서 석존이 예로 든 것은 상대방의 질문 내용이 끝날 수 없고 논란을 벌일 뿐, 값어치가 없는 것이면 말하지 않는다는 것이다. 왜냐하면 독화살의 비유는 사나이가 의사를 불러와서 화살을 뽑으려고 할 때에, 자기를 쏜 사나이의 종족 · 성명 · 체격 · 안색 · 출신 · 화살의 종류 등을 알려고 하여 화살을 뽑지 않으면 화살을 뽑기 전에 죽어 버린다는 이야기이다.

석존에 의해 설해지지 않은 것은 설할 값어치가 없기 때문이다. 값어치란, 수행에 도움이 되거나 깨달음에 도움이 되거나 열반을 얻게 하는 것이다. 이것은 법의 나타남이다. 진리에 어긋나는 짓이나 말은 할 필요가 없다.

현법(現法)이란 과거에 나타났던 법이요, 현재 나타나고 있는 법이며, 미래에 나타날 법이다. 과거 · 현재 · 미래에 걸쳐서 법 그대로 나타나는 진리이니, 이것이 실증적으로 증득되는 법이다. 이 법은 그대로 실천되어 즐거움에 머문다.

불교의 역사에서 보더라도 원시불교 시대의 현법낙주는 아비담(阿毘曇, abhidhamma) 불교 시대에 번잡한 사변으로 떨어졌다가, 다시 본래 불교의 진면목을 찾아서 대승불교가 일어나자 중도 사상으로 정리되면서 현실을 바로 보고 해결하는 실천불교가 일어났다. 이것이 바로 세존이 말씀하신 "인생의 현실이 고임을 바로 보라. 그리고 그 고의 원인을 보고, 그것을 없애는 길을 가라"는 것이니, 고 · 집 · 멸 · 도 사제(四諦)야말로 현실의 인생을 바로 보고 해결하는 가르침이다. 따라서 대승에서 금강승으로 발전한 불교에서는, 이 사성제의 가르침을 보다 넓게 인생과 세계의 문제로 확대시켜서 이것을 시대와 지역에 맞춰 실천하게 되었다.

《대일경大日經》에서 오늘의 이 삶은 삼시(三時)를 초월한 여래의 오늘이라고 하여 "세간의 때는 곧 과거 · 미래 · 현재에서 길고 짧아서 겁량에 서로 다름이 있다. 그러나 청정한 눈으로 이것을 보면 과거 · 미래 · 현재의 모습은 불가득(不可得)이다. 끝이 없고 시작이 없으며, 또한 가고 옴이 없다. 곧 이러한 실상인 오늘은 원명상주(圓明常住)하여 담연(湛然)하고 허공과 같다. 때의 나눔에 길고 짧음이 있을 수 없다"고 말하고 있다.

실로 현재의 이 생은 과거 · 현재 · 미래의 여래의 법일 뿐이니, 그것이 오늘 현재의 이 법에 살아 있다.

현재의 나는 과거의 나요, 미래의 나다. 그러므로 현재의 나는 과거로부터 미래로 이어가는 상항삼세(常恒三世)의 일체시에 살아 있는 나의 삶이다.

현재의 일순간을 영원한 것으로 충실하게 살면, 그것은 무상함 속에서 영원히 사는 것이다.

무상한 오늘을 영원히 멋지게 사는 것, 이것이 현법낙주이고 이것이 또한 밀교의 장엄한 삶이다. 선무외(善無畏) 삼장이 "비밀장엄(秘密莊嚴) 불가사의 미증유(未曾有)의 삶"이라고 말한 것이 바로 이것이다.

5

비밀스럽고 장엄한 세계

1. 모두 살려지는 세계

신토불이(身土不二)

용수의 중관은 모든 존재가 둘이 아니라는 입장이다. 그래서 팔불(八不)의 중도를 설했다. 이러한 중관의 입장은 붓다의 입장이기도 하다.

둘이 아니라는 것은 이것과 저것의 대립을 초월하여 이것과 저것의 상관 관계를 말한 것이니, 연기(緣起)의 도리이기도 하다. 중관은 이러한 것을 집착을 떠난다고도 하고, 대립을 떠난다고도 하여 이것과 저것의 대립 관계를 부정하는 말로 나타냈다. 이것이 바로 용수의 절대 부정의 논리인 것이다. 절대 부정이기에 상대적인 부정을 초월하여 부정을 통해서 이것과 저것이 모두 살려지고 있는 것이다. 중(中)의 논리가 바로 이것이요, 즉(卽)의 논리가 이것이다.

그런데 이러한 불이(不二) 속에는 이것이나 저것 둘이 그대로 있으면서 부정된 것이라고 이해하지 않으면 안 된다. 그래서 밀교에서는 "둘이면서 둘이 아니다 二而不二" 라고 이해하는 것이다.

모순 대립의 차별을 그대로 두고, 이것을 살려서 보다 높은 차원에서 포용하고 전체적으로 종합하는 것이다. 차별즉평등(差別卽平等)의 세계다. 여기에서는 가치가 없는 것은 있을 수 없다. 초본국토(草本國土)가 모두 불성(佛性)이 있기 때문이다. 모든 존재는 있는 그대로 여여(如如)한 존재이니, 이것이 이이불이(二而不二)다. 이것이 곧 공(空)이다.

전체를 모두 보고 살리는 것이다. 서로 대립되고 있는 모든 것을 그대로 인정하고 종합하여 하나의 오묘한, 조화로운, 거룩한 존재로서 파악하는 것이다. 여기에 밀교의 비밀이 있다.

《남전대장경南傳大藏經》의 우다나(udana)라고 하는 석존의 감흥의 말씀에서 《중맹모상경衆盲摸象經》이라는 재미있는 경의 이야기가 있다.

　이와 같이 들었다. 세존이 제타바나에 계셨을 때에 여러 외도에 따라서 수행하는 사람들이 걸식을 하기 위해서 사위성의 마을로 들어가서 각각 서로 다른 의견을 말했다. "세간은 영원히 머무르는 것이다. 이것은 진실이니 그렇지 않다고 하면 그것은 허망한 것이다"라고 하는 자가 있었다.

　또한 "세간은 덧없다. 이것은 진실이니 그렇지 않음은 허망한 것이다"라고 하는 자도 있었다. 이와 같이 '세간은 끝이 있다' '세간에는 끝이 없다' '생명과 몸은 같은 것이다' '다른 것이다' '사람은 죽은 뒤에도 있다' '죽은 뒤에는 아무것도 없다' '죽은 뒤에 있기도 하고 없기도 하다' '죽은 뒤에는 없고 또한 없는 것도 아니다' 라고 말하는 자들이 있었다.

　그들은 서로 다투면서 서로 논쟁으로 나날을 보냈다.

　"이런 것이 법이다. 이런 것은 법이 아니다"라고 서로 다투고 있었다. 그때에 많은 불제자들이 아침 일찍 옷을 입고 바루를 들고 사위성으로 들어가서 탁발하기 위해 오고 가면서, 걸식 후에 돌아와서는 세존에게 경례하고 한쪽에 앉았다. 그들은 세존에게 이런 일을 말씀드렸다. 이때에 세존은 다음과 같이 말씀하셨다.

　"제자들이여, 그들은 눈이 멀어서 보는 눈이 없다, 도리를 모른다, 비리를 모른다, 법을 모른다, 비법을 모른다. 그러므로 말다툼을 일삼고 있다. 옛날 이 성안에 한 왕이 있었다. 가신에게 명하여 성안에 살고 있는 눈먼 장님들을 이리로 데리고 오라고 했다. 모든 장님이 모였을 때, 그들에게 한 코끼리를 끌고 왔다. 그리고 가신이 왕의 명을 받들어서 '눈먼 그대들이여, 여기 코끼리가 있다'고 하면서 어떤 장님에게 코끼리의 머리를 만지게 했다. 어떤 장님에게는 코끼리의 귀를 만지게 했다. 이와 같이 코끼리의 이빨·코·몸통·다리·꼬리 등을 만지게 하고 '코끼리는 이런 것이다' 라고 말하게 했다. 이때에 왕이 장님들에게 다가가서 '그대

들은 코끼리를 알겠는가' 하고 물었다. '예, 왕이시여, 코끼리를 알겠나
이다' 하고 대답했다. 왕은 다시 물었다. '눈먼 장님인 그대들이여, 코끼
리는 어떤 것인가를 말하라' 고 했다. 그러자 코끼리의 머리를 만져 본
자는 '왕이시여, 코끼리는 마치 독과 같습니다' 라고 대답했다. 이와 같
이 귀를 만져 본 자는 '키와 같습니다' 하고, 이빨을 만져 본 자는 '가래
끝과 같습니다' 하고, 몸통을 만져 본 자는 '곳간과 같습니다' 하고, 다
리를 만져 본 자는 '기둥과 같습니다' 하고, 등을 만져 본 자는 '절굿통
과 같습니다' 하고, 꼬리를 만져 본 자는 '절구공이와 같습니다' 하고,
꼬리 끝을 만져 본 자는 '빗자루와 같습니다' 라고 대답했다. 그리고 그
들은 '이런 것이 코끼리입니다. 이렇지 않으면 코끼리가 아닙니다' 하고
서로 주먹을 휘두르면서 다퉜다. 그러자 왕은 크게 기뻐했다.

　제자들이여, 이와 같이 외도에게 따르는 수행자도 눈이 멀어 보는 눈
이 없어서 도리를 모르고 도리가 아님을 모르고, 법을 모르고 법이 아님
을 모른다. 그러므로 서로 다투기만 한다.”

　세존은 이러한 연유로 다음과 같은 게를 읊으셨다.

　“진실로 수행하는 자나 바라문들은 이와 같이 보는 바에 집착하지 않
나니, 오직 한 가지만을 보는 사람은 그 한 가지를 들어서 서로 다툰다.”

　앞에서도 예로 들었지만, 당시에 여러 학파들 사이에서 흔히 논쟁의
대상이 된 주제는 이 세상이 영원한가 아닌가, 이 세상이 끝이 있는가
없는가,　생명과 몸은 같으냐 다르냐, 죽은 뒤에 무엇이 있느냐 없느냐
등 몇 가지 형이상학적인 문제들이었다.

　그러므로 석존의 눈으로 보면, 그들 외도는 마치 눈먼 장님과 같이
코끼리의 일부만을 만져 보고 그것만으로 코끼리의 실체라고 고집하는
것과 같이 보였다.

　인간이란 자기의 고정관념이나 경험만을 의지하여 그것을 벗어나지
못하는 면이 있는 것 같다. 보다 높고 넓은 차원에서 전체를 보는 눈이

필요하니, 이것이 석존의 눈이었다.

종합적으로 실상을 파악하려면 사소한 일부분에 집착하지 말아야 하고, 그것을 종합하려면 그 많은 부분을 다른 차원에서 살려야 한다. 부분을 부정하고는 코끼리의 전체를 알 수 없다. 머리·몸·다리·등·코·꼬리 등 모든 부분은 그것이 모여서 코끼리가 된다. 여기에서는 각각 대립된 것들이 부정되면서도 부정되지 않고 살려지는 것이니, 둘이면서 둘이 아닌 것이다.

용수가 불생불멸(不生不滅)이라고 생과 멸을 모두 부정했으나, 이 부정에는 부정의 부정이 있으므로 다시 생과 멸이 긍정되고 있는 것이다. 곧 불생불멸 중에 생멸이 그대로 있다. 불생불멸은 출세간의 절대계인 진제(眞諦)요, 생멸은 세간의 상대계인 세속제(世俗諦)이니 진과 속이 둘이 아닌 세계다. 곧 절대계인 불생불멸과 상대계인 생멸이 둘이 아니므로 일체는 둘이면서 둘이 아니다.

용수는 "둘이 아니다(不二)"라고만 말하였으나, "둘이면서 둘이 아니다"라고 하는 뜻에 지나지 않는다. 그러므로 밀교는 중도 사상을 보다 구체적으로, 보다 긍정적으로 올바르게 이해하고 믿고 실천하는 것이라고 말해진다.

따라서 밀교는 중관의 올바른 실천이라고 할 수 있다. 그러므로 중관 사상이 유식 사상에서 긍정적인 이해가 이루어지고, 다시 이것이 밀교로 나타난 것이다.

밀교의 논리는 용수의 절대 부정의 논리와 절대 긍정의 논리를 모두 살렸다고 생각된다.

절대 부정은 긍정과 부정을 초월한 세계의 부정으로 나타난 것이지만, 이러한 절대 부정이 가게 되는 세계는 절대 긍정이다. 절대 긍정에서 일체가 생명을 얻고 살아나니 그 세계가 묘유(妙有)의 세계요, 장엄한 부처 그대로의 세계다.

중도의 둘이 아닌 절대 부정은 둘이면서 둘이 아니고(二而不二) 부정과 긍정을 동시에 가지고 있으니, 이 세계는 진과 속이 같어 살아나고 절대 가치가 창조되는 세계다.

법성신(法性身)인 부처님의 몸은 삼라만상에 의지하여 몸을 이 세계에 나타내고 있다. 그러므로 이 세계는 법성토(法性土)요, 정광토(淨光土)다. 부처님의 빛이 그림자로 나타난 것이다. 그러므로 당나라 때의 임제(臨濟) 스님은 "법성신(法性身)과 법성토(法性土)는 빛과 그림자임을 분명히 알았다. 대덕이여, 그대는 빛과 그림자를 희롱하는 사람을 알아라. 이것은 제불의 본원으로서 일체처는 이런 도류(道流)가 돌아가서 사는 곳이다 法性身 法性土 明知是光影 大德儞且識取弄光影底人, 是諸佛之本源, 一切處是道流歸舍處"라고 하였다.

법성신은 뜻에 의해서 세운 것이요, 법성토라고 하는 것은 법성신이 의거하는 몸이다. 법성신은 자성신(自性身)이라고도 하고, 법성토는 자성토(自性土)라고도 한다.

그러므로 《성유식론도成唯識論導》 권10에서 "자성신은 이른바 여러 여래의 진여 청정 법계이니, 수용(受用)과 변화(變化)와의 평등한 의지처이다 自性身謂諸如來眞淨法界受用變化平等所依"라고 하고, 또한 "자성신은 오직 진실한 상·낙·아·정만이 있을 뿐 여러 잡념을 떠나서 모든 선이 의지하는 바이니 무위의 공덕이다 自性身 唯有眞實 常樂我淨, 離諸雜染衆善所依 無爲功德"라고 하고, 또한 "자성신은 법성토에 의지한다. 이 몸과 토는 본체는 차별이 없으나 부처와 법에 속하므로 상(相)과 성(性)이 서로 다르다. 그러므로 이 부처의 몸과 토는 다같이 색(色)이 아니면서 섭수하므로 형상과 양(量)과 크고 작음을 말할 수 없으나, 그러나 사상(事象)에 따라서 그 양이 한계가 없다. 비유하면 허공과 같이 일체처에 두루 차 있다 自性身依法性土雖此身土 体無差別而屬佛法 相性異 故此佛身土 俱非色攝雖不可說形量大小 然隨事相其量無變 譬如虛空遍一切處"고 하고, 또한 "자성신과 토는 일체 여래가 같이 깨달아서 증득한 바이므로 본체는 무차별이다 自性身土一切如來同所

證故体無差別"라고도 했다.

그러므로 〈불토장佛土章〉에서는 다시 이것을 "의상(義相)으로써 몸을 삼고, 체성(體性)으로써 토를 삼는다. 각성(覺性)으로써 몸을 삼고, 법성(法性)으로써 토를 삼는다. 그러므로 체(體)에 항하사의 진리의 공덕을 갖춘다. 이 불신토는 모두 색이 아니면서 섭수하므로 심(心)과 심소(心所)가 아니고, 단지 일여한 차별의 뜻에 의지하여 설한다 以義相爲身 以體性爲土 以覺性身 以法性爲土 體俱恒河沙眞理功德 此佛身土俱非色攝 非心心所 但依一如差別義說"라고 했다.

이것으로 보면 법성신과 법성토는 다르지 않으나 구별하여 말한 것뿐이다. 이것을 다시 말하면 신토불이라고 한다. 그래서 《연종보감蓮宗寶鑑》에 보면, 원(元)나라의 보도(普度) 선사가 〈신토불이身土不二〉라는 제목으로 게송을 읊기도 했다.

비로는 곧 적광토요,
적광은 곧 대비로일세.
몸과 토는 본래 둘의 모습이 없으니
황성은 원래 그대로 큰 서울이로다
毘盧卽是寂光土
寂光卽是大毘盧
身土本來無二相
皇城元大京都

이 세계는 절대 가치인 부처의 몸 그대로이다. 부처님은 본래 상이 없으나 물체에 따라서 형상을 나타내서 이 세계를 이룬다. 그러므로 이 세계는 절대 가치의 창조의 세계다. 세계에 나타나는 부처님의 지혜는 본래 허공과 같으나 인연에 따라서 비춘다.

이것을 그대로 실천하는 자가 깨달은 자요, 부처님의 가르침은 이것을 실천하는 바른길을 가르친 것이다.

유희신변(遊戱神變)의 화현(化現)

불교는 법을 설하고 실천하는 종교이다. 붓다가 깨달은 것도 법이요,
설한 것도 법이다.

그러므로 법을 설한 붓다에 앞서서 법이 소중한 것이다. 《대지도론大
智度論》에서 "부처님이 열반에 드시려고 할 때에, 여러 비구에게 말씀
하셨다. '오늘부터는 법에 의지하고, 사람에 의지하지 말라. 뜻에 의지
하고, 말에 의지하지 말라. 실로 지혜에 의지하고, 식(識)에 의지하지
말라. 요의경(了義經)에 의지하고, 미료의(未了義)에 의지하지 말라'"고
하였다.

법 · 뜻 · 지혜 · 요의경 등 네 가지에 의지하라고 하셨다.

인생은 긴 여정이라고도 한다. 나그네가 먼 길을 가는 데 의지할 것이
없으면 어찌 목적지에 도달하겠는가.

이 네 가지 중에서 요의경이란 진리를 완전히 설한 경전이다.

《대지도론》은 용수가 《반야경》을 해설한 책이다. 용수는 《지도론》에
서 이 네 가지를 인용하면서 "법에 의지한다고 함은 법에 12부가 있다.
실로 이 법에 따를지니, 사람에 따르지 말라"고 주석하고 있다. 12부란
경의 문학적인 분류이다.

다시 용수는 "뜻에 의지한다고 함은, 뜻 속에서는 좋고 나쁨, 죄와
복, 허와 실을 따질 수 없는 것이요, 말로써 그 뜻을 얻는 것일 뿐, 뜻은
말이 아니다. 사람이 손가락으로 달을 가리켜서 미혹한 자에게 보이는
것과 같다. 미혹한 자는 손가락을 보고 달은 보지 못한다. 사람들은 이
것을 말하여, '내가 손가락으로 달을 가리켜서 너에게 알게 하는데 너
는 어찌 손가락을 보고 달은 보지 못하는가' 라고 하는 것과 같다. 말은
뜻을 가리는 것이다. 말은 뜻이 아니다. 그러므로 말에 의지하지 말아

야 한다. 지혜에 의지한다고 함은, 지혜는 능히 헤아려서 선악을 분별하기 때문이다. 인식 작용은 항상 즐거움을 바라서 요긴함에 들어가지 않는다. 그러므로 식에 의지하지 말라고 한 것이다. 요의경에 의지하라고 함은, 일체의 지혜로운 사람 중에서 부처님이 제일이요, 일체의 경서 중에서 불법이 제일이며, 일체의 중생 중에서 구도승이 제일이며, 보시(布施)는 큰 부(富)를 얻고, 지계(持戒)는 생천(生天)을 얻는 것, 이와 같은 것을 설한 경이 요의경이다. 미료의란 이와 같은 것을 설하는 스승이 법을 설하면 다섯 가지 이익이 있으니, 이 이익은 크게 부하고, 남에게 사랑을 받고, 단정하고, 명성을 얻고, 뒤에 열반을 얻는다"고 했다.

곧 요의경이란 불·법·승 삼보에 대해서 분명하게 밝히고 육바라밀을 설해서 복덕을 짓게 하는 경이요, 미료의경은 아직 이 뜻을 이해하지 못하는 자에게 이로움을 주는 경이다.

이것의 의미는 사람보다는 법, 말보다는 뜻, 인식보다는 지혜, 미료의보다는 요의, 곧 불완전한 것보다는 완전한 것을 택하라고 한 것이다.

그런데 이 중에서 특히 법에 의지하라고 하신 말씀에 주목할 필요가 있다.

《장부아함경長部阿含經》에서 "아난다여, 스스로를 섬등(洲燈)으로 삼고, 스스로를 의지처로 하여 남을 의지하지 말라.

법을 섬으로 삼고, 법을 의지처로 하여 다른 것을 의지하지 말고 머물러라.

아난다여, 어떤 것이 스스로를 섬으로 삼고 스스로를 의지하여 남을 의지하지 말고, 법을 섬으로 삼고 법을 의지처로 하여 다른 것을 의지하지 말고 머무는 것인가.

아난다여, 여기에 있어서 비구는 몸에 대하여 몸을 관찰하고, 잘 깨달아서 깊이 생각하여 이 세상에서 탐욕과 근심과 슬픔을 없애야 한다.

사람에 대해서도, 마음에 대해서도 법에 대한 것을 관찰하여 잘 깨달고 깊이 생각하여 이 세상에서 탐욕과 근심과 슬픔을 없애라. 아난다여, 비구는 스스로를 섬으로 하여 스스로를 의지처로 하고 남을 의지하지 않는다. 법을 섬으로 하여 법을 의지처로 하고, 다른 것을 의지처로 하지 않고 머문다.

아난다여, 실로 지금에 또는 내가 죽은 뒤에도 스스로를 섬으로 하고 스스로를 의지처로 하여 다른 것을 의지처로 하지 않고, 법을 섬으로 하고 법을 의지처로 하여 다른 것을 의지처로 하지 않는 수행자들은 나의 비구 중에서 최고처에 있는 것이다"라고 했다.

여기에서 섬(州, dvīpa)이라고 함은 섬의 뜻과 등불의 뜻이 있으므로 섬으로 삼으라는 뜻과 등불로 삼으라는 뜻이니, 두 가지 의지처는 곧 자기와 법이다.

자기란 탐욕과 근심·슬픔을 없앤 자기다. 또한 잘 제어한 자기다. 잘 제어된 자기란 있어야 할 자기요, 법 그대로 된 자기다. 법 그대로 되어 있는 자기란, 인연의 법에 의해서 중도의 올바른 생각과 행동과 말을 하는 자기다. 어떤 상념이나 조건에 의해서 방해되지 않는 절대적인 법 그대로 존재하고 있는 자기다. 이때의 법은 불가사의한 우주적인 진리로서 나타나고 있는 생명 현상이다. 이것을 밀교에서는 신비적으로 파악하여 유희신변(遊戲神變)이라고 한다. 자유로운 활동이므로 유희요, 불생불멸의 금강과 같이 무상한 지금의 찰나 속에서도 영원한 삶을 영위하고 있기 때문에 신변이다.

《법화경》에서는 이것을 유희신통(遊戲神通)이라 말하고 있다. 이것을 《반야경》에서는 공삼매(空三昧)라고 말한다.

공삼매가 《법화경》에서는 유희신통으로 파악되고, 《금강정경》에서는 유희신변, 또는 금강무희(金剛舞戲)라고 이해되고 있다.

이것은 자유자재한 절대적인 가치 창조의 세계인 것이다.

이 세계는 어떤 것에도 결박되지 않는 유희삼매 속에서 생명이 창조되고 있는 세계인 것이다. 법의 세계는 유희신변인 금강무희의 세계다.

이와 같이 움직이고 있는 장엄한 세계는 바로 법신불(法身佛)이 화현(化現)한 세계다.

이 세계의 일물일사(一物一事)는 그대로 법신불이니, 불교의 개념도 여기에서는 차원을 달리하여 설해지게 되는 것이다.

앞에서 지적한 바와 같이《반야경》에서는 연기의 도리인 공 그대로의 세계이므로 기쁨이 없다. 그러나 보살들에게는 유희신통과 정불국토(淨佛國土)와 성취중생(成就衆生)의 기쁨이 있는 것이다. 성문들이 부처님의 수기(授記)를 받아서 장차 부처로서 성불할 수 있기 때문이다.

《법화경》의 세계에서는《반야경》의 공이 유희신통으로서 영원한 생명으로 생명화되었고,《금강정경》이나《대일경》에서는 다시 금강무희 또는 유희신변으로 자유자재한 절대 생명의 창조로서 나타난다고 할 것이다. 여기에 밀교가 금강승으로서의 보다 높은 뜻이 있는 것이다.

대일여래의 장엄신(莊嚴身)

붓다라는 말은 '깨달은 사람'이라는 말이므로, 깨달음을 얻은 사람은 누구나 붓다이다. 그러나 역사적으로는 인도에서 탄생하여 가르침을 편 석가모니가 최초의 붓다이므로, 붓다라고 하면 석가모니를 가리키는 것으로 되어 있다.

그러나 과거불·미래불의 사상이 있으므로 깨달음을 얻은 사람은 시간이나 공간을 초월하여 어디에나 언제나 나타날 수 있다고 하므로, 우리들도 누구나 붓다가 될 수 있는 것이다.

그러면 무엇이 붓다라고 하는 최고의 인간을 성취케 하는가. 그것은 하늘의 계시를 받거나, 태어나서부터 그런 붓다가 되는 것도 아니며, 우연한 계기에 붓다가 되는 것도 아니고, 삼십이상(三十二相)이나 팔십종호(八十種好)라고 하는 상호구족(相好具足)의 몸을 가지고 있기 때문도 아니고, 천지를 관통하고 있는 하나의 묘하고 깊은 법, 그것을 체득하였기 때문이다. 이것은 모든 경전에서 말하고 있는 것이니, "붓다가 이 법을 스스로 깨달아서 평등한 올바른 깨달음을 이룩하였다" 하고, "나는 이 법에 의하여 깨달음을 얻을 수 있었다. 그러므로 이 법이야말로 내가 존경하고 받들고 의지할 것이다"라고 하고, "색신을 가지고 붓다로 보면 안 된다. 마땅히 법으로써 관하라"고 한 것으로도 분명하다. 그러므로 법은 붓다의 본질이며, 붓다의 모든 것이다. 이 법은 붓다의 몸이요, 마음이다. 그러나 붓다의 몸이나 마음이 사라진다고 할지라도 법은 결코 없어지지 않는 것이다.

색신을 갖춘 붓다도 법이요, 색신를 갖추지 않은 생명도 법이다. 그러므로 법의 몸은 시간을 초월하여 존재하고, 공간을 초월하여 존재한다.

그래서 "여래가 출세하시거나 출세하지 않으시거나 제법의 법성은 처음부터 머문다"고 했다.

법성은 석존으로 하여금 깨달은 자로서 인격의 완성과 지혜를 얻게 했을 뿐만 아니라, 모든 존재가 법성에 의해서 태어났고 살아가고 있는 것이다.

이 법성은 신비한 생명의 근원이요, 일체를 초월하고 포용하고 있는 불가사의한 것이다. 이것을 표현할 수는 없으나, 법성은 우주를 생성하고 있는 태양과 같이 거룩한 것으로 설해질 수 있다. 그래서 이 거룩한 것을 빛으로 묘사하면서 부처님이라고 하여 대일여래(大日如來)라고도 하고, 대변조여래(大遍照如來)라고도 하고, 삼세에 상주하는 깨끗하고 오묘한 법신인 대비로자나여래라고도 한다.

이 영묘하고 거룩한 빛을 깨달으면 붓다이니, 거룩한 빛과 하나가 된 붓다는 일체 중생을 육성하고 구제하기 때문에 거룩하신 부처님으로 받들어진다.

이와 같이 법신도 거룩한 본성으로서 모든 존재를 생성하고, 장엄하기 때문에 법신은 삼세를 초월하여 영원히 있으면서 일체 만물의 가치를 창조하는 자비의 행을 갖추고 있으므로 이 부처님은 이구(理具)의 부처님이라고 한다.

또한 이 부처님은 항상 살아서 일체를 비추고 감응하기 때문에 가지(加持)의 부처님이라고 한다.

또한 이 부처님은 가치의 창조자로서 장엄하게 이 세계를 창조하고 있기 때문에 현득(顯得)의 부처님이라고도 한다.

또한 모든 존재는 거룩한 부처님의 공덕이 모여 있는 것이라고 하여 영원불멸하는 스투파(stūpa, 塔婆)의 세계를 구성한다고 한다.

따라서 내 몸은 그대로 인법불이(人法不二)의 대일여래의 거룩한 몸이니, 이 몸을 장엄하게 하여 자기의 사명을 다해야 한다. 여기에 밀교의 긍정적·적극적인 삶이 있는 것이다.

영묘한 육대법신(六大法身)

불교의 근본 교설의 중심은 법이라고 했다. 그리하여 이 법에 대한 교설이 모든 가르침으로 나타났으니, 특히 대승 교학에서는 이 법과 같은 뜻으로 진여(眞如, tathatā)를 말해서 우주의 본체로서의 원리라고 믿고, 이것을 철학적·종교적으로 해석하게 된다.

진여는 우주의 절대 유일한 실재로서, 모든 현상 세계의 전개는 이 진여의 나타남이라고 한다. 이 경우에 진여는 어떻게 설명될 수 있느냐 하는 것이 문제가 되니, 용수는 이것을 공(空)이라 하고, 연기의 도리로서 설명하고 있다. 그러나 그 뒤에 진여가 정신적인 유일한 것이라고 하다 보니, 자연히 추상적·관념적인 경향을 띠게 되었고, 생각할 수도 없고 말로 표현할 수도 없는 그것이라고 하게 되니, 이 진여는 우리가 분별하여 파악할 수 없는 것이라고 보게 되었다. 그렇다면 이와 같은 법은 이 세상과는 어떤 관계가 있는가 하는 문제가 제기되면서 용수도 진(眞)과 속(俗)이 둘이 아니라고 하여, 적극적이고도 구체적으로 설명하기에 이르렀다.

이와 같은 진속불이(眞俗不二)의 사상은 법을 설명함에 있어서 가장 합리적이고 조직적으로 설명할 수 있는 길을 열었다.

왜냐하면 법이 이 세계의 근본이라면, 이 세계와 법과의 관계가 둘이 아니라고 해야 하기 때문이고, 더 나아가 현상 세계를 떠나서 근본 실재가 있을 수 없기 때문이다. 이러한 중관 사상이 대승불교의 근본 교리이므로 이러한 입장에 서서 현상 세계를 설명하고, 나아가서 현상을 통해서 실체를 파악하게 된다.

따라서 불교는 현실 세계의 모습을 있는 그대로 파악하여 그것이 바로 법의 실체라고 보아서 현실 문제를 해결하고, 나아가서 인간이 추구해야 할 최고의 이상도 설명하게 되는 것이다. 그리하여 이 세계를 구체적으로 파악하게 된 것이 육대(六大)로써 세분한 정신과 물질의 세계이다.

우리는 흔히 물질이나 정신의 두 가지 원리를 가지고 존재에 대한 인식에 이른다.

그러나 불교에서는 고대 인도의 설을 답습하여 물질 세계를 구성하는 원소를 지(地)·수(水)·화(火)·풍(風)·공(空)의 다섯으로 나누고, 다시 이외에 정신적인 원리로서 식(識)을 첨가하여 여섯 가지 원리로써 현상 세계를 설명한다.

그러나 원시불교 이래로 설해지고 있던 이러한 여섯 가지 존재를 보는 육대설(六大說)은, 현상 세계의 설명을 위한 현상론적인 것으로 법 그것의 설명은 아니었다. 그러나 밀교에서는 이 육대로써 현상계와 실재계를 설명하기에 이른다.

그리하여 이 육대는 서로 원융한 관계로서 파악되었다. 이것이 육대법신(六大法身)의 사상이다. 이 여섯 가지가 서로 연기의 관계로 있는 법의 실체인 것이다.

이것은 용수의 연기 공의 체계 속에서 일체의 사물에 영원한 생명과 가치가 있는 것을 인정하고 있는 것이다.

밀교에서는 사대(四大)거나 오대(五大)거나 육대(六大)거나, 물질과 정신의 요소는 생명 없는 존재로서가 아니고 살아서 움직이는 오묘한 연기 관계의 법으로서의 몸이다. 그리하여 이것을 여래의 삼마야신(Samaya, 三摩耶身)이라고 하니, 육진(六塵)의 모든 경계가 그대로 법신의 나타남이요, 상징인 것이다.

객관적인 실재인 오대(五大)는 그대로 근본 진리의 이법신(理法身)의 상징이요, 주관적인 실재인 식대(識大)는 그대로 지법신(智法身)의 표시다. 그리하여 오대는 물질 세계를 있게 하는 영묘한 것으로서 태장계만다라(胎藏界曼茶羅)로 표시하고, 정신적인 존재인 식대는 금강계만다라(金剛界曼茶羅)로 표시한다.

이와 같이 우주와 인간만이 아니라, 일체의 존재는 그대로 금강ㆍ태장의 두 만다라의 세계인 동시에 이지불이(理智不二)의 대일여래인 것이다.

원시불교로부터 설해진 법의 설명이 여기에 이르러서 합리적으로 철학적인 원리로서 설해질 뿐만 아니라, 다시 이것이 종교적인 실재로서 육대법신이라고 보게 되었다. 이것은 밀교의 세계관에 와서야 비로소 모든 존재 의의가 비약적으로 절대적 가치를 가지고 파악된 것을 뜻한다고 하겠다. 곧 모든 존재가 영원한 존재로서 우주적인 뜻을 가지게 된 것이다.

육대(六大, sadmahābhūtani)라고 하면 여섯 가지 절대적인 것이라는 뜻이다. '마하'는 절대적이라는 뜻이요, '부후타니'는 존재의 뜻이면서 종자ㆍ원소의 뜻도 있다.

일본의 홍법(弘法) 대사는 그의《성자실상의聲字實相義》에서 "이른바 오대는 지대ㆍ수대ㆍ화대ㆍ풍대ㆍ공대이니, 이 다섯 가지는 현교와 밀교의 두 뜻을 갖추고 있다. 현교의 오대는 흔히 해석하고 있는 그대로요, 밀교의 오대는 다섯 글자(五字; a, va, ra, ha, kha)요, 다섯 부처님이니, 모두 모여서 여러 존상이 된다" 하고, 《대일경》〈구연품具緣品〉에서는 "내〔我, 識大〕가 땅인 본불생(本不生)을 깨닫고〔地大〕, 물의 길이 지나서 나오고〔水大〕, 모든 허무에서 해탈을 얻고〔火大〕, 인연에서 멀리 떠나고〔風大〕, 허공과 같은 공을 안다〔空大〕고 했다.

인식〔識〕의 주체인 '나'는 참된 자아이니 존재의 뜻을 아는 인식이 있으므로 식대가 이것이요, 땅은 만물을 머물게 하고 유지하여 능히 생하게 하는 근원이므로 본불생(本不生)의 뜻이 있고, 물은 만물을 섭수하고 씻어내는 힘이 있으므로 언설을 떠나는 뜻이 있고, 불은 더운 기운으로 만물을 성숙시키고 태우는 힘이 있어서 무구진(無垢塵)의 뜻이 있고, 바람은 움직이는 힘이 있어서 만물을 크게 키우는 것이니 이인연(離因緣)의 뜻이 있고, 공은 일체를 포섭하여 걸림이 없으니 평등 무차별의 뜻이 있다.

이와 같은 욕대는 절대 가치를 가진 것이므로 여래의 법신이다.

여래는 본불생의 근본 심성을 떠나지 않고, 신·구·의를 청정히 하여 해탈에 이르고, 인연을 살리면서 중생을 제도하되 마음이 허공과 같이 평등하기 때문이다. 이것이 곧 깨달은 참된 나로서 인법(人法)이 둘이 아닌〔人法一如〕 비로자나여래의 몸이다.

소승경전에서 법에 의존하고 인에 의존하지 말라고 한 것이 대승에 와서는 법을 증득한 사람에겐 법과 인이 둘이 아닌 것으로 파악되었으며, 다시 밀교에 이르러서는 부처의 몸으로서 구체적 생명을 얻게 되었으니, 이것은 마치 부처의 상(像)에 최후로 점안(點眼)한 것과 같다.

우주적 조화의 세계

이 세계에 있는 모든 존재는 헛된 것이 없다.

한 그루의 나무, 한 포기의 풀, 한 개의 돌, 남녀노소의 어리석은 자나 현명한 자나 모두 각각 나름대로의 가치를 가지고 있다.

그들이 가지고 있는 가치는 각각 다른 형상을 가지면서도 보편적인 뜻을 가지고 있으며, 각각 다른 존재 의의를 가지고 자기의 기능을 발휘하고 있다.

한 포기의 풀이나 한 그루의 나무를 보더라도 그들은 모두 꽃을 피우기 위해서, 그리고 열매를 맺기 위해서 밑동과 가지와 잎을 피우면서 자기를 표현하나, 그것은 한 가지 목적을 달성하기 위한 것이다.

목적 없이 존재하는 것은 아무것도 없다. 이와 같이 인간도 남녀의 차이, 크고 작은 차이, 희고 검은 차이 등의 다름이 있으나, 이런 다름을 가지고 나름대로의 삶의 목적을 달성하고 있는 것이다. 인간은 인간으로서의 삶의 목적이 있다. 인간의 삶의 목적은 물론 무상 보리를 얻는 일이다. 현교의 목표나, 밀교의 목표도 이러한 더없는 깨달음을 얻어서 인간으로 태어난 최고의 보람을 얻어서 절대적인 삶을 완성하는 것이다.

이런 뜻에서 보면, 이 세계는 동물·식물·인간 또는 무생물이나 산천이 모두 관련 속에서 없어서는 안 될 조화를 이루고 있다고 하겠다. 풀이 자라는 것은 꽃을 피우고 열매를 맺기 위한 조화로운 표현이다.

이러한 조화의 세계는 원만구족(圓滿具足)한 모습이며, 마치 둥근 고리와 같이 부족함이 없이 원융되어 있는 진실된 것이다. 이러한 현실 세계를 그대로 보고 감득하면서 그대로 살아가는 것이 불교의 정신이다. 그리하여 밀교에서는 이러한 윤원구족(輪圓具足)한 우주적인 조화의 세계를 만다라(maṇḍala)라고 한다.

이 세계의 발생이나 성장이나 소멸도 우주적인 조화의 질서 속에서 행해지고 있는 것이니, 인간의 모든 삶은 이러한 우주적인 조화나 질서를 위한 것일 뿐이다.

이 세상에는 무량한 개체가 무수히 존재하면서도 보다 큰 뜻을 위해서 공존하고 있다. 무량무수한 개체와 하나의 우주적인 뜻인 전체와의 관계, 각 존재들의 주고받는 조화의 관계는 그것이 대일여래를 둘러싼

무수한 제존으로 파악되고, 금태(金胎) 양부의 만다라 그대로인 것이다. 이렇게 파악된 사람에게서는 각각 다른 눈·귀·코·몸·털이 근본 생명을 위한 것이다. 이것과 저것의 모임은 근본 생명을 위한 것이다. 그러므로 선무외(善無畏) 삼장은 이것을 "만다라를 취집(聚集)이라고도 한다. 이제 여래는 진실과 공덕으로서 한곳에 모여 있다. 시방세계 미진수의 차별 지인(智印)이 둥근 고리와 같이 어울려서 대일(大日)의 심왕(心王)을 돕고, 일체 중생을 넓은 문으로 나가게 한다. 그러므로 만다라라고 한다"고 했다.

인간과 식물 그리고 동물의 각 개체의 힘은 우주적인 하나의 힘이니, 우주의 힘은 각 개체를 통해서 시간과 공간을 초월하여 영원히 살아가고 있으며, 각 개체는 무한한 시간 속에서 유한한 삶을 통해서 자기 자신을 장엄하고 있는 것이다.

이 세상에 있는 모든 존재의 형상은 대일여래의 표상으로 나타난 보편적인 만다라요〔大曼茶羅〕, 무수한 사물 그 자체는 대일여래의 근본 서원이며〔三昧耶曼茶羅〕, 그것이 가지고 있는 개체의 명칭은 대일여래의 법이요〔法曼茶羅〕, 그들의 작용이나 역할은 대일여래를 위한 공양이다〔羯磨曼茶羅〕.

이것을 우리 인간에게서 보면, 우리의 몸은 대만다라·삼매야만다라에 지나지 않고, 우리의 말은 법만다라에 지나지 않으며, 우리의 마음은 갈마만다라에 지나지 않는다. 이와 같이 우리의 모든 삶의 표현인 신·구·의 삼밀(三密)이나 네 가지 만다라는 대일여래의 모습이며 활동이니, 각각의 대립을 초월하여 절대적인 가치를 가진 것이다.

이처럼 밀교에서는 세간이나 출세간에 있는 모든 존재들은 여래의 모습인 대만다라요, 이 세상이나 저 세상의 모든 교법은 여래의 설법 아닌 것이 없고, 이 세상이나 저 세상의 모든 것은 여래의 뜻이 아님이 없고, 세간이나 출세간의 모든 움직임은 여래를 위한 것이 아님이 없다고 본다. 이와 같이 여래를 위한 각각의 만다라는 서로가 관련되어 하나의 목적을 위해서 통섭되고 있고, 이것과 저것이 서로 떠나지 않으면서 여래의 사업을 완수하고 있다고 말해진다.

이러한 밀교의 사상은 우주의 대조화를 보고, 그 조화 속에서 나를 다시 조명하고 있는 것이다.

이 세계는 실로 여래의 몸이요, 여래의 서원이며, 여래의 활동일 뿐이다.

만유의 보편상과 만유의 특수상이 하나의 조화 속에 통섭되고, 만유의 존재 가치가 특수한 절대적인 뜻을 가진 것으로 승화되고, 모든 존재의 살아 있는 뜻이 우주적인 뜻으로 확대되고 있는 것을 알 수 있다. 이러한 것이 나아가서 밀교에서는 살아 있는 불보살의 호상구족(好相具足)한 몸으로 파악되고, 불보살의 서원으로 상징되고, 일체의 언어 표현이 법으로서 표현되고, 불보살의 일체의 위의나 방편이 일체 중생을 제도하는 활동 그대로 파악되고 있는 것이다.

여기에서 범부가 그대로 부처요, 내가 곧 대일여래가 되는 것이다.

자, 그렇다면 이러한 밀교의 견해는 지나친 비약인가? 그렇지 않다. 왜냐하면 이미 석존은 누구나 존귀한 사람이 될 수 있다는 사실을 설하고 있기 때문이다.

"고타마여, 우리들은 족성에 대하여 서로 다투었습니다. 바라문은 태어나서부터 바라문이라고 바라드바쟈는 설합니다. 그러나 나는 행위에 의해서라고 말합니다. 눈을 갖춘 분이시여, 우리들은 서로 상대방을 인정할 수 없습니다. 당신께 묻기 위해서 왔습니다."

"바셋타여, 나는 그대에게 여실히 말하겠노라. 생명 있는 것이 태어나는 것은 광범위하게 나누어져 있다. 족성은 여러 가지로 분류된다.

풀이나 나무를 보라. '나는 풀이다. 나는 나무다' 라고 말하지 않는다. 그들의 특성은 그들의 족성에 있다. 족성에는 여러 가지 부류가 있다.

벌레들이나 날아다니는 곤충들, 또는 개미에 이르기까지 그들의 특성은 족성에 있다. 그들의 족성은 여러 가지 부류가 있다.

또한 네 발 가진 동물들을 보라. 작은 것, 큰 것이 있다. 그들의 특성은 족성에 있다. 그들의 족성은 여러 가지 부류가 있다.

또한 배나 가슴으로 걸어가고, 긴 등을 가진 것을 보라. 또한 물 속의 고기나 물에서 사는 것들을 보라. 다음에 날개로 하늘을 나는 새들을 보라. 이들 생류 중에서는 서로 다른 족성으로 이루어진 독특한 모습이 있지만, 사람들 사이에는 서로 다른 족성에 의한 특성이 있는 것이 아니다.

머리칼도 아니고, 어깨도 아니고, 배도 아니고, 등도 아니고, 엉덩이도 아니고, 가슴도 아니고, 음부도 아니고, 서로의 교합도 아니고, 손도 아니고, 다리도 아니고, 손가락도 아니고, 손톱도 아니고, 정강이도 아니고, 허벅지도 아니고, 색깔도 아니고, 또한 유성도 아니니, 다른 생류 중에 있는 것 같은 특색은 결코 사람에게는 없다.

인간 속에서는 자기 자신 안에 이런 차별상은 없다. 인간의 차별상은 오직 사람들끼리 약속한 말에 의해서 차별을 말하는 것이다.

사람들 속에서 누구나 밭을 지키면서 생활할 때에는 이것을 농부라고 한다. 바라문이 아니다.

바셋타여, 이와 같이 알아라. 사람들 속에서 누구라도 공예로써 생활하면 그는 공예가이니 바라문이 아니다.

사람들 속에서 누구라도 장사하여 생활하면 이것은 상인이다. 바라문이 아니다.

사람들 속에서 누구라도 남에게 시봉하고 살 때에는 이것은 노복이다. 바라문이 아니다.

사람들 속에서 누구라도 주어지지 않은 물건을 가지고 살 때에는 이것은 도적이다. 바라문이 아니다.

사람들 속에서 누구라도 무기로써 생활할 때에는 이는 무사이니, 바라문이 아니다.

사람들 속에서 누구라도 한 가족의 제사를 관장하고 생활할 때에는 이는 제사장이니, 바라문이 아니다.

사람들 속에서 누구라도 마을이나 국토를 가지고 있을 때에는 이는 왕이니, 바라문이 아니다. 바셋타여, 이와 같이 알아라.

나는 청정한 모태에서 태어나서, 어머니로부터 태어난 자를 바라문이라고는 말하지 않는다. 그는 바라문들 사이에서 그렇게 불리울 뿐이다. 그는 모든 것을 소유하고 있다.

아무것도 갖지 않고 아무것도 취하지 않는 그를 나는 바라문이라고 말한다.”

이 경문에서 볼 수 있듯이, 붓다는 당시의 계급 차별이 심했던 시대의 편견을 비판하고, 인간의 가치에 대한 명철한 견해를 보이고 있다.

붓다는 특히 인간에게는 신체 어디에서도 남다른 특성이 없고, 계급의 차별이 없다는 것을 분명히 하고 있다. 그는 지극히 과학적이요, 합리적이며, 실증적으로 밝히고 있다. 어떤 선입견이나 편견도 없는 올바른 견해이니, 이것이 중도의 정견이다.

그는 인간에게 있는 차별이나 계급은 태어나서 있는 것이 아니고, 족성도 아니고, 어머니의 모태도 아니고, 오직 행위에 의한다고 했다. 행위에 의해서 농민·공예가·상인·노복·무사·제사장·도적·왕 등의 직업이 생긴다. 제사장은 일족의 제사를 맡아서 행하는 직업인일 뿐 바라문이 아니라고 했다.

여기에서 바라문이란 무소유를 즐겨서 취함이 없는 사람이니, 깨달음에 이른 사람이다. 무소유를 즐기는 사람은 누구나 이상적인 바라문이라고 단언했다. 무소유는 진리이기 때문이다.

이것은 오늘날 인종 차별로 싸우고, 종교 다툼을 하고, 지식이나 직업으로 차별하여 인간의 가치를 따지는 편견이 얼마나 어리석은 일인가를 알게 한다. 어디에도 끌리지 않고, 편견을 떠나서 올바른 정견을 가지고 법을 보고, 법 그대로 행하면 그것이 성자인 것이다. 법을 보는 자는 부처를 보고, 법을 행하는 자는 바로 부처인 것이다.

　석존의 이 간곡한 가르침 속에 이미 밀교의 장엄한 만다라의 세계가 설해져 있지 않은가.

　그러므로《법구경》〈바라문품婆羅門品〉에서

　　　악함을 떠났기 때문에 바라문이라 하고
　　　고요히 행하므로 사문이라 하나니,
　　　자기의 더러움을 버렸기 때문에
　　　출가자라 하나니라. (388)

　　　남에게 걸식한다고 비구가 아니다.
　　　더러움을 몸에 가진 자는
　　　비구라고 하지 못한다. (266)

　　　어리석어서 말없는 것이 성자가 아니다.
　　　저울로 가름하듯 좋은 것을 택하고,
　　　악함을 버리고 침묵하는 자가 성자니라. (268)

　　　선와 악을 잘 가름하여
　　　악을 버리면 그가 성자이니,
　　　이 세상에서 선과 악을 가름하면
　　　그에 의해서 성자라고 불리나니. (269)

라고 하였다.

　선·악을 분명히 구별하여 선을 행하는 현명함과, 항상 명상 속에서 자신을 지키고 무소유의 청정함을 지키는 사람이 붓다의 이상이었다.

　악에 끌리지 않고 선으로 가는 것이 중도요, 희론이 적멸된 침묵을 지키는 것이 중도요, 세속의 일에 집착하지 않는 것이 중도다. 중도는 안온한 세계로 가는 길이며, 선으로 가는 길이다. 이러한 중도를 걷는 자가 성자라고 불리고, 사문이라고 불린다.

따라서 이러한 지혜의 눈에 중도가 보이는 것이다.

지혜의 눈에는 만유의 진실이 보일 것이요, 우주적인 조화의 장엄함이 보일 것이다.

중도는 법 속에 그대로 있으며, 올바른 행위 속에서 움직이니, 올바른 행위는 법과 행위와 사람이 하나가 된 것이므로 이것이 살아 있는 부처인 것이다.

용수가 설한 중도가 부정적으로 표현되어서 정지된 움직이지 않는 도리라고 그릇 생각하기 쉬우나 그렇지 않다. 중도는 대도(大道)이니, 무(無)의 문을 통해서 열린다.

살아 움직이는 법의 실천자는 부처의 장엄함을 보므로 법을 공양하고, 부처님을 공양하고, 승가를 공양하는 자가 된다. 만유 속에서 부처를 보는 자는 법을 본다. 부처를 보고 법을 보는 자는 승가를 공양하게 될 것이니, 만유가 불·법·승으로써 장엄한 만다라로서 우리의 공양을 받는 제존이시다.

부처님이 깨달으신 법은 우주의 조화로운 질서요, 이 세상의 도리이다. 모든 존재는 법을 떠나서는 존재할 수 없다. 그러한 법을 어떻게 표현하느냐가 문제이다.

원시불교에서는 부처님이 깨달으신 법의 모습을 소극적으로 설명하여 번뇌나 업장을 소멸한 경지라고 하였으나, 이것을 계승한 반야경에서는 공(空)이라는 말로 표시하면서 다시 이것을 진공묘유(眞空妙有)로서 표시했다.

《지도론智度論》에서 보면 "반야바라밀다 중에 어느 때에는 분별하여 반야는 공이라고 하니 이것은 얕은 것이다. 어느 때는 설하여 세간법이 곧 열반과 같다고 하니, 이것은 깊은 것이다. 색(色) 등의 모든 존재는 곧 이것이 불법이다"(제72권)라고 하여, 음욕이 곧 도〔淫慾卽是道〕라고 하면서 희근(喜根)과 승의(勝意) 두 보살의 설화를 들어서 적극적으로 긍정하고 있다.

이러한 사상을 6세기경부터는 밀교경전에서 깨달음의 본질이 세간법과 다르지 않다고 하여 세간 일체의 법이 그대로 실상이며, 버릴 것은 하나도 없고 그것은 모두 깨달음의 자량이 된다는 입장을 취하였다. 그리하여 부처님의 깨달음은 항상 변치 않고 괴멸하지 않는 것이라고 하여 금강대만다(金剛大曼茶)라고 한다.

이 금강과 같은 깨달음의 본질은 형태를 떠나서 법계에 가득한 실상이므로 이러한 법신만다라(法身曼茶羅)를 오직 상상할 뿐이었다.

그러나 대승불교의 유가(瑜伽) 사상이 발달하면서 유상유가(有相瑜伽)가 힘을 얻게 되면서는 이것을 형상화하려고 하여, 깨달음의 실상을 정토(淨土)라고 하여 상징화했고, 깨달은 자의 모습을 32상 80종호로써 관하게 되었다.

5세기에 이르러서는 부처님의 색신을 관할 뿐만 아니라, 불타의 마음도 관하게 되고(《觀佛三昧經》), 다시 《관무량수경》에 이르면 깨달음을 상징하는 태양의 빛이나 달의 빛이나 맑은 물이나 보루·연화좌·아미타불 등 여러 가지가 어우러진 16상관(想觀)이 설해진다.

깨달음의 세계를 이와 같이 상징하는 것이 발달하면서 6,7세기경에는 이러한 깨달음의 경지를 관하기 위한 방편으로 종자(種子)나 삼매야형(三昧耶形)이나 존형(尊形)을 관하게 되고, 드디어는 도량(道場)을 형상화하는 관상만다라(觀想曼茶羅)가 나타났다.

이와 같은 관상만다라가 발달하면서, 이것을 그림으로 그려서 표시한 형상만다라(形像曼茶羅)에서는 어떤 부처님이 어떤 보살에게 둘러싸여서 어떤 법을 설하느냐를 각각 도식화하기에 이른다. 그 결과 수많은 만다라가 나타나게 되었다.

수많은 경에서 설한 내용이 모두 중생의 근기에 따라서 설해지므로 그 그림도 이와 같이 무수하다.

그러나 그 중에서 부처님이 몸으로 중생을 제도하시는 존형을 그린 것〔大曼茶羅〕과, 그 부처님이 설하신 법이 무엇인지를 그린 것〔法曼茶羅〕과, 부처님의 서원을 보인 것〔三昧耶曼茶羅〕과 부처님의 신·구·의의 세 방면의 활동을 그대로 보인 것〔羯磨曼茶羅〕의 네 가지로 대변할 수 있다. 그러나 이러한 부처님의 활동을 다시 분류하여 주불이 어떤 부처님이며, 어떤 보살이 동반했는가에 따라서 그것을 나타낸 별존만다라〔別尊曼茶羅〕가 생기고, 불부(佛部)를 통괄했느냐 또는 연화부(蓮華部)를 통괄했느냐에 따라서 나타낸 부회만다라(部會曼茶羅)가 생기고, 여러 부를 통괄한 것을 그려서 나타낸 도회만다라(都會曼茶羅)가 나타나게 되었다.

여기서 이들 여러 만다라를 모두 설명할 수가 없으므로 이들 중에서 《대일경》에서 설한 도상만다라(圖像曼茶羅) 중 가장 기본이 되는 태장계만다라(胎藏界曼茶羅)와 《금강정경》에서 설하고 있는 금강계만다라(金剛界曼茶羅)와 한국에서 흔히 볼 수 있는 정토만다라인 정토변상도(淨土變相圖)와 이러한 여러 가지 만다라를 법계에 구현시킨 한국의 독특한 불이장엄법계만다라(不二莊嚴法界曼茶羅)를 다음에 설명하겠다.

2. 신비스런 세계

여성적 원리인 태장계만다라(胎藏界曼茶羅)

앞에서 말한 만다라의 세계는 한마디로 비밀스럽고 장엄한 세계라고 말해질 수 있다.

현교에서는 흔히 법의 불가사의함을 언설을 떠났다고 하여 불가설(不可說)이라 하고, 생각할 수도 없다 하여 불가사의(不可思議)라고 한다.

그러나 밀교에서는 비밀스럽고 장엄하다 하여 밀엄장(密嚴藏) 세계라고 말한다. 비밀이란 무한한 가능성의 세계요, 장엄은 원만구족한 법력을 말한다.

이와 같은 무한한 능력을 유감 없이 나타내고 있는 이 세계는 불가사의하다기보다는 비밀스럽고 장엄하다고 하는 말이 적당하다.

그리하여 밀교에서는 원만구족한 이 법계를 구체적으로 살펴보는데, 먼저 이 우주의 장엄한 만다라로 두 가지가 설해진다.

이 둘은 태장만다라(胎藏曼茶羅)와 금강계만다라(金剛界曼茶羅)라고 한다. 태장이란 태 안에 포장하고 있는 신비스러운 생명, 그것이다. 흔히 여성이 가지고 있는 능력에 비유하여 생각할 수 있다.

여성의 태는 남성의 생식 충동을 받아서 생명을 창조하고, 이것을 키우는 신비스러운 힘을 가진다. 이 힘은 생명 창조의 자비행인 것이다. 이는 일체를 나의 몸과 같이 보는 동체대비의 힘이니, 너무도 오묘하고 장엄한 활동은 신비스럽다고 할 수밖에 없다. 그래서 우주에 충만한 이러한 생명 창조의 힘을 부처님의 법력으로 파악하여 태장만다라라고 한다.

이러한 태장만다라가 관념적으로나 상징적으로나 신비적으로만 파악되는 것에 만족하지 않고, 이것을 구체적으로 상징화하고 표현함으로써 그것을 나의 것으로 다가오게 한다. 그리하여 이것을 도식화(圖式化)하기 시작한 것이 현도만다라(現圖曼茶羅)이다.

현도만다라는 만다라를 그림으로 나타내어 구체화한 것이다.

이것은 곧 만유의 영원한 생명체 그대로를 표현하려고 한 방편이니, 연화로써 이것을 표현한다.

연화가 가지고 있는 생명의 창조력은 일체의 우주적인 능력을 자기의 가장 중심부인 꽃술 속에 내포하고 있는 것이다. 여기에 포장된 생명력은 수많은 세포로 이루어져 있으나, 그들 세계는 각각 과거로부터 간직하고 키워 온 공덕이 있다. 이 공덕이 인연을 만나서 꽃을 피우고 열매를 맺는 것이니, 이 과정은 곧 우리 개체의 생명체가 과거의 무수한 공덕을 쌓아 가지고 미래 영겁으로 생성 발전해 나가는 모습이다. 여기에는 나 자신을 위한 것인 동시에 나 이외의 남을 위한 것이 같이 있으니, 이러한 생명이 창조 육성되고 완성되는 것은 실로 장엄하다 할 것이다. 이러한 장엄한 만유의 실상은 연화로써 표현할 수도 있고, 또한 공을 들여서 쌓아올린 탑에도 비유하여 상징할 수도 있으며, 기타 어떤 것으로 표현될 수 있겠다.

그러나 밀교는 흔히 이 태장만다라를 연화로써 상징하고 있다.

그런데 우리가 생명의 신비한 창조 과정을 생각해 보면 연꽃의 무수한 꽃술 속에 감춰진 수정 능력에서 결실에 이르는 능력은 수많은 세월에 걸친 진화 과정에서 쌓인 능력이니, 이것을 공덕이 큰 것으로 파악하여 부처님의 과거의 무량한 공덕으로 표현할 수 있다.

그러므로 선무외(善無畏) 삼장은 《대일경소》에서 "이 꽃에 감춰진 것에 의해서, 바람과 추위의 많은 인연에 의해서 손상을 입지 않고, 깨끗한 꽃술에서 낮이나 밤에 자양을 얻어서 생육되니 대비태장(大悲胎藏)과 같다"고 하였다.

이것을 그림으로 나타내면 만다라의 중앙에 붉은색의 여덟 잎의 연꽃이 있고, 그 중앙에 대일여래가 앉아 계신 모습이 된다.

이 대일여래는 시간을 초월하여 항상 창조를 계속하고 있는 것으로 상징된다.

이 대일여래를 상징하는 연꽃은 오묘하고 장엄한 능력의 소유자이므로 보관을 머리에 쓰고 변치 않는 천의(天衣)를 입고 있으며, 사방의 네 구석에 있는 여덟 꽃잎 위에 네 분의 부처님과 네 분의 보살상으로 그려진다.

이것은 무한히 생명을 창조하여 나가는데 원인(因)과 실행(行)과 깨달아 얻음(證)이 하나가 되는 것(入)을 보인 것이다.

그러나 이 과정에서 태가 자아의 미망에 사로잡히면 안 되기 때문에 이 미망을 타파하는 것이 필요하니, 이것을 상징하여 중심인 중대팔엽원(中台八葉院)의 밑에 지명사자(持明使者)인 부동명왕(不動明王)이나 항삼세명왕(降三世明王)이 그려져서 안치된다. 그리고 이곳을 지명원(持明院)이라 한다.

또한 이와 같이 미망을 타파한 결과, 모든 것을 자기의 것으로 하여 지혜를 얻게 된다. 이때에 시공을 초월한 일체에 통하는 보편적인 지혜가 열리니, 어떤 모순이나 대립에도 끌리지 않는 지혜가 얻어진다. 이때의 지혜는 보편지인 동시에 해탈지이다. 공(空) 그대로요, 무상(無相) 그대로요, 무원(無願) 그대로인 삼해탈지(三解脫智)가 얻어진다. 그러므로 이것을 표시한 것이 중심부의 위에 위치하는 변지원(邊知院)이다.

우리의 생명이 완성되려면 오랜 공덕의 축적이 있어야 하고, 여기에 미망의 타파와 지혜의 증득이 필요하니, 이것을 상징한 중대팔엽원과 지명원과 변지원의 셋이 합해져서 부처의 몸으로 새로운 생명이 창조된다. 그러므로 이때의 부처님은 정(定)에 들어서 일체의 대립을 초월하여 유희신변과 자비광명으로 자비행을 하게 되는 것이다.

그러므로 이러한 경지에서는 지혜와 자비가 갖추어졌으므로 지혜의 상징으로 금강저(金剛杵)를 손에 쥔 금강수보살(金剛手菩薩)과, 대비를 상징하는 관자재보살이 따르게 된다. 이들 보살들을 그린 곳이 중대팔엽원 좌우의 금강수원(金剛手院)과 관음원(觀音院)이다.

이와 같이 하여 대일여래의 태내에 포장된 법력인 절대적인 정력(定力)과 절대적인 지혜와 절대적인 자비의 세 가지 덕이 만다라로서 갖추어지니, 이것이 비밀장엄의 만다라로서 표시되는 것이다.

그러나 생명은 한순간도 정지되는 것이 아니고 무한히 확대되고 진전되는 것이므로 이러한 활동을 향상문(向上門)으로, 또는 자증(自證)과 화타(化他)의 두 방면으로 볼 수 있으니, 이것은 우리 생명의 오묘한 작용인 것이다. 이것을 표시하는 것이 석가원(釋迦院)으로 문수(文殊)·제개장(除蓋障)·지장(地藏)·허공장(虛空藏)·소실지(蘇悉地)의 다섯 보살을 상징하여 그린 다섯 공간이 있다. 석가원의 석가는 하화 중생하는 향하문의 대표요, 문수보살은 지혜로써 대립을 떠나서 법을 성취하게 하고, 제개장보살은 개아(個我)에 속박되는 장애를 제거하고, 지장보살은 대지가 뭇 보물을 소장하듯이 공덕을 얻게 하고, 허공장보살은 허공과 같이 일체의 공덕과 지혜와 자비를 포장하면서도 그에게 집착하지 않는 것이니, 이러한 묘한 성취인 소실지(蘇悉地, susiddhi)의 활동을 체득하여 일체의 생명이 완성되는 것이다. 다시 이러한 비밀 장엄한 만다라를 외호하기 위해서 수많은 천인들이 옹호한다. 십이천(十二天)이나 십이궁(十二宮)이나 이십팔수(二十八宿) 등의 여러 권속이 밖에 그려지니, 이것이 최외원(最外院)이다.

요컨대 이 세상의 모든 생명체는 부처님이 무수한 시공을 통해서 간직하여 온 법력으로 창조하고 생육하는 것이라고 하여, 그 과정과 인연을 그림으로 그려서 보인 것이 태장계만다라인 것이다.

실로 부처님의 자비가 밀교에서는 태장계만다라로서 표현되었음을 알 수 있다.

불교의 자비는 사랑의 우주적인 확대인 것이며, 모든 생명의 근원인 것이다. 우리의 생명이 이와 같이 부처님의 생명이라고 깨달았을 때, 우리는 한 인간을 보살피는 것이 부처님을 받드는 것이다. 병든 한 사람을 간병하는 것이 부처님을 공양하는 것이요, 법을 보고 법을 행하는 것이다.

석존이 이런 말씀을 하신 일이 있다.

나는 이와 같이 들었다. 세존이 기원정사에 계실 때에, 비구들에게 말씀하셨다. "병자를 간호해 주면 곧 나를 돌보는 것이 된다. 왜 그러냐 하면, 나는 이제 스스로 간병을 하려고 하기 때문이다. 비구들이여, 나 한 사람만을 보지 말라. 이 세상에서 사문이나 바라문에 대한 보시 중에서 최상의 보시는 이에 지나는 것이 없다. 그와 같이 보시하면 큰 공덕이 있어서 이름이 널리 드날리고 감로의 법의 맛을 볼 것이다. 그 한 사람이란 여래이다. 보시 중에서 최상의 보시는 이에 지나는 것이 없다고 알아서 이 보시를 하면 큰 과보를 얻고, 큰 공덕을 얻을 것이다.

내 이제 이 인연으로 이렇게 설하노니, 병자를 보면 나를 본 것으로 알고 조금도 다르게 하지 말라."

석존은 병든 비구를 보면 손수 간병하셨다.

석존은 병자를 간호하는 행위에서 법을 보고 있는 것이다. 석존이 살아 있는 병자를 돌보는 것은 여래를 돌보는 것과 같다고 하신 것은, 여기에서 법을 보고, 부처를 본 것이다. 그는 살아 있는 병자에게서 살아 있는 부처를 보라고 하셨다.

불상을 조성하고 사리탑을 모시는 것도 좋지만 살아 있는 부처를 모셔야 한다.

불상이나 탑은 방편에 지나지 않는다. 살아 있는 인간을 부처로서 공양하는 데까지 가지 않으면 안 된다. 이렇게 되지 않으면 방편이 헛된 것으로 될 우려가 있다.

한 사람의 병자를 정성껏 보살피는 보시는, 생명의 무상함 속에서도 생명의 절대적인 고귀함을 보는 것이니 이것이 법이다. 알기만 하고 행하지 않으면 이론에 그칠 뿐이다. 행하지 못하는 눈은 보지 못하는 것과 같다.

세존은 한 사람의 병자를 간병하여 여래를 간병하듯이 하면 여기에서 감로의 법의 맛을 볼 수 있다고 하셨다. 감로법의 맛이란, 비밀 장엄한 법의 맛이다. 심심미묘한 법의 맛이다. 법의 맛을 보는 자는 부처를 본다.

남성적 원리인 금강계만다라(金剛界曼茶羅)

이 세상의 모든 것은 홀로 되는 것이 없고 이것과 저것과의 관계에서 있게 되는 것이다. 이것과 저것의 상의 관계는 물질계나 정신계에 걸쳐서 변함 없이 행해지고 있는 절대 진리이다.

하늘에 태양이 있어서 낮이 되고, 달이 있어서 밤이 되고, 남성이 있어서 여성이 있으며, 동물과 식물, 산과 계곡 등 모든 것은 이것과 저것의 상의 관계 속에 있다.

정신과 물질, 주는 것과 받는 것, 지혜와 자비의 불성, 생성하고 육성하는 것이 소멸하고 재창조하는 것, 적극적인 것과 소극적인 것, 이러한 서로 대립되는 것이 대립을 떠나서 서로 어우러져서 이 세상의 모든 것이 있게 된다.

이러한 두 가지 원리를 중국에서는 양과 음으로 파악하고 있으나, 밀교에서는 태장계만다라로써 자비의 세계를 표현하고, 금강계만다라로써 지혜의 세계를 표현한다.

태장계만다라는 부처의 자비의 힘으로 이 세계의 생명을 창조하고 육성하나, 소멸을 거듭하면서 영원히 이어지기를 바란다. 그러나 금강계만다라는 이러한 자비도 지혜에 의해서만 있게 되는 것이니, 부처의 지혜의 힘에 의해서 영원불멸의 생명이 있게 된다고 하는 것을 만다라로써 표시하고 있다.

이 세상의 모든 존재는 무상하기 때문에 더욱 사랑스럽다. 그것이 자비로써 애호하는 부처의 모습이다. 그러나 이러한 무상함은 영원불멸의 지혜의 실상이기도 하다.

영원을 지향하는 적극적인 힘이 작용하여 생멸을 거듭하면서 지혜롭게 생명을 보호한다. 그리하여 이러한 영원불멸하는 부처의 세계를 여실히 표현하기 위해서 금강만다라(金剛曼茶羅)가 그림으로 표시되는 것이다.

이 만다라는 영원불멸하는 지혜의 세계를 나타내고 있으므로 지혜의 극치인 해탈을 상징하는 해탈륜(解脫輪)을 그리고, 그 주위에 그것을 있게 하는 여러 불보살과 천인을 그리고, 다시 이를 다섯 금강저(金剛杵)로 둘러싸고 있다. 이것은 곧 해탈지가 이루어지는 오지(五智) 오부(五部)의 세계를 보이는 것이다.

완전한 해탈을 상징하는 대일여래는 지혜의 당처로 보면 법계체성지(法界體性智)와 대원경지(大圓鏡智)와 평등성지(平等性智)와 묘관찰지(妙觀察智)와 성소작지(成所作智)의 다섯 지혜요, 그것의 작용으로 보면 모든 지혜를 통섭하여 원융된 뛰어난 깨달음으로 일체를 살리는 대일여래의 힘을 보이고〔佛部〕, 금강과 같은 부동의 신념으로 번뇌를 부수는 금강부족을 보이고〔金剛部〕, 다시 일체의 가치를 창조하여 모든 것을 살게 하고〔蓮華部〕, 모든 것의 자성 청정함을 그대로 관찰하여 무한한 사랑으로써 일체 중생을 구제하고〔寶部〕, 모든 존재가 존재의 궁극적인 목표가 이루어지도록 자유로이 활동케 하는 것이다〔羯磨部〕.

이와 같이 원융된 전일한 지혜와 힘을 상징하는 대일여래를 중심으로 금강부의 아축여래(阿閦如來)와 보부의 보생여래(寶生如來)와 연화부의 아미타여래(阿彌陀如來)와 갈마부의 불공성취여래(不空成就如來)가 동·남·서·북에 안좌하니, 아축여래는 동방에서 항마인(降魔印)을 하고, 보생여래는 남방에서 왼손에 보주를 가지고 오른손에 시여인(施與印)을 하고 있으며, 아미타여래는 서방에서 정인(定印)과 설법인(說法印)이 융합된 미타의 정인을 보이고, 불공성취여래는 북방에서 오른손을 들어서 시무외인(施無畏印)을 보이고 있다.

그런데 이들 각부의 여래에게는 자신의 힘을 전개하기 위해서 각각 네 보살이 둘러싸고 직접 활동하는 것으로 되어 있다.

아축불의 네 보살은 금강살타(金剛薩埵)와 금강구왕(金剛鉤王)과 금강애(金剛愛)와 금강희(金剛喜)보살이다. 또한 보생불은 사방에 각각 금강보(金剛寶)와 금강광(金剛光)과 금강당(金剛幢)과 금강소(金剛笑)의 네 보살이 둘러싸고 있다. 또한 아미타불은 관자재보살로서의 금강법(金剛法)과 문수보살인 금강리(金剛利)와 금강인보살로서의 금강인(金剛因)과 금강어보살인 금강어(金剛語)의 네 보살이 둘러싸고 있다. 이들은 아미타불의 깨달음을 전개하는 보살들이다.

또한 북방의 해탈륜은 갈마부의 세계이니, 이 세계의 주인은 불공성취여래이므로 이 여래의 활동을 사방으로 전개하는 것을 보인 네 보살인 금강업(金剛業)과 금강호(金剛護)와 금강아(金剛牙)와 금강권(金剛眷)이 있다.

금강업은 자유로운 창조 활동을 하고, 금강호는 모든 유혹으로부터 보호하고, 금강아는 일체의 마장을 부수고, 금강권은 결합하여 성취시킨다. 그리하여 모든 활동이 완전히 행해지게 되는 것이다.

이와 같이 금강계만다라는 지혜의 내용인 법계체성지로부터 전개되는 대원경지와 평등성지와 묘관찰지와 성소작지를 각각 여래부·금강부·보부·연화부·갈마부로 배치하고, 생명의 영원함과 절대 가치와 자비와 성취를 보여서 신비하고 장엄한 세계를 대일여래의 완전한 깨달음의 지혜로써 설하니, 여기에서 나타나는 다섯 부처님과 열여섯의 보살은 다섯 부와 다섯 가지 지혜와 다섯 세계의 실체를 상징하는 것이므로, 이들은 모두 남성으로 표시된다.

그러나 이러한 남성적인 지혜의 실체는 항상 움직이고 생성하고 전개하여 부단히 작용하니, 그러한 오묘한 작용을 표현하기 위해서 사바라밀(四波羅密)과 팔공(八供)과 사섭(四攝)의 십육의 여존(女尊)으로서 나타내니, 이것은 우주의 생성 능력의 묘한 작용을 여성의 원리인 샤크티(sakti)로서 나타내는 인도 고유의 사상을 받아들인 것이다.

남성적인 지혜가 생명의 근본 동기라면, 여성적인 자비는 생명의 발현과 완성에 이르는 묘용이다. 그러므로 이 두 세계는 서로 의지하고 교섭하여 이루어지므로 서로 공양하고 공양을 받게 된다.

금강계만다라의 일종으로 부처가 무량한 방편으로 중생을 구제하는 자비행이 나타나고 있다.(티베트 짜짜뿌리 사원)

또한 생명의 근원인 대일여래와 그로부터 전개된 개체 사이에도 거룩한 것과 거룩하게 된 것과의 교섭이 있으니, 이도 또한 서로 공양하고 공양받게 된다.

곧 전개된 개체로의 네 부처님이 본체이신 대일여래를 공양하기 위해서 네 바라밀(金剛 · 密 · 法 · 業)로써 네 천녀가 공양하고, 대일여래가 이것을 받아서 보답하기 위해 내외의 여덟 공양(金剛嬉, 金剛鬘, 金剛歌, 金剛舞, 金剛香, 金剛華, 金剛燈, 金剛塗香)으로서 여덟 천녀가 있다.

이와 같은 서로의 공양에 의해서 대일여래는 더욱 빛을 발하여 만다라의 동 · 남 · 서 · 북의 네 문에 사섭(四攝; 金剛鉤, 金剛索, 金剛鏁, 金剛鈴)의 천녀가 나타난다.

그리하여 이들 네 천녀가 금강불괴의 만다라에서 가까이 끌어들여서 묶고 결박하고 법령(法鈴)을 울려서 드디어 법열의 세계로 인도한다.

이들 16여존(女尊)을 16명비(明妃)라고도 하니, 여기에 남존(男尊)인 16보살과 다섯 부처님을 더하여 37의 성존이 생명의 실체와 묘용을 교묘하게 표현하고 있다. 그리고 이 만다라의 덧겹에는 현재현겁(現在賢劫)의 천불(千佛)을 그리고 있다. 이것은 현재 존재하고 있는 개개의 생명체가 영원함 속에서 장엄하게 살아 움직이고 있다는 것을 나타낸다.

다시 이 금강계만다라의 곁에는 여러 천인들이 이 세계를 호위하는 선신들로 그려져 있다.

태장계만다라나 금강계만다라의 두 근본 만다라로써 깨달음의 본질과 그것을 얻는 인연을 그림을 통해서 증득할 수 있게 된다.

실로 금강계만다라는 모든 중생이 깨달음을 얻는 인연을 구체적으로 보인 것이다.

청정한 정토변상만다라(淨土變相曼茶羅)

오늘날 밀교의 면모를 가장 완전히 전하고 있는 것이 티베트불교요,

대일여래의 불성이 나타나서 4불 4보살의 몸으로 중생을 깨닫게 하는 것을 나타낸다.
이것은 실재와 현상 세계가 융합하고 있는 신비한 조화를 보인다.

일본의 진언종(眞言宗)이나 천태종(天台宗)도 이것을 잘 전하고 있다 할 수 있으나, 특히 가장 발달한 만다라는 티베트불교에서 볼 수 있다.

현(顯) 밀(密)을 회통한 한국불교에서는 정토변상도(淨土變相圖)가 흔히 그려졌으므로, 한국 법당의 중앙 불단 배후에 그린 탱화(幀畫)와 좌우 신중(神衆)단이 조화를 이루어 하나의 만다라를 이룬다.

만다라는 부처님의 깨달음의 경지이며, 깨달은 이가 갖추게 되는 덕화의 세계인 것이다. 그러므로 정토를 나타내는 변상도도 만다라요, 부처님을 모신 대웅전을 중심으로 한, 한국 사원의 구조대로 부처님의 깨달음의 경지인 정토를 그리기 위해서 극락만이 아니라 지옥의 여러 가지 움직이는 모습도 그린 것이 정토변상도이다. 따라서 깨달음만을 나타내지 않고 부처님의 본생(本生)을 그린 것도 변상이다.

흔히 정토변상도는 내경과 외경으로 나누어져 있다. 내경에서는 극락정토의 장엄이 그려지고, 외경에는 《관무량수경》에서 설해진 바에 의해서 위제희(偉提希) 부인이 부처님께 귀의하는 인연이나 일상(日想) · 수상(水想) 등의 16관과 구품왕생(九品往生)이 그려지고 있다.

극락정토의 장엄에 대해서는 극락정토의 무락회(舞樂會)와 예불회와 보배의 연못가에 모인 모습과 나무 밑에 모여 있는 모습과 보살의 삼존회(三尊會)와 보루궁전회(寶樓宮殿會)와 허공회(虛空會)로 나누어진다.

무락회는 나체의 동자와 금생의 보살이 무도하는 장면이요, 그 좌우에 불보살의 집회가 있어서 세 보살이 부처님을 예배하는 모습이다.

무락회의 뒤에 연못이 있어서 많은 보살이 연꽃 위에 앉아 있다. 이것이 보지회(寶池會)이니 사람들의 모습이다.

이 보배 연못의 좌우와 예불회의 위에 보배나무가 있고, 그 보배나무 밑에 불보살이 모여 있다. 이것이 수하회(樹下會)이다. 또한 보지회의 뒤에 미타삼존(彌陀三尊; 아미타, 관음, 대세지)과 여러 보살의 집회가 있다. 이 삼존회 뒤의 좌우에 많은 궁전 누각이 있어 그 누각의 안팎에 많은 보살들이 집회하고 있다. 이것이 보루궁전회이다. 이 보루궁전회

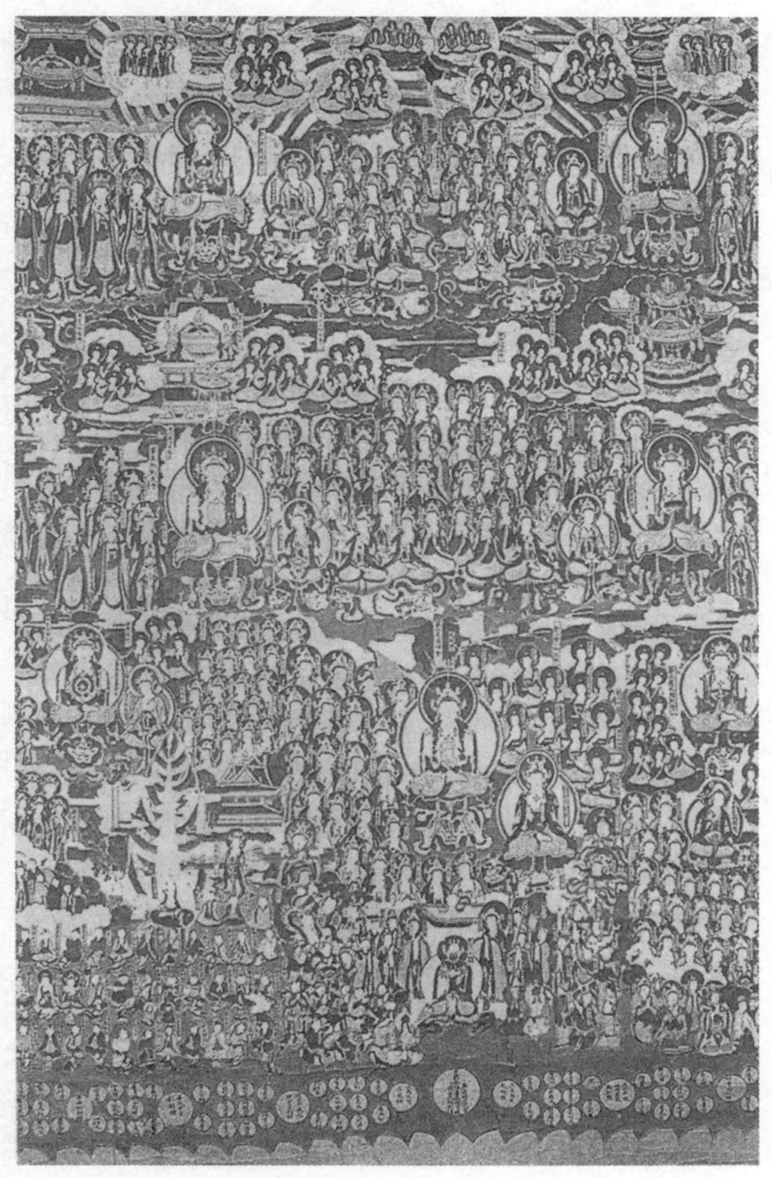

화엄경변상도(선암사)

의 위에 화불(化佛)과 보살과 천인(天人) 등이 구름을 타고 오고 가며, 여러 가지 새가 노래하고 악기가 울리고 꽃비가 바람에 불려서 흩날리는 모습을 그린다. 이것이 허공회이다. 돈황(燉煌) 천불동(千佛洞) 146동의 왼쪽 벽에 그린 아미타정토변에서 중앙 삼존의 주위에는 연화 위에 화생한 51명의 정토왕생자가 그려져 있다.

이 정토가 지극히 쾌락한 경지임을 보이기 위해서 중앙에 춤을 추고 악기를 연주하는 장면을 그린 것이 돈황의 천불동에 있는 천수관음정토변이나 약사정토변(藥師淨土變)이다.

특히 삼존불을 모시면서 보수(寶樹)나 보루(寶樓)나 보지(寶池)나 구품왕생(九品往生)을 그려서 완벽하게 나타낸 것이 돈황 천불동 제139동의 왼쪽 벽에 있는 정토변상도이다. 이것은 《관무량수경》의 취지에 따라서 그린 것이다. 이외에 미륵정토변상도도 있으니, 이것은 《미륵하생경彌勒下生經》이나 《미륵상생경彌勒上生經》에 의거해서 그린 것이다.

돈황의 천불동에는 화엄경의 구회(九會)를 본뜬 비로자나변상도 · 약사정토변상도 · 지장보살변상도가 현존하고 있다.

이상에서 몇 가지 대표되는 만다라를 설명했다. 그러나 우주에 존재하는 모든 사물은 부처님의 몸이니, 일체의 사물로 이루어진 세계는 그대로 부처와 부처에 의한 장엄한 만다라의 세계이다.

장엄한 불이장엄법계만다라(不二莊嚴法界曼茶羅)

앞에서 보인 태장계만다라나, 금강계만다라나, 또는 정토만다라이거나, 자성만다라(自性曼茶羅)거나, 도상만다라(圖像曼茶羅)이거나, 또는 대만다라(大曼茶羅) · 법만다라(法曼茶羅) · 삼마야만다라(三摩耶曼茶羅) · 갈마만다라(羯磨曼茶羅) 기타 헤아릴 수 없이 많은 만다라가 설해지고 있으나, 이들 모든 만다라는 깨달음에 이르고, 중생을 제도하는 불보살의 세계임에 지나지 않으며, 그것은 불법을 여실히 표현하는 대조화의 세계에 지나지 않는다.

이 우주는 하나의 대조화의 세계다. 인간은 한마음이 중심이 되어 오장육부와 사지가 각각 자기의 구실을 다하면서 생명을 창조하고 있는 만다라이다.

우주는 우주의 중심인 어떤 힘에 의해서 운영되는 대만다라요, 이 세계는 또한 꼭 그렇게 되어야 할 법에 의해서 이루어진 만다라의 세계이다.

불교적으로 말하면 이 세계는 부처님을 중심으로 하여 부처님의 유희신변(遊戲神變)으로 성불국토(成佛國土)를 이루고, 성취중생(成就衆生)을 이루고 있다 하여, 이 세계는 부처님의 법계 그대로인 만다라이다. 이러한 법계의 대조화의 세계를 인도인은 수미산(須彌山)을 중심으로 한 세계관으로 이룩했다.

실로 이 세계의 만물은 각각 자기만의 만다라 세계를 이루고 있는 것이다.

인간도 마음이 주가 되어 오장육부와 팔다리가 움직여서 삶을 창조해 가고 있으며, 이 세계는 우주의 모든 힘이 조화롭게 만나서 세계를 이룬다.

우리 나라는 북쪽에 우뚝 솟은 백두산의 정상으로부터 태백산맥이 등뼈같이 흘러서 한 생명체의 형상을 하므로, 이 산맥을 통해서 흐르는 힘을 받아서 우리 민족이 살아왔다고 생각할 수 있다. 이렇게 생각하면서 우리는 1600년의 불교가 민족의 정신이 되었으니, 백두의 밑에 있는 묘향산(妙香山)과 금강산(金剛山)으로부터 흐르는 이 기운이 제주의 탐라에 맺혀지고 있다.

그러므로 우리 나라 국토의 기맥을 관장하는 곳에는 모두 대가람(大伽籃)이 있다. 그리고 그 가람은 작은 불국토를 이룬다. 사원의 배치 구도가 불법 구현의 대만다라인 것이다.

한 예로써 불국사의 경우를 보면 탑과 금당, 또는 탑과 금당과 강당

이 회랑으로 둘러싸여 중생과 부처가 만나서 하나의 장엄한 세계를 이룬다.

신라에서 고려나 조선 시대에 걸쳐서, 사원의 구조가 장엄한 불국토를 조성하고 있는 것을 알 수 있다. 사원의 구조는 밖에 인왕문(仁王門)·천왕문(天王門)이 있고, 누각(樓閣)이 있고 탑이 있으며, 그 안에 부처님을 모신 대웅전의 주불전이 있어서 그 주위로 약사전·관음전·시왕전·산신각·칠성각·조사전 등이 배치되고, 승당이 별채로 떨어져 있다. 이러한 사원 구조는 부처님을 중심으로 보살이나 천신·선지식·수행인과 외호 중생 등이 하나의 불국토를 이루는 불이장엄국토만다라인 것이다.

이뿐만 아니라, 불교 문화를 가지고 있는 한국인의 주거물의 건축 양식에서도 이것을 볼 수 있다.

부인이 거주하는 안채를 중심으로 사랑채가 있고, 그 밖으로 담이 둘러 있다. 이것은 지모신(地母神) 사상을 가지고 있는 불모(佛母)로서의 부인이 중심이 되는 고유 문화이므로 이러한 건축 구조를 가지게 되었으나, 조선 시대에 유교 문화의 영향을 받아 남성은 여성의 외호자의 구실을 하는 것으로 여겨져서 사랑채가 밖에 떨어져 놓이게 된 것 같다. 그리고 여기에 담을 높이 쌓아서 외부와 차단하여 가정을 보호하도록 되어 있으니, 하나의 조화로운 가정 문화의 표현이요, 하나의 만다라인 것이다.

또한 한 마을이 형성되는 것도 산수지리(山水地理)에 따라서 산세와 수리를 잘 조화시키면서 형성되는 것이다. 이것은 자연과 인간이 상응하는 것이며, 좋은 인연이 서로 만나서 중생이 성취하는 원륜구족(圓輪具足)이니 만다라인 것이다.

한국 민족은 주거 문화나 가정 법도에서도 우주의 이법을 믿고, 그 힘을 받아서 살아온 것이다.

진리는 우리의 삶과 떨어져서 따로 있는 것이 아니고, 멀리에 있는 것도 아니다. 또한 진리는 일사일물의 그 존재 속에 꼭 있어야 할 도리로서 존재하고 있는 것이다.

　법을 보는 자는 부처를 보고, 부처를 보는 자는 나를 보며, 나를 보는 자는 일체의 실상을 볼 것이다. 이러한 자는 진과 속이 둘이 아닌 장엄한 이 법계의 대조화를 부처님으로 경배하게 될 것이다.

6

부처에의 길

1. 부처가 되는 근본 수행

태양같이 빛나는 부처님

부처란 인도어인 붓다(buddha)의 음역으로 깨달은 자, 곧 각자(覺者)를 의미한다. 무엇을 깨닫는가 하면 우주의 진리인 법을 깨닫는 것이다. 따라서 깨달은 자는 누구나 부처인 것이다.

부처님은 역사적으로 인도의 카필라 성에서 2500여 년 전에 석가족의 태자로 태어나 최초로 완전한 깨달음을 얻었으므로 석존(釋尊)이라 하고, 그분을 존귀한 부처님이라 한다. 그러나 그분의 앞에도 깨달은 이는 있었고, 그 뒤에도 많은 사람이 깨달음을 얻었으며, 앞으로도 있을 것이다. 그래서 시방세계(十方世界) 일체제불(一切諸佛)이라 하는 것이다.

깨달을 법과 깨달은 부처와 법을 깨닫기 위해 애쓰는 승(僧)이 다같이 보배스럽다고 하여 삼보(三寶)라고 한다.

석존이 부처가 된 것은 태어나면서부터 뛰어난 지혜와 훌륭한 용모를 지녔기 때문이 아니다. 석존을 부처라고 하는 것은, 그분이 흔히 32종의 뛰어난 상호를 갖추고 80종의 뛰어난 능력을 가졌다고 하나, 그분의 그 몸의 모습이 뛰어나서가 아니라 오직 천지의 오묘한 진리, 인생의 근본 도리를 깨닫고 그것을 설하셨기 때문이다.

그러므로 《십주비바사론十住毘婆娑論》 제10에서 말한 바와 같이 "색신으로써 부처를 보지 말고, 마땅히 법으로써 관하라"고 하였다.

그러므로 이 법이야말로 부처의 본질이다. 이 본질이 너무도 오묘하고 고마워서 인격적으로 법신(法身)이라 하고 이 세계를 법계(法界)라 하니, 이 법신으로 된 우리의 몸은 멸망하더라도 이 법신은 멸하지 않는다. 그래서 《대일경》 〈구연품〉에서는 "여래가 세상에 나오시거나 나

오지 않으시거나 법계에 항상 머문다"고 하였다.

그런데 이러한 법이 일체 만물을 있게 하고 부처가 되게 할 뿐만 아니라, 일체 만물을 살게 하고 있으므로 일체 만물은 부처로부터 있게 되었고 부처로 돌아간다고 할 것이다. 이러한 부처는 항상 우리 생명체의 근원이면서 생명 그것이다. 마치 태양과 같이 만물을 키워 주고, 지켜 주는 것이다. 모든 것이 태양의 빛과 더운 기운으로 생성하고 삶을 유지하면서 삶의 가치를 창조하는 것과 같이 법신인 부처의 거룩한 빛에 의해서 존재하고 있다고 보아야 한다. 그러므로 법신은 태양이 온 천지를 비추는 부처님이요〔大遍照如來〕, 태양과 같은 부처님〔大日如來〕이다.

여기에서 법이 인격화되어 종교적인 정서로서 승화되어 우리들에게 가까이 다가오게 되는 것이다. 그래서 경에서는 "삼세에 상주하는 청정하고 오묘한 법신인 대비로자나여래"라고 설해지고 있는 것이다. 밀교의 부처님은 곧 이 대일여래이신 것이다. 대일여래는 우주에 가득 차 있어 이 세계의 생명을 창조하는 거룩한 법인 것이다.

밀교에서 믿고 받드는 근본 부처는 이러한 법신불(法身佛)이다. 그런데 현교(顯敎)의 부처님은 석존이시다. 35세에 도를 이루시고, 80세에 입멸하신 역사적인 석존이다. 그러나 이에 대하여 밀교의 부처님은 역사를 초월하여 영구히 존재하는 대일여래다. 이런 뜻에서 우리가 성불한다고 할 때에 밀교에서는 대일여래와 하나가 되는 것이다.

그렇다면 석존과 대일여래는 서로 다른 부처님인가.

보는 관점에 따라서 다르다고 할 수도 있고, 같다고 할 수도 있다. 대일여래와 석존은 본체와 작용 또는 전체와 부분의 문제이니, 본체를 떠나서 작용이 따로 있을 수 없고, 전체를 떠나서 부분이 있을 수 없으며, 또한 이와 반대이기도 하다. 그러므로 대일여래와 석존은 둘이면서 둘이 아닌〔二而不二〕 관계로 보아 각각의 존재 가치를 인정해야 할 것이다.

그러면 진리의 근본이요, 법의 몸인 대일여래는 석존과 어떻게 다르

고 같은 것인가. 이것을 밝힘으로써 밀교를 믿고 행하는 이의 삶의 방·
향이 결정될 것이다.

대일여래(大日如來)의 덕성

대일여래는 마하바이로짜나(mahāvairocana)라는 여래이다. 마하(mahā)
는 크다는 뜻도 있으나, 절대적인 존재라는 뜻이 있으므로 태양과 같이 거
룩하신 여래이다. 이러한 이름을 가지고 있으므로 그의 덕성도 이와 같
다고 하겠다.

흔히 학자들이 설명하기를 이 여래는 어둠을 없애고 두루 밝게 비추
는(除闇遍照) 뜻과, 능히 모든 공덕을 성취시키는(能成衆務) 뜻과, 영원
히 생멸이 없이 법을 설하는(光無生滅) 세 가지 뜻이 있다고 한다. 이것
은 태양의 빛이 가지고 있는 덕성에 대비해 비유한 것이다.

《대일경소》에서 "세간의 태양에 비유할 수 없으나 그와 비슷하기 때
문에 대(大)라고 하는 말을 더한 것이다. 그래서 마하비로자나라고 한
다 世間之日不可爲喻, 但取其少分相似故, 加以大名曰摩訶毘盧遮那也"
라고 한 바와 같다.

따라서 이 세 가지 뜻으로 대일여래의 덕성을 알 수가 있다.

첫째로 여래의 덕은 지혜의 빛으로 비유되니, 여래의 지혜의 빛은 주
야·방위·처소·안과 밖의 구별이 없이 항상 어디에서나 중생의 어두
운 미망을 비추어 없앤다는 뜻이다.

그러면 이러한 지혜는 어떤 것인가.

우리의 지혜는 그릇됨이 없고, 깨달음을 얻는 인식 능력이다. 유식학
(唯識學)에서 말하는 전식득지(轉識得智)라고 말할 수 있다. 그러면 이
러한 지혜의 내용은 어떤 것인가. 밀교에서는 이것을 오지(五智)로써 설
명한다.

① 법계체성지(法界體性智, Dharmadhātu-svabhāvajñāna)이니, 법계가 스스로 갖추고 있는 근본 지혜이다. 이것은 제9식 아마라식이 바뀌어서 된 것이다.

② 대원경지(大圓鏡智, Ādarśajñāna)는 일체를 있는 그대로 아는 지혜이니, 청정한 거울에 비유되는 것이다. 이것은 제8식 아뢰야식이 바뀌어서 얻어지는 지혜이다.

③ 평등성지(平等性智, Samatājñāna)이니, 이것은 일체 제법이 천차만별하나 진실로는 모두 평등성을 가지고 있다고 아는 지혜이다. 이것은 제7식 마나식이 바뀌어서 얻어지는 지혜이다.

④ 묘관찰지(妙觀察智, Pratyavekṣaṇajñāna)이니, 제법이 평등 속에 차별이 있어서 각각 나름대로의 가치가 있는 것을 아는 지혜이다. 이것은 제6식의 의식이 바뀌어서 나타나는 지혜이다.

⑤ 성소작지(成所作智, Kṛtyānuṣṭāna-jñāna)이니, 이것은 짓는 바 행위를 모두 성취시키는 지혜이다. 이것은 눈·귀·코·혀·몸에 있는 인식 작용이 바뀌어서 나타나는 지혜이다.

이러한 다섯 가지 지혜는 인격적으로 보면 오불(五佛)이 된다. 다섯 부처는 대일·아축(阿閦, Akṣobhya)·보생(寶生, Ratnasaṃbhava)·미타(彌陀, Amitābha)·불공성취(不空成就, Amoghasiddhi)를 말한다. 대일여래로부터 네 부처가 나타나게 된다. 그러므로 대일여래의 덕성은 네 부처님의 덕성 그것인 것이다.

아축불은 대원경지의 덕에 머물러서 중생의 번뇌를 퇴치하고, 중생이 본래 가지고 있는 보리심을 개발케 하는 부처이다.

보생불은 평등성지의 덕에 머물러서 일체 중생을 위해서 바라는 원을 채워 주는 보배의 자비심을 베푼다.

아미타불은 묘관찰지의 덕에 머물러서 중생을 위해 설법하여 의혹을 끊어 주고, 대자비심으로 일체 중생을 얼싸안아 주는 부처이다.

불공성취불은 석가불이니, 성소작지의 덕에 머물러서 일체 중생을 위해 이 사바 세계에 나타나서 중생을 교화하고 이롭게 하여 소기의 목표가 달성되도록 하는 부처이다.

여기에서 다섯 부처나 다섯 지혜는 대일여래의 덕을 다섯으로 대별한 것일 뿐이니, 중생의 근기가 천차만별이므로 지혜도 무한하고 부처도 무량한 것이다. 이상과 같이 대일여래의 첫째 덕을 지혜에 배당하여 설명하고, 다시 그것을 부처의 인격으로 표시할 수 있다.

둘째는 능성중무(能成衆務)의 덕이다.

이 덕은 여래의 자비스런 덕이니, 마치 태양이 지상의 모든 생물을 평등하게 비춰서 각각 그 성능을 충분히 발휘시키는 것처럼 여래의 자비의 빛이 일체의 중생을 차별 없이 비추어 중생으로 하여금 각각 가지고 있는 불성을 발휘하게 하는 것이다.

《대일경소》에서 "여래이신 대일의 빛이 두루 법계를 비추어 능히 평등하게 무량 중생의 여러 가지 선근을 발하게 하고, 내지 세간·출세간의 수승한 사업이 이로 인해서 이루어지지 않는 것이 없게 한다"고 한 것이 이것이다.

그러므로 불교에서 말하는 지혜와 자비는 둘이 아니다. 깨달음의 본체가 지혜라면, 그것의 나타남이 자비이다. 그러므로 다섯 부처로 표현하는 대일여래의 지혜는 그대로 대일여래의 자비의 작용이다. 그러면 이러한 여래의 자비는 어떻게 자세히 분별하여 설명할 수 있는가.

흔히 사종법신(四種法身)이라고 하여

① 자성법신(自性法身, svabhāva dhrmakāya)

② 수용법신(受用法身, saṃbhoga dharmakāya)

③ 변화법신(變化法身, Nirmāṇa dharmakāya)

④ 등류법신(等流法身, Niṣyanda dharmakāya)

의 넷이다. 여기에서 법신을 넷으로 나누었으나, 사실은 무량한 법신을 넷으로서 대표한 것에 지나지 않는다.

근본인 대일여래, 한 부처님의 몸이 무량한 부처님의 몸으로 나타나서 중생을 구제하신다고 생각하고 있기 때문이다. 이것은 일즉다(一卽多) 다즉일(多卽一)인 것이다. 네 부처는 대일여래를 떠나지 않고 있으므로 모두가 법신인 것이다.

그러면 자성법신이란 어떤 것인가. 제법의 자성, 곧 제법의 본체 그대로를 불신으로 보는 것이다. 모든 부처가 이 자성인 본체를 의지하는 것이므로 자성법신은 대일여래이다. 여기에 이(理)·지(智)의 두 법신이 있다.

수용법신이란, 자성의 절대계로부터 상대 세계로 나타나는 부처의 몸이니, 아축·보생·미타·불공성취의 네 부처님이다. 여기에 자수용법신(自受用法身)과 타수용법신(他受用法身)의 두 법신이 있다. 자수용법신은 자성법신이 자기를 위해서 활동하는 세계이니, 스스로 깨달은 경지를 수용하는 법신이다. 타수용법신은 자성신이 남을 제도하는 활동을 하는 법신이다. 남에게 수용되는 것이다. 이것은 십지(十地)의 보살들을 위해서 법을 설하는 부처님이다.

다음에 변화법신이란, 이승(二乘) 범부를 위해서 제도될 중생의 근기에 따라서 법을 설하는 부처이니, 석존과 같이 팔상 성도하여 중생에게 응화한 부처이다.

다음의 등류법신이란, 지옥·아귀·수라·축생·인간·천인·성문·연각·보살 등 아홉 세계의 중생을 위해서 그들의 수순한 여러 가지 형상으로 설법하는 부처이다. 이런 부처는 부처의 모습을 하지 않고 등류신(等流身)을 나타낸다.

셋째, 광무생멸(光無生滅)의 덕이란 대일여래가 본래 가지고 있는 덕을 가리킨다.

부처님의 몸은 허공에 두루 차 있으므로 광명도 시방 삼세에 두루 차 있다. 마치 태양이 밤이면 보이지 않으나 없어진 것이 아니고, 바람이 불고 구름이 가렸다고 없어진 것이 아닌 것과 같이 태어나는 것도 아니고 멸하는 것도 아니다. 이와 같이 번뇌에 덮여 있다고 해도 여래의 덕은 줄어진 것이 아니다. 그러므로 제법의 실상은 원명무제(圓明無際)하고, 더하고 덜함이 없는 것이다. 이 세상 모든 사물의 본성은 우리의 경험이나 지식으로 알 수 있는 것이 아니다.

한 알의 모래알이나 꽃 한 송이에서 절대 가치의 세계를 볼 수 있어야 하고, 손바닥을 뒤집는 듯한 찰나 속에서 영원함을 보아야 한다. 이런 눈을 가진 자에게는 나의 마음이나 나의 몸에서 절대적인 것을 볼 것이니, 이것이 부처를 보는 것이다.

그러면 이상과 같은 대일여래의 네 가지 자비의 경계 중에서 현교는 석가의 설법이요, 밀교는 대일여래의 설법으로 되어 있다. 현교는 응화(應化)의 부처가 설하고, 밀교는 법신의 부처가 설한다.

법신이란, 우주의 진리인 법 그것이기 때문에 이(理)로서의 부처인 것이다. 자성법신인 대일여래는 본지법신(本地法身)이라고도 하고, 수용·변화·등류의 세 법신은 가지법신(加持法身)이라고도 한다. 그러나 혹은 자성법신 속에 본지법신과 가지법신이 모두 포함된다고 말하기도 한다.

하여튼 이 세상은 대일여래의 지혜와 자비의 힘으로 이루어져 있으며, 우리들의 삶도 대일여래의 지혜와 자비 속에서 영위되고 있다고 알아야 한다. 대일여래의 지혜 속에 살고 있으므로 우리의 삶이 영원하고 절대적인 가치를 창조하고 있으며, 자비 속에 살고 있으므로 나를 사랑하고 남도 사랑하면서 영원히 생을 잇고 있는 것이다. 그러므로 부처님의 이 지혜와 자비를 내 속에서 발견하여 하나가 되는 것이 곧 부처가 되는 것이다. 그리하여 지혜를 열어서 나와 남을 살리고, 자비를 행하여 깨달음에 이르도록 해야 한다.

그러면 이러한 부처에의 길은 무엇인가?

삼밀가지(三密加持)

흔히 현교에서는 깨달음은 말로 표현할 수 없고 생각할 수도 없는 세계라고 한다. 깨달음은 있는 것도 아니고 없는 것도 아니나, 깨달은 사람만이 알 수 있는 것이라고 하여 신비한 종교 체험을 자기만의 것으로 간직하고 있는 듯한 느낌을 준다.

그러나 깨달음은 지혜의 밝은 빛만이 아니라, 인격적인 면으로 나타나서 정서의 온후함이나 의지의 분명함이나 지성의 냉철함으로도 나타나는 것이니 이것이 품격이나 행위나 말로써 표현된다. 깨달음은 우리의 내면에서 얻어진 자아의 발견이며, 이것이 밖으로 나타나서 일체 중생의 가치관에 일대 전환을 가져오게 하는 것이다. 이 세상에 있는 모든 것은 안으로 깊이 간직된 것이 반드시 밖으로 나타나게 마련이기 때문이다.

안과 밖은 둘이 아니기 때문에 안으로 생각하거나 느끼는 것은 반드시 밖으로 나타나는 것이니, 깨달음을 홀로 만족한다는 독각(獨覺)은 아직 부족한 것이며, 깨달은 자는 반드시 남을 인도하는 덕화가 있게 되는 것이다.

여기에 있어서 우리는 표현을 중요시하게 된다. 안과 밖이 둘이 아니므로 표현이 또한 안에 간직한 것에 영향을 미치게 된다. 현교에서 말하는 깨달음은 언어도단이요, 언망여절이라 하여 부정적으로만 지적하고, 말이나 행동으로 표현하기를 거부한다. 그러나 이러한 것은 깨달음의 본질을 소극적인 면으로 보고 있는 것이다.

깨달음은 우리들이 갖추고 있는 신령스러운 생명의 빛이 그대로 나타난 것이므로 어디까지나 적극적으로 나타나는 것이다. 그것은 언어나 문자로서 나타나게 되고, 일체의 행위로서 나타나며, 마음의 밝은 빛으로서 두루 비춘다. 이것이 이른바 밀교에서 말하는 삼밀(三密)이

다. 몸과 말과 마음에 나타나는 깨달음의 세계는 신비한 체험 그대로의
표현이다.

언어 문자를 예로 들어 보면, 흔히 우리가 일상 생활에서 쓰고 있는
것은 한 가지 일을 그때그때에 표시할 뿐이요, 말 한마디가 영원한 뜻
을 갖지 못하고, 남을 이롭게 하지도 못한다.

그러나 깨달은 사람의 말은 한마디 말이 보편적인 뜻을 가지고 있으
므로 언제 어디서나 모두에게 통하는 영원한 절대적인 가치를 갖는다.
이러한 말은 한마디 말로써 일체의 뜻을 암시하고, 깊은 뜻을 내포하게
된다. 밀교에서 말하는 진언(眞言)이나 다라니(dhāraṇi, 陀羅尼)가 이런
것이다.

《대일경》에서 "등정각(等正覺)을 얻은 일체지자로서 일체를 보는 분
이 나타나실 때에는, 그의 법의 본성으로써 여러 가지 행하는 길과 행
하는 작용을 가지고 여러 중생이 바라는 바에 따라서 여러 가지 말과
여러 가지 문자와 여러 가지 모음으로 알 수 있도록 가지(加持)하여 진
언도(眞言道)를 설하신다"고 하였다.

그러므로 진언이나 다라니는 "한 글자로써 천 가지 이치를 포함한다
一字含千理"고 하고 있다.

곧 진언, 다라니가 상징하려고 하는 내용은 제법실상이며, 그 실상을
깨달은 이가 부처이므로 부처가 깨달은 실상을 보인 것이다. 그러므로
세간에서 쓰고 있는 언어나 문자를 빌려서 거기에 절대 세계의 내용을
담아 이 언어에 정신을 통일함으로써 그 내용을 알 수 있게 한 것이다.

따라서 제법실상을 상징하는 언어 문자가 반드시 범어나 범문이라야
한다고는 말할 수 없다. 한국 사람에게는 한국말이 있으므로 우리말이
나 우리 문자로써 제법실상의 깊은 뜻을 나타낸다면 그것도 진언이요,
다라니가 된다. 또한 깨달은 자에게는 바람 소리, 물 소리도 진언이요,
다라니이다.

이러한 깨달음을 나타내는 데는 구체적인 사물로 나타낼 수 있다. 모

든 사물은 현실적이며 구체적으로 우리의 심성이나 감정을 나타낼 수 있고, 상대방에게 공감을 줄 수 있기 때문이다.

한 예를 들면 영산회상에서 석존이 한 송이 꽃을 들어 보이고 가섭이 미소지으셨다는 사실에서 볼 수 있다. 이 염화미소는 석존의 열반묘심을 온몸으로 보이신 것이다.

불교에서는 특히 연꽃으로써 불교의 모든 것을 상징하기도 하고, 밀교에서는 금강저(金剛杵)로써 단적으로 표현한다. 그러나 깨달은 자에게는 모든 사물이 법계의 표시 아님이 없는 것이니, 하찮은 작은 돌 하나 흙 한줌도 절대적인 가치가 부여될 때에 그것은 성화되고 영원히 살려지는 것이다.

또한 불상이나 불구나 사리(舍利) 등도 법계의 신비를 상징하고 있다. 깨달은 사람에게는 불상 아닌 것이 없고, 살아 있는 생명들이 사리 아닌 것이 없다.

이와 같이 깨달음은 모든 사물이나 형상으로 나타나는 것이다. 범부의 삼업(三業)이 부처의 삼밀과 하나가 되어 부처가 나에게로 들어오고, 내가 부처에게로 들어가니(入我我入) 범불일여(凡佛一如)의 경지에 이른다. 이 세계를 삼밀유가(三密瑜伽) 또는 삼밀가지(三密加持)라 한다.

가지(加持, Adhiṣṭhāna)란 부처의 가피(加被)와 중생의 임지(任持)가 하나가 된 것이요, 부처의 구제력과 중생의 신심이 만나서 하나가 된 경지이다.

진언(眞言), 다라니(陀羅尼)의 염송

우주의 생명 현상은 인간의 지성으로는 해명할 수 없는 신비 그대로인 것이므로 신비적인 체험에 의해서 파악하여 나의 것이 된다.

이러한 우주의 신비도 자기의 터득만에 그친다면, 그것은 보편성을 갖지 못하게 되므로 이것에 대하여 여러 가지로 말해 왔다. 그러나 너무도 미묘한 이러한 법은 "있는 것도 아니고 없는 것도 아니다"라고 하여 부정적으로 표현하거나, "있기도 하고 없기도 하다"고 적극적으로 긍정적인 표현을 하기도 한다.

그러나 이러한 표현은 애매하여 그것을 파악할 수 없다. 그리하여 밀교에서는 적극적인 언어나 표상이나 심성으로 표현하고 있다.

깨달음의 세계를 언어나 문자로써 표현하고자 하여 그것을 상징화한 것이 진언이라고 하거나, 다라니라고 하는 것이다. 이러한 진언이나 다라니를 통해서 미망을 타파하고 진리에 다가가게 하기 때문에 어두운 미망을 파하고 밝은 세계로 인도하는 힘이 있는 말이라고 하여, 이것을 또한 명주(明呪)라고도 하고 신주(神呪)라고도 한다. 따라서 이들 진언을 염송하면 마음이 통일되고, 몸이나 마음이나 말이 법 그대로의 상태로 유지되므로 총지(總持)라고 한다.

진언이나 다라니의 내용은 부처님이 깨달으신 진리를 구체적으로 표현하는 것이므로 간결하고도 단적인 표현이 되고, 또한 깨달은 이의 공덕이 드러나게 된다. 그리하여 "일체 제불이 스스로 만든 것도 아니고, 남에게 만들게 한 것도 아니고, 남이 만든 것을 따라서 기뻐하는 것도 아니다. 모든 여래가 출현하시든지 출현하지 않으시든지, 그것은 법 그대로 본래부터 이와 같이 머무는 것으로서 존재하는 것이다"라고 하였다.

그러면 이러한 진언이 법 그대로 본래부터 존재하는 것이라면, 그것을 어떻게 표현하느냐가 문제다. 그래서 흔히 진언은 법 그대로의 세계인 대립을 초월한 뜻 없는 말로써 표현된다. 뜻이 있다면, 그 말은 뜻에 한정되어 절대 세계가 아니기 때문이다.

《유가론瑜伽論》에서 "이와 같이 여러 주(呪)의 장구(章句)는 모두 뜻이 없어서 원성실(圓成實)이다"라고 한 바와 같다.

뜻 없는 말의 염송은 잡념을 없애고 마음을 순일하게 하여 고요한 경지로 들어가서 신비한 법을 체득하게 한다. 이러한 표현 방법은 마음을 고요한 세계로 인도하는 것이므로 소극적인 방법이다.

그러나 이러한 뜻 없는 경지에 머물면 살아 있는 현실 세계를 있는 그대로 파악하지 못하기 쉽다. 그래서 적극적으로 뜻을 나타내서 뜻 속에서 뜻을 떠난 깊은 비밀을 증득하게 하기도 한다. 예를 들면 뜻 없는 말만을 나열한 것으로 "이티, 미티, 키티, 비크샨티, 파다니, 스와하(Iti miti kiti vikśanti padhani svāha)"나, 또는 "히리, 미리, 키리, 미리, 이리레, 카타레, 케투무레(Hili mili kili mili ilile katale ketumule)" 등이다. 전자는 《유가사지론喩伽師地論》 제45에 나오고, 후자는 《불모공작경佛母孔雀經》에 나오는 진언이다.

뜻 없는 진언은 요가 행자가 마음을 집중하여 무아의 경지에서 무의식적으로 나타내는 말들이다.

이러한 뜻 없는 말에 음조를 나타내기 위해서 '아' 소리나 '이' 소리를 넣는 경우도 있다. 비를 기원하는 강우(降雨) 진언으로 쓰는 "사라사라, 시리시리, 수루수루(sara sara siri siri suru suru)" 등이다. 이러한 진언은 주밀(呪密)의 경전에서 흔히 설해지면서 치병이나 소재 등 주문에 사용되고 있고, 대승 불교에서는 요가행을 수행하는 행자가 마음을 전일하게 하는 방편으로도 사용했다.

이외에 어떤 관념을 나타내는 뜻 있는 말과 뜻 없는 말을 섞어서 나타내기도 하니, 《입능가경入楞伽經》 다라니품에서 보이는 "tutte butte putte katte amale vimale nime hime vame kale kale…… tu tu tu tu……"의 다라니에서는 뜻 없는 말들 사이에 뜻 있는 말 amale, vimale, nime, hime, vame 등을 넣었다. 그리하여 '때 없는 것이여' '때를 떠난 것이여' '눈[雪] 같은 것이여' '없는 것이여' '흰 것이여' '떠난 것이여' 하고 바라는 바가 이루어지기를 바라는 말이 있다. 이렇게 함으로써 바라는 세계가 구체적으로 표현될 수 있다.

다음에 뜻 있는 말로써 된 진언은 《반야심경》의 반야바라밀다주와 같은 것을 비롯하여 정삼업주(淨三業呪) 등 대승경전에 많이 나오는 것이다.

"아제 아제 파라 아제 파라 상아제 모지 사바하(gate gate paragate pa-
rasaṁgate vodhisvāhā; 간 것이여, 간 것이여, 피안에 간 것이여, 다같이 피
안에 가는 것이여, 사바하)."

"옴, 스바바바, 슛다, 살바, 달마, 스바바바, 슛도, 함(Oin svabhāva
suddhaḥ sarvadharmaḥ svabhāva suddho ham; 옴, 자성 청정한 일체 제법이
여, 나는 자성 청정하도다)."

이와 같이 뜻 있는 진언은 지관(止觀)을 쌍수하는 것이므로 지혜를 열
어서 깨달음의 세계로 갈 수 있는 것이다.

따라서 뜻 있는 다라니를 뜻을 생각지 않고 염송하면 뜻 없는 것같이
되어서, 공(空)의 정(定)에 침잠하게 되어 지혜를 열지 못한다고 할 수
있다. 그러므로 뜻 있는 진언의 뜻을 알고 염송하면 지관 쌍수가 이루
어진다.

그러므로 선무외 삼장은 그의 《대일경소》에서 "이 진언문이 홀로 비
밀의 뜻을 성취하는 이유는 진실한 뜻으로써 가지(加持)하는 것이니,
만약에 오직 입으로만 진언을 염송하여 그 뜻을 생각지 않으면 단지 세
간의 이익을 얻게 되나, 어찌 금강의 근본 성품을 성취할 수 있겠는가"
하였다.

또한 한 글자나 한 소리로써 특정한 상징적인 말을 대표하여 그것을
진언이라 하기도 한다. 곧 불생불멸의 근본 세계를 나타내기 위해서
Anutpāda(不生)의 첫 글자인 a자로 그 뜻을 표현하고, 모든 것의 원인을
없애고 생멸이 없는 절대적인 경지를 나타내는 훔(hūṁ) 같은 것은 원인
인 hetu의 h자와 감멸하는 뜻인 una의 u자와 공을 나타내는 글자인 ṁ자
를 합한 것이다.

이상에서 본 바와 같이, 말이나 글자를 통해서 법을 증득하도록 고안
된 것이 진언이다.

또한 이러한 말이나 글자로써 법신의 비밀을 알게 되면 법신 아닌 것

이 없으니, 소나무 가지에 스치는 바람 소리나 흐르는 물 소리를 통해서도 법신을 감득하고 자기 자신이 부처임을 알 수도 있다. 그러므로 선무외 삼장은 《대일경소》에서 "이 소리와 글자가 부처님의 가지신(加持身)이다. 이 가지신은 능히 일체의 종류에 따라서 나타나는 몸이 되어 머물지 않는 곳이 없다"고 하였다.

이렇게 하여 다라니나 진언을 염송함으로써 지혜의 세계가 열리면 들리는 모든 소리가 진리를 나타내는 소리요, 내가 하는 말이 모두 부처의 진실어가 아님이 없게 된다. 말이 진실하면 마음이 이에 따르고, 몸이 이에 따라서 부처 그대로의 몸이 되는 것이다. 이때에는 일체의 언어 행동이 완성된 자기의 표현이요, 그 표현이 남의 모범이 되어 그의 덕화가 두루 미치니, 이것이 부처인 것이다.

진언이나 다라니는 허위가 없는 진실한 말이므로, 진언을 염송하는 것은 일상적인 언어 속에서도 진실한 말만을 쓰는 수행이 되는 것이다.

몸으로 인계(印契)를 맺는다

우리의 의지를 나타내는 데는 언어나 문자로 하는 것 외에 손짓이나 몸가짐의 표정으로써 할 경우가 많다. 우리 인간에게는 말과 행동이 항상 따르는 것이다. 따라서 말로써 진리에 가까이 갈 뿐만 아니라, 손짓이나 몸짓으로부터 진리로 가는 길을 열었다. 이것이 밀교에서 중요시하는 수인(手印)이다. 손으로 맺는 인(印, mudra)이다. 인이란 도장과 같이 틀림없다는 것을 나타내는 것이니, 모습이나 표지인 것이다.

부처님은 손만이 아니라, 몸가짐의 모든 것으로써 진실한 세계를 보여 주셨다. 이러한 것을 대인(大印)이라고 한다.

우리 인간은 자기의 의사를 손으로 나타내는 것이 예사다. 그러나 특히 인도 사람은 손으로 표시하는 것이 발달되어 있다. 그리하여 밀교에서는 손으로 나타내는 인계로써 여러 가지를 상징하게 되었다.

가령 남에게 무엇을 주고자 하는 마음을 표시하기 위해서는 손을 앞으로 내밀어서 손바닥에 있는 것을 주는 시늉을 하는 것이 예사이므로, 오른쪽 손을 들어서 주는 표시를 한다. 이것이 여원인(與願印)이다.

또한 부처님이 항상 설법하시는 것을 보여 주려면 수레가 쉬지 않고 구르듯이 법의 수레를 굴리는 모양으로 설법인(說法印)을 하고, 부동한 심성으로 진리와 계합된 모습을 보이기 위해서는 두 손바닥을 배꼽 아래에 포개서 놓은 정인(定印)을 하는 것이니, 이것은 당연한 제스처라고 할 수 있다.

그러나 우리 인간의 의사 표시는 너무도 다양하므로 이것을 남김없이 나타내서 상대방에게 있는 그대로를 알리기 위해서는 서로 약속된 법으로써 표시할 필요가 있다. 특히 불교는 중생을 제도하기 위해서 여러 가지 특수한 뜻을 부여하는 수인을 고안해 내지 않으면 안 되었다.

그리하여 왼손을 미망의 세계·범부·정지의 뜻으로 하고, 오른손을 깨달음의 세계·부처·활동의 뜻으로 삼게 되었고, 다시 좌우의 각각 다섯 손가락으로 지·수·화·풍·공의 오대(五大)를 나타내기로 하고, 단(檀)·계(戒)·인(忍)·진(進)·선(禪)·혜(慧)·방(方)·원(願)·역(力)·지(智)의 십도(十度), 십바라밀을 나타내게 되었다.

또한 손을 합장하거나 주먹을 쥐는 모양에도 여러 가지가 있어서 인계를 통해서 부처에게로 가고, 다시 내가 부처가 된다.

합장하는 인계에 있어서도 12종이 있고, 주먹을 쥐는 원인에는 6종이 있다. 합장을 하거나 주먹을 쥐는 것도 절대적인 뜻이 있는 것이다. 왜냐하면 그것은 곧 남에게 의사가 전달되는 것이요, 자기의 표현이기 때문이다.

합장에는 열 손가락을 굳게 붙여서 손가락 끝이 뒤로 젖혀지게 하면 이것은 견실한 마음의 표시이니 견실심합장(堅實心合掌)이요, 손바닥을 붙이지 않고 둥글게 공간을 두면 그것은 달의 둥근 모양을 본뜬 것으로 허공과 같은 깨달음의 세계를 상징한다. 이것을 허심합장(虛心合掌)이라 하고, 또한 이 허심합장에서 손바닥을 넓혀서 연꽃봉오리같이 하면 이것은 더러움에 물들지 않는 중생의 청정본심이니, 부처의 마음과 같으나 중생은 아직 깨닫지 못했으므로 꽃봉오리같이 나타내는 미부연화합장(未敷蓮華合掌)이며, 다시 여기에서 두 가운데 손가락을 조금 벌린 모양은 중생의 본심이 조금 눈을 뜬 것이므로 초할연화합장(初割蓮華合掌)이다.

또한 부처와 범부가 하나가 되어 금강의 진리에 들어간 것을 나타내기 위해서 합장한 손끝을 서로 교차시켜 범부인 왼손가락과 부처인 오른손가락 끝이 합일하는 모습이 귀명합장(歸命合掌)이다.

다음에 주먹을 쥐는 것은 한 손만 쥘 경우와 두 손을 다 쥘 경우가 있어서 각각 3종의 권법이 있다. 한 손으로 쥘 경우에, 엄지손가락을 세우고 주먹을 가볍게 쥐고 엄지손가락으로 둘째손가락의 가운뎃마디를 누르는 연화권(蓮花拳)이 있다. 이것은 아직 연꽃이 되지 못한 것을 상징하는 것이다.

엄지손가락을 손바닥 안에 넣고, 둘째손가락으로 엄지손가락의 등을 누르고 주먹을 쥐기도 한다. 이것은 신·구·의의 세 가지가 합일하여 활동하는 금강신의 모습이니 금강권(金剛拳)이라 하고, 또 삼밀합성인(三密合成印)이라고도 한다. 또한 금강권에서 둘째손가락과 새끼손가락을 세워 조금 굽혀서 이빨 모양으로 한다. 이것은 모진 중생을 구제하기 위해서 그를 항복시키는 분노의 모습이니 분노권(忿怒拳)이다. 이 권인은 부동명왕이나 항삼세명왕(降三世明王)이나 일체마보살(一切魔菩薩)의 인계이다.

또한 두 손으로 주먹을 쥐는 양수권에도 3종이 있다. 두 손바닥을 모아 두 손의 열 손가락을 밖에서 얼싸서 주먹을 쥐기도 한다. 이것은 외박권(外搏拳)으로 금강박(金剛搏)이라고도 한다. 부처의 깨달음의 세계는 금강박과 같이 견고하다는 뜻이다.

다시 이 금강박에서 손바닥을 둥글게 열어서 두 손의 열 손가락이 안

쪽에서 교차되는 모양이니, 이것은 내박권(內搏拳)이라고 한다. 이것은 범부의 본심인 불성을 둥근 달이 광명을 발하는 것에 비유한 것이다.

또한 왼손은 연화권을 하고, 오른쪽 손은 금강권을 하여 왼쪽의 엄지 손가락을 오른쪽 주먹 안에 넣은 것을 여래권(如來拳)이라고 한다. 여래권은 왼쪽 주먹의 불성이 오른쪽 주먹 속에서 자유롭게 신·구·의 삼업이 활동하여 여래의 경지에 도달된 것을 상징한다.

이와 같이 수인은 손가락이나 합장이나 주먹 등으로 부처님 세계를 표현하는 것이다. 이러한 수인을 지음으로써 그 세계로 갈 수 있는 것이다.

인간의 내심이 밖으로 표현되고, 또한 밖으로 표현된 형식을 통해서 내심이 이루어지는 것이다. 거울을 보고 빙그레 웃으면 자연히 마음도 부드러워지고, 노하는 표정을 지으면 경직되는 것을 경험할 수 있다. 그러므로 부드러운 마음을 가지려면 웃는 얼굴을 지어야 하고, 노하려면 무서운 얼굴을 지어야 하니, 이러한 것이 모두 수인과 더불어 우리의 수양의 방편이 되는 동시에 절대 진리의 자연스런 표현이기도 하다.

이러한 수인으로서 표시되는 밀교의 세계가 다시 탑(塔)과 오고금강저(五股金剛杵)로서 상징되기도 하는데 탑과 같은 모양으로 수인을 하고, 금강저의 모양으로 수인을 하여 태장계(胎藏界)와 금강계(金剛界)의 양부가 둘이 아님을 상징하고 있다.

요컨대 밀교경전에서는 이외에도 여러 가지 수인을 설하고 있어서, 이에 상응한 진언을 염송하라고 하고 있다.

이상에서 본 바와 같이 인계에는 세 가지 뜻이 있다. 하나는 불교의 교리를 나타내는 뜻으로서 교리의 규범이라는 뜻이다. 이것은 삼법인 또는 사법인이다. 다음으로는 불보살이 손에 가지고 중생을 제도하는 기구이니, 그것은 불보살의 서원을 상징한 것이다. 다음에는 행자가 손에 맺는 인계이니 법계의 실상, 여래의 몸을 상징하는 것이다. 행자가 부처의 실체를 파악하고, 부처가 되는 실천으로서의 신밀(身密)을 나타내게 된다.

우리는 이러한 수인을 통해서 몸으로 나타내는 동정 위의가 모두 인계를 떠나지 않게 해야 한다. 부처의 세계에서는 손을 움직이고 발을 움직이는 것이 모두 밀인(密印)이요, 입을 벌려 말을 하는 것이 모두 진언이며, 마음에 생각하는 것이 모두 삼매의 세계이다. 《대일경》〈밀인품 密印品〉에서 "비밀주여, 이들 몸의 모든 움직임이나 머무는 동작은 밀인임을 알고, 이들의 혀를 움직여서 말하는 것은 모두 진언임을 알아라 神密主乃至 身分擧動住止 應知皆是密印 告相所轉衆多言說 應知皆是眞言"라고 하였다.

이와 같이 손으로 인계를 맺는 수행은, 우리의 몸으로 행하는 행동으로 하여금 부처의 행위와 같이 나를 깨닫게 하고 남을 위하는 행위가 되기 위한 것이다. 그리고 제불여래가 가지고 있는 기물의 형태를 하는 것은 부처님의 서원을 상징하는 것이므로, 자기의 생활이 그와 같이 실현되기 위한 것이다.

삼매(三昧)에 머문다

삼매라는 말은 인도어인 사마디(samādhi)라는 말을 음역한 것이다. 삼매란 뜻으로 보면 마음을 한곳에 정하여 움직이지 않는 상태이므로 정(定)이라고도 하고, 마음이 조절되므로 조직정(調直定)이라고도 하며, 마음이 이렇게 되면 흔들리지 않고 한결같이 유지되어서 지혜가 나타나므로 등지(等持)라고도 하고, 또한 이러한 상태에서 법이 비로소 나타나서 즐겁게 머물게 되므로 현법락주(現法樂住)라고도 한다.

그런데 이러한 삼매의 세계로 가는 수행법을 요가(yoga, 瑜伽)라고 한다. 이러한 요가법은 인도에서 모든 수행인이 공통으로 행한 것으로 바라문이나 요가학파만이 아니고, 자이나교나 불교에서도 이 요가법으로 깨달음을 얻었다. 따라서 석존도 요가법을 행하신 것이다.

그러나 이 요가법에도 여러 가지가 있으므로 석존이 행하신 요가법은 자세히는 전하고 있지 않으나, 호흡을 조절하면서 마음의 움직임을 관찰하여 마음의 실체를 아는 독특한 방법이었다고 생각된다. 요가라는 말의 어원에 삼매의 뜻이 있으므로 요가법을 삼마지법(三摩地法)이라고 하는데, 특히 불교에서는 요가법을 사마지법이라고 부르는 것이 예사로 되었다. 그러나 대승불교에서는 그대로 유가행(瑜伽行)이라고 하면, 그것이 곧 사마지법으로 이해되었다.

본래 요가법은 우주의 신비한 비밀을 알기 위한 직관의 방법으로 인도에서 개발된 수행법이므로 밖으로 우주의 신비를 알 수도 있겠으나, 나 자신의 비밀, 곧 참 나의 모습도 알 수 있는 유일한 방법이다. 그러므로 불공 삼장은 "진언법만으로 이 몸이 곧 부처가 될 수 있기 때문에 이 사마지법을 설한다. 다른 가르침 중에는 없으므로 쓰지 않겠다"고 했다.

그러면 밀교에서 행하는 요가법, 곧 사마지법은 어떤 것인가.

일반적으로 행하는 요가법이나 사마지법은 감각 기관의 작용을 억제하여, 마음을 일으키지 않고 무념무상의 세계에 머물러 그 상태를 최고의 안락한 적정의 세계로 삼는 것이다. 그러나 밀교의 요가는 적극적으로 마음을 일으켜서 올바른 한 마음을 굳게 가지는 것이다. 한 생각도 일어나지 않는 적정의 즐거움에 머무는 사마지는 '아스파나카 사마지(asphānaka samādhi)'라고 하여 무식신정(無識身定)이라고 하고 있다. 이것은 마음과 몸의 움직임이 없는 고요한 상태다.

이 사마지법은 외도들이 최고의 경지라고 하여 수행하는 것인데, 석존도 6년 고행 동안 이것을 닦았다. 그러나 이것으로는 진실한 깨달음을 열 수가 없다고 하여 일체 여래가 나타나서 적극적으로 부처의 다섯 가지 상(相)을 보는 유상관법(有相觀法)을 닦으라고 하여, 이것에 의해서 석존은 비로소 깨달음을 얻었다고 금강정경에서 말하고 있다.

이에 대하여 불공 삼장은 "점차로 닦아서 배우는 대승의 가르침, 곧 길을 따라서 가는 대승교만이 아니라 소승이나 외도에서도 대개 이 아스파나카 사마지를 닦는다. 점차로 닦는 대승에서는 망령된 생각을 없애기 위해서 이것으로 들어간다.

그러나 돈입(頓入) 돈오(頓悟)를 지향하는 밀교에서는 이에 머물지 않는다. 이 정은 공정(空定)으로서 일체의 생각을 부정하기 때문이다. 밀교에서 보면 일체의 생각은 그대로 실상이다. 이것을 비추고, 이것을 살리는 데에 밀교의 특징이 있다. 이 생각을 두려워하고 공정을 즐기는 것은 올바른 지혜를 모르는 망령된 견해이다. 이러한 무리가 지극히 많이 있다. 실로 통석한 일이다"라고 문답하고 있다. 우리가 흔히 선(禪, dhyāna, 禪那)이라고 하는 것은 고요히 생각한다는 뜻으로 정려(靜慮)라고 번역되는데, 이 선은 고요함에 그치지 않고 열반의 묘심에 머무는 것을 궁극으로 삼는다. 마음을 움직이지 않는 것을 통해서 열반묘심을 얻게 된다는 것이다. 따라서 달마선이나 조사선에 있어서는 무념무상의 상태에서 허공과 같이 빈 마음을 가지라고 역설한다. 그러나 밀교에서는 애초부터 이를 거부한다. 그래서 선무외 삼장이 "초학자는 흔히 마음을 일으키고 마음이 움직이는 것을 두려워하여, 헛되이 나아가 구하기를 거절하고, 오로지 생각을 떠남으로써 최고로 삼는다. 그러나 생각에는 좋지 않은 생각이 있고 좋은 생각의 두 가지가 있으니, 좋지 않은 망념은 버려야 하나 좋은 생각은 없앨 것이 아니다"라고 하고 있는 것으로도 알 수 있다.

이러한 밀교의 선은 정(定)과 혜(慧)가 같이하고 있는 것이다.

현교의 선은 지(止)를 통해서 정(定)을 얻은 뒤에 관(觀)을 통해서 혜(慧)를 얻는 것이지만, 밀교의 선은 지와 관이 동시에 있어서 정과 혜가 같이 따른다. 그러므로 선무외 삼장은 "지은 바에 따라서 모두 삼매가 상응한다. 꽃을 공양할 때에는 곧 꽃과 삼매가 상응하니, 그 속에 부처의 본존이 분명히 나타난다. 만약에 향이나 등(燈)이나 도향(塗香)이나 물을 바칠 때에, 또한 향과 삼매가 내지 향수와 삼매가 상응하여 하나

하나의 본존도 또한 따라서 앞에 나타난다. 이와 같이 하나하나의 인연 속에서 모두 이것이 법계로 들어가서 모두 선지식을 보나니, 돌고 바뀌어 이(理)와 상응한다"고 설하고 있다.

이것은 꽃이나 향이나 등명 등의 사물이 모두 법계요, 부처라고 관하는 올바른 생각이 한결같이 이어지면서 잘못되고 망령된 생각이 억제되어서 자연히 한 생각만이 굳게 이어져 머무는 삼매에 있게 되므로, 이러한 올바른 생각이 삼매와 상응하여 지혜가 되고, 그것이 대경을 분명히 비추어 보게 되므로 본존인 부처가 밖에 나타나게 되는 것이다. 하여튼 밀교의 사마지법은 무상관(無相觀)이 아니고 유상관(有相觀)이다.

물론 이러한 유상관법이 밀교에만 있는 것은 아니다. 석존 이전의 우파니샤드(upaniṣad) 철학에서도 있었고 원시불교에서도 있었으므로, 오늘날 남방불교에서 흔히 사용하고 있는 위파샤나(vipas̓yana)라는 관법은 사물을 관찰하여 떠나지 않게 하면서도 집착하지 않는 방법이다. 이 방법은 대염처경(大念處經) 등에서 자세히 설하고 있다.

그러나 밀교의 관법은 소승불교나 외도의 관법과는 그 차원이 다르고, 대승의 어떤 선법과도 다른 것이 있다. 이사불이(理事不二), 물심불이(物心不二)의 입장에서 관하는 모든 사물을 바로 법계로 보고 법신불로 보며, 참된 나의 모습으로 보는 것이다.

불공 삼장의 문하에 있던 비석(飛錫)은 "지극한 사람이 마음을 깨끗이 하여 무념무상을 지극한 것으로 여기는데, 인연의 사물을 따라서 그 속에서 법신불을 보려고 하는 근거는 무엇입니까"라는 물음에 대하여 "두루 육진삼업(六塵三業)을 따라서 묘원(妙願)을 일으켜 부처의 경계로 들어갈 때, 하나하나의 인연이 여래를 떠나지 않음을 모두 '본다'고 말한다. 이것은 원견(圓見)이니, 눈으로 보는 것이 아니다. 그러므로 열반경에서는 성문은 천안(天眼)이 있다고 하지만, 이것을 육안(肉眼)이라고 말한다. 대승을 배우는 이는 육안이 있더라도 불안(佛眼)이 있다고 하니, 그러므로 대지가 물 위에 머무는 것과 같이 우물을 파면 물을 얻어서 그것을 사용하나, 파지 않으면 그것을 보지 못한다. 이와 같이 거룩한 지혜의 경계는 일체의 법에 두루 있다”고 강조하고 있다.

요컨대 참된 부처인 나를 그대로 보는 것이 삼매에 머무는 방법인데, 밀교의 유가사마지법은 다른 선수행법과 다르니, 모든 사물의 인연을 통해서 그것에서 부처를 보고, 내가 부처임을 아는 것이다. 마음을 삼매에 머물게 하는 것은 우리의 마음을 부처의 마음으로 하고자 하는 것이니, 항상 정신을 통일하여 나와 부처가 둘이 아닌 경지에 머물러 있는 수행이다.

이러한 삼매에 머무는 수행은 신·구·의 삼밀 중에서 근본이 되는 것이므로 밀교를 삼밀종(三密宗)이라고도 하고, 사마지종(三摩地宗)이라고도 한다.

나와 부처가 둘이 아닌 경지란, 진(眞)과 속(俗)이 둘이 아닌 경지이기도 하다. 부처란 진의 세계요, 범부인 나는 속의 세계에 있는 것이다. 따라서 진과 속이 둘이 아니고, 부처와 내가 둘이 아닌 것으로 이루어진 것이 반야심경의 색즉시공(色卽是空) 공즉시색(空卽是色)이기도 하다.

사마디를 닦음으로써 이 세계에 이르면 일상적인 모든 마음이 진의 세계에 있으면서 일상심 그대로 머문다. 이것이 일상심시도(日常心是道)이다. 이렇게 되면 금강경에서 말하는 ‘응무소주 이생기심(應無所住而生其心)’에서 ‘응무소주 이주심(應無所住而住心)’으로 된다.

응무소주(應無所住)는 진이요, 생심이나 주심은 속이다. 진과 속이 같이 있으므로 걸림 없는 마음가짐에서 진실계를 떠나지 않는다. 여기에 밀교의 사마디법의 묘가 있다.

2. 여러 가지 수행 방법

관불(觀佛)로 부처님을 본다

밀교의 관법은 부처를 보는 방법이다. 이에는 부처를 직접 보는 방법이 있고, 법을 통해서 보는 방법이 있다.

부처를 관하는 데는 직접 불상을 관하는 방법과 만다라를 관하는 방법이 있다.

또한 법을 보는 데는 일체의 사물을 직접 관하는 방법과 어떤 사물을 상징하여 이것을 관하는 방법이 있다.

물론 밀교의 수행은 부처가 되는 것이 목표이며, 밀교 수행의 근본은 신ㆍ구ㆍ의 삼밀의 수행이다. 그러므로 삼밀수행은 삼밀묘행(三密妙行)이라고 하여 밀교 특유의 수행 방법으로 전수되고 있다.

현교에서는 마음이 곧 부처〔卽心是佛〕라고 하여 마음의 수행으로 끝난다고 하나, 밀교는 그렇지 않고 즉신시불(卽身是佛)이다. 이때의 몸은 심신불이(心身不二)의 몸이다.

그런데 우리가 성불하는 데는 단계가 있을 수 있다.

본래 우리 범부도 불성이 있으므로 부처다. 그러나 현존하는 우리는 미망에 싸인 범부다. 그러므로 이 범부 그대로 부처를 보는 수행을 하지 않으면 안 된다.

결국 범부의 번뇌를 끊어야 하는 당면 문제가 있는 것이다. 무명 번뇌에 가려 있기 때문에 본래 내가 부처임을 모르는 것이다.

그러므로 밀교에서도 먼저 번뇌를 끊어서 무명을 없애는 부정적인 문인 차정문(遮情門)으로부터 들어가서 적극적으로 번뇌를 없애고 불성을 나타내는 긍정적인 표덕문(表德門)으로 들어가 깨달음을 증득할 수도 있다. 따라서 성불의 도정에는 깨달음을 돕는 많은 방법이 따를 수 있는 것이다. 이에 법을 관하는 여러 가지 방법이 있고, 부처를 관하는 방법이 있게 된다.

먼저 법을 관하는 것에는 법신을 관하는 것이 있다.

밀교에서는 부처의 생신(生身)을 생각하는 염불(念佛)에 그치지 않고, 법신을 관하여 법을 봄으로써 부처를 보는 것이다. 염불에 있어서도 참된 살아 있는 부처님을 보듯이 불상을 보라고 하여 불상을 관하는 것이 오히려 염불삼매에 드는 데 도움이 된다고 한다.

본래 불상은 부처님의 입멸 후에 많은 중생이 부처님의 진상을 보지 못하게 되자 악법에 떨어지게 되니, 그런 사람들에게 불상을 관하라고 가르쳤다.

《관불삼매해경觀佛三昧海經》에서는 관상법을 자세히 설하였다. 그에 의하면 불상의 발가락으로부터 시작하여 차제로 부처님상을 우러러보고, 부처님의 정수리의 육계(肉髻)에 이르는 역관(逆觀)을 하고, 다시 부처님의 육계로부터 시작하여 점차로 미간·코·입 내지는 발가락에 이르도록 순관(順觀)한다. 이 역·순의 두 관법에 의하여 32상 80종호의 여러 가지 거룩한 모습을 알아서 마음을 불상에 두어 다른 생각을 하지 않고, 눈을 감거나 눈을 뜨거나 하여 항상 부처님의 색신이 눈앞에 나타나게 한다. 이와 같이 하여 한 불상을 관하고 나면 둘, 셋, 다섯, 열 내지 시방에 이르는 무수한 불상을 관하여 눈을 뜨거나 눈을 감거나 마음에 항상 생각하여 전후좌우에 부처님상이 가득함을 관한다.

이때에 오직 앉아 계신 불상만을 관하는 것이 아니고 서 있거나 움직이는 불상을 생각하여, 그 불상의 미간으로부터 흰 빛이 방광하여 두루 시방 일체처를 비추며 그 백광 속에 1천1백억의 화불(化佛)을 시현하고, 그 화불이 1천1백억의 나라에서 일체 중생을 성화한다고 보고, 한 부처를 예배하면 곧 일체불을 예배하며, 한 부처님을 사유하면 곧 일체 불을 본다고 생각하는 것이다.

이 《관불삼매해경》의 관불은 역사적인 석존을 억념하는 것으로부터 시작하여, 점차로 이것을 이상화하여 일체불에까지 확장하는 것이므로 석가 세존 중심이다. 그러나 《금강정경》의 관불은 대일여래를 억념하여, 그 법신불이 일체를 비추고 살리며 교화하는 것을 관하므로 대일여래가 중심이고, 법신을 보는 것이다. 그러므로 그 법신이 모든 사물 위에 나타나고 있으므로 모두가 부처라고 보는 것이다. 우주 속에 존재하는 모든 사물이 부처이므로 이 세계는 장엄한 만다라 세계요, 법신불의 묘한 작용인 제불보살이나 천인 등도 법신불의 상징임을 보는 것이다.

밀교의 관불은 시방의 모든 곳에서 부처를 보고, 나 자신도 부처로서 영원히 절대 가치를 창조하면서 깨달음을 실천하는 거룩한 몸으로 되는 것이다.

관법(觀法)으로 실상을 본다

일체의 만상이 부처라고 관하는 것은 만상을 있는 그대로 살아 있는 부처로서 깨닫는 것이므로, 이러한 깨달음을 얻기 위한 관불은 매우 뜻 깊은 일이 아닐 수 없다. 그러나 살아 있는 부처를 깨닫는 데는 자칫 잘못하면 형상에 끌리거나 인격적인 존상의 상(相)에 끌리기 쉽다. 그러므로 부처를 봄에 있어서는 법신을 보아야 하고, 법신을 보면 제법의 실상(實相)을 보아야 한다. 그러므로 부처를 봄에 있어서는 부처의 형상인 32상이나 80종호를 보지 말고, 법신을 보라고 하였다.

《금강경》에서도 "모든 상이 상 아님을 보면 곧 여래를 보리라 若見諸相非相卽見如來"고 했다.

구마라집(鳩摩羅什) 역인 《사유요략법思惟要略法》에서도 "생신을 통해서 안의 법신, 곧 십력(十力), 사무소외(四無所畏), 대자대비, 무량한 선업(善業)을 보라. 사람에게서 먼저 금으로 만든 병(甁)을 생각하고, 뒤에 병 안에 있는 마니보주를 관하는 것과 같다" 하고, 다시 용수보살의 《십주비바사론十住毘婆娑論》에서도 "제불은 바로 법신이니, 단지 육신에 그치는 것이 아니다" 하고, "단지 색신으로서 부처를 보지 말고, 마땅히 법으로서 관하라"고 하였다.

여기에서 법신이라고 한 것은 부처의 계·정·혜·해탈·해탈지견 등 부처가 갖춘 공덕이다. 여기에는 오분법신(五分法身)이나, 십팔불공법(十八不共法)의 16종의 부처가 갖춘 공덕을 말한 것이다. 그러나 이러한 법에도 끌리지 않아야 하니, 그러기 위해서 제법실상을 관하는 것이다. 《금강반야경》에서 "여래는 항상 설했나니, 너희들 비구여, 내가 설한 법을 마치 뗏목의 비유와 같다고 아는 자는 법도 버려야 한다. 하물며 법 아닌 것이겠는가"라고 했다. 그리하여 《십주비바사론》에서는 부처의 생신관을 닦고, 다시 법신관을 닦고, 다시 실상관을 닦으라고 하여 관불의 세 단계를 가르치고 있다. 곧 "새로 뜻을 발한 보살은 32상 80종호로서 부처를 염하라. 앞에서 설한 바와 같다. 다시 깊이 들어가서 그 속에서 힘을 얻으면, 법신으로서 부처를 염하라. 마음속에 다시 깊이 들어가서 거기에서 힘을 얻으면 실로 실상으로써 부처를 관하여 탐착하지 말지니라" 하였다.

이와 같이 드디어는 제법실상관이 법신관을 대표하는 것으로 생각되기에 이르렀다.

그리하여 밀교에서는 관불법과 더불어 여러 가지 관법이 설해지니 부처나 법을 그저 추상적으로 관하는 것이 아니고, 구체적으로 법의 상징으로서 사물을 관하는 방법을 개발하였다. 이것은 밀교의 근본 입장인 이사불이(理事不二), 물심불이(物心不二)의 교의에 의한 것이다.

그러면 어떤 사물을 상징하느냐 하는 것을 가지고 여러 가지 관법이 있게 되었으니, 월륜관(月輪觀)·아자관(阿字觀)·종자관(種子觀)·자륜관(字輪觀)·삼형관(三形觀)·종삼존관(種三尊觀)의 관법이 있고, 다시 《금강정경》에서 설하는 오상성신관(五相成身觀)이 설해지게 되었다.

요컨대 밀교의 관법은 일체 사물을 법신불의 수형(垂形)으로 보고, 이 세계를 법력의 구현으로 직감하여 이 세계가 부처님의 장엄한 법계임을 여실히 관하는 것을 자기의 수행으로 삼고, 부처와 하나가 되어 인법(人法)이 하나인 세계에 머물려고 한다.

다음은 밀교에서 일반적으로 행하는 법을 관하는 관법을 소개하기로 한다.

• 월륜관(月輪觀)

월륜관은 달을 상징한 관법으로서, 달이 가지고 있는 상징성이 우리의 심성을 보이고 있다고 생각하여 달의 둥글고 밝고 맑은 성질을 나의 심성으로 관하는 것이다. 우리의 본성은 마치 달과 같이 깨끗하고 맑으며 원만한 것이므로, 월륜관을 통해서 이런 심성을 감득하게 되는 것이다. 우리의 본심은 청정하고 밝고 원만하므로 탐욕의 더러움을 떠난 것이며, 진예의 뜨거운 고뇌를 떠난 것이요, 어리석음의 어둠을 떠난 것이다. 그러므로 우리의 본성은 청정하고 청냉하며 밝은 것이다.

달이 본래 이런 것이므로 우리의 본심을 보기 위해서는 이런 달의 본체를 보면 된다는 착상이다. 그러므로 《금강정경》에서 "나의 마음은 달과 같다"고 하였으므로, 선무외 삼장은 그의 《무외선요無畏禪要》에서 이 관법은 달이 둥글고 밝은 것처럼 마음의 달을 본존으로 하여 이에 마음을 집중한다고 하였다.

먼저 정좌하고 앉아 있는 곳으로부터 1백20센티미터 정도 앞에 직경 30센티미터 정도의 둥글고 밝은 달을 그려서 걸어 놓고, 이 달을 본 다음 눈을 감고 두 눈동자를 가지고 코끝에서 달을 보면서 혀는 윗이틀에 대고, 허리를 쭉 펴고 곧게 앉아서 숨을 들이마셔서 숨이 온몸에 퍼지게 하고, 다시 숨이 나가서 온 천지에 퍼지게 하면서 천천히 숨을 쉬면서 마음을 안정시키고, 달을 코끝에서 관한다.

밖에 있는 달과 내 마음 안에 있는 달이 만나서 하나가 되도록 한다. 마음속의 밝고 깨끗하고 맑은 둥근 달이 나타나고, 그 달을 점차로 확대시켜서 우주에 두루 펼쳐 퍼지게 하면, 밝고 깨끗한 달빛 외에는 내 마음도 없고 몸도 없으니 달과 마음과 나와 우주가 하나가 되어 무분별지(無分別智)인 청정한 보리심 그대로에 머물게 된다. 그 다음에는 자비문에 머물러 마음의 달을 점차로 축소하여 본래의 달과 같이 되면, 이때에 자심 속에 거두어 두고 다른 단계로 들어간다.

이러한 월륜관은 일륜관(日輪觀)에 상대되는 관법이다.

• 아자관(阿字觀)

이 관법은 범자의 아(阿, 㪛)자를 달 속에 그려 놓고, 이것을 본존으로 하여 관하는 관법이다. 이 '아' 자는 불생(不生)이라는 뜻인 anutpada의 머리글자인 a자를 취한 것이니, 나의 마음이 불생불멸의 제법의 실상임을 나타낸 것이다.

나의 마음이 불생불멸인 공(空)임을 알면 그대로 성불하는 것이다. 그러므로 선무외 삼장은 "처음 불교에 발심하는 것도 '아' 자요, 뒤에 즉신성불(卽身成佛)하는 것도 곧 '아' 자다"라고 하였다.

이것은 '아' 자가 상징하는 불생불멸의 생명의 본원을 직감함으로써 자기가 불생불멸의 실상으로 되는 것이다.

• 종자관(種子觀)

인간은 말대로 되는 존재이기도 하다. 말을 바르게 쓰고 착한 말만 하면, 그 말대로 바르게 되고 착하게 되는 법이다. 그러므로 말은 사람을 만든다.

우리가 증득하고자 하는 진리의 세계는 본래 생하는 것도 아니고 멸하는 것도 아니기 때문에(㪛), 말을 떠난 것이요(㪟), 말을 떠난 것이기 때문에 번뇌라고 하는 것도 떠난 것이요(㪠), 번뇌도 떠났으므로 원인이 되는 것도 없고(㪡), 원인이 없으므로 결과도 없어서 공 그대로인 것이다(㪛). 이러한 것을 순차로 관하고, 또한 역으로 관하여 진실한 세계에 들어가는 관법이다.

이러한 다섯 가지를 나타내는 글자인 종자의 첫 글자 a, va, ra, ha, kha 를 관하여, 이 글자가 가지고 있는 말의 뜻의 세계로 들어가서 합일한다.

• 삼매야형관(三昧耶形觀)

금강저(金剛杵)나 도검(刀劍)이나 연화 등과 같이 불보살의 서원을 나타내는 사물인 삼매야형(三昧耶形)을 관하여 그 존상의 세계로 계합하는 수행이다.

가령 문수보살의 지혜를 나타내는 도검, 관세음보살의 묘관찰지(妙觀察智)를 나타내는 연화 등을 관하는 것이다.

• 종삼존관(種三尊觀)

종삼존관이란 종자와 삼매야형과 존형의 약칭이다. 이 세 가지를 단계적으로 모두 관하는 것이다.

행자가 먼저 본존의 종자를 보고, 그 종자가 변하여 본존의 삼매야형이 되고, 그것이 다시 변하여 본존의 존형이 된다고 관하는 관법이다. 이것은 얕은 데서 깊은 데로 들어가는 것이다.

법신불은 이들 세 가지로 상징될 수 있으나, 종자와 삼매야형은 법신불의 법을 표현한 것이요, 존형은 인격적인 표현이다. 이 종삼존관을 행할 때에는 어느것이나 월륜(月輪) 속에서 종자를 관하고, 연속하여 삼매야형을 관하고, 존형을 관하는 것이다. 《대일경》에서는 이 관법을 자인형상관(字印形像觀)이라고 했다.

먼저 둥근 달 속에서 종자의 글자를 관하는 것은 보리심을 상징하는 달 속에서 부처의 어밀(語密)인 진언을 관하는 것이 되고, 다음에 삼매야형을 관하는 것은 부처의 서원인 마음의 활동을 관하는 것이요, 최후로 존형을 월륜 속에서 관하는 것은 부처의 몸의 활동을 관하는 것이다. 이렇게 하여 부처의 신 · 구 · 의 삼밀이 나의 삼밀로 되는 것이다.

오상성신관(五相成身觀)으로 불신이 원만하다

이와 같이 부처의 몸이나 말이나 마음을 그대로 관하여 나의 몸가짐과 말과 마음으로 되도록 조직된 것이 오상성신관이다. 이 관법은 앞에서 본 종삼존관과 그 뜻을 같이한다고 하겠다.

오상성신관이라는 관법을 기본적으로 보인 것은 《대승본생심지관경大乘本生心地觀經》의 제8에서이다. 여기에서 우리의 보리심을 보기 위해서 월륜관을 닦으라고 하고, 그 다음에 세 가지 비밀의 관법을 닦으라고 하였다.

"유가 행자는 월륜을 관하고서는 세 가지 대비밀의 법을 관할지니, 무엇이 셋이냐 하면 하나는 마음의 비밀이요, 둘째는 말의 비밀이요, 셋째는 몸의 비밀이다"라고 하여, 부처의 마음의 비밀스런 활동을 보기 위해서는 금강저관(金剛杵觀)을 닦고, 그 다음에 부처의 말의 비밀을 보인 진언과 부처의 몸의 비밀을 생각하기 위한 관법을 설하고 있다.

그런데 《금강정경金剛頂經》에서는 이 보리심을 관하기 위한 월륜관을 닦아서 통달보리심(通達菩提心)과 수보리심(修菩提心)이 이루어지고, 부처의 마음의 비밀을 보이는 금강저관을 닦아서 성금강심(成金剛心)과 증금강신(證金剛身)이 이루어지고, 다시 부처의 몸의 비밀을 관하는 관법으로 불신원만(佛身圓滿)을 관하여 이들 다섯 가지 모습이 모두 이루어진다고 하였다.

《금강정경》에서는 다섯 가지의 하나하나에 부처의 말의 비밀인 진언을 송지하도록 가르치고 있다.

오상성신관은 밀교의 대표적인 관법으로서 가장 조직적인 체계를 가진 관법이다. 이에 대하여는 항목을 달리하여 자세히 설명하겠으므로 여기에서는 간단히 그 골자만 보이기로 한다.

오상이란 통달보리심과 수보리심, 성금강심과 증금강신, 불신원만의 다섯이다. 먼저 통달보리심은 달과 같이 밝고 둥근 것이 번뇌에 싸여서 밝고 둥글게 나타나지 않는 것은, 마치 달이 연무에 싸여 있는 것과 같다. 그러므로 연무를 뚫고 나타나는 달과 같이, 나의 보리심도 번뇌의 어둠을 뚫고 나타나게 하겠노라고 마음먹는 것이다.

이때에는 자연히 말이 그것을 표시하니, 이때에 입으로 "옴찟타 프라티베드함 까로미(oṁ citta prativedhaṁ karomi; 나는 마음에 통달하겠노라)"라고 진언을 염송한다.

다음에 수보리심은 번뇌를 없앤 뒤의 보리심을 연무가 없어진 가을 밤의 밝은 달과 같다고 하여 그 달을 관하는 것이니 이때에는 "옴 보디찟담 우트빠다야미(oṁ bodhi cittam utpādayāmi; 나는 보리심을 나타내겠노라)"라고 진언을 염송한다.

이때에 마음이 부처의 마음으로 되어 활동하니, 제3의 성금강심과 제4의 중금강신이다. 금강이란 금강저(金剛杵)이다. 금강저는 부처의 내심을 깨달음의 비밀인 성금강심인 동시에 중생을 교화하는 방편으로 나타나는 삼매야형이다.

《금강정경》에서는 흔히 금강살타(金剛薩陀)의 마음을 나타내기 위해서 오고금강저(五股金剛杵)를 사용하니, 이것은 오지(五智)를 나타낸다. 그러므로 이때에 오고금강저를 월륜 속에서 관하면서 입으로 진언인 "티스타 바쥬라(tiṣṭha vajra; 머물라 금강이여)"를 염송한다. 이렇게 함으로써 행자의 마음에 금강저와 같은 금강심이 이루어진다. 이것이 성금강심이다. 이러한 금강저가 자기의 마음속에 얻어지면, 자신이 관하는 금강저와 하나가 되니, 마음에 불심이 충만하고, 몸과 마음이 하나가 되어 증금강신(證金剛身)이 된다. 이때에는 "옴 바쥬라 아트마코함(oṁ vajrātmako' ham; 나는 금강의 자성이다)"이라고 진언을 염송한다.

다음에는 불신원만을 관하게 되니 불신원만관이다. 부처의 몸이 원만한 것을 관한다. 부처님이 무수한 나라에 무수한 몸을 나타내어 중생을 교화하는 활동을 생각하면서, 자기 자신이 그런 부처가 되어서 활동

한다고 관한다.

따라서 이때에는 손에 비로자나의 지권인(智拳印)을 맺고, 입으로는 "옴 야타 살바타타가타스 타타 아함(oṁ yathā sarvātathāgatas tathā' ham; 옴 나는 일체 여래와 같이 되겠노라)"이라고 진언을 염송한다. ('오상성신관'에 대하여 보다 자세한 것은 후편에서 참조하기 바란다.)

진언의 지송(持誦)으로 지혜를 얻는다

거룩한 분인 부처나 법에 귀의하여 받들고자 하는 정열이 강렬하면 할수록 그에게 다가가게 되므로, 자연히 부처님께 귀의하여 불명을 염하게 되어 '귀의하나이다' 하는 나무(namu)라는 말이 나오게 되고, 그리하여 나무불(南無佛), 나무법(南無法) 하고, 부처님을 받들고 법을 실천하는 승가에도 귀의하여 나무승(南無僧) 하게 되는 것이다.

이와 같이 우리가 귀의하여 의지할 절대자인 부처나 법이나 승가에 의지하면 안온함을 얻고, 모든 고뇌를 제거할 수 있다. 그러므로 불교도는 불보살을 예배하면서 명호를 염송하라고 가르치고 있다.

《법화경》〈보문품〉에는 "만일 이 관자재보살의 명호를 염지하면 설사 불 속에 들어가도 불에 타지 않나니, 이것은 보살의 위신력에 의하기 때문이다. 만일 큰물에 빠지더라도 그 명호를 부르면 곧 얕은 곳에 있게 되리라" 하고, 또한 《관무량수경》에서는 "십념(十念)을 구족하여 나무아미타불이라고 부른다. 부처님의 이름을 부르기 때문에 생각 속에서 팔십억의 생신의 죄를 제거하고, 내지 극락 세계에 왕생할 수 있다"고도 하였다.

그러나 밀교에서는 이러한 칭명염불보다는 진언 다라니를 지송한다. 칭명염불이나 다라니의 지송이 모두 다 마음을 통일하여 무분별의 세계에 이르면 분별심으로 인해서 생기는 더러움을 떠나게 되는 것은 다를 바가 없다. 그러나 밀교의 입장에서 보면, 다라니의 지송은 그 다라니가 가지고 있는 뜻을 생각하면서 그 뜻과 내가 하나가 되는 것이다.

진언의 하나하나의 글자와 그 염송의 소리가 모여서 진언의 구절이 되고 있으므로 그것이 곧 법신인 부처의 몸이요, 지혜의 몸이다.

입에서 불려지는 진언구의 뜻이 일체 제법의 실상 그대로이므로, 진언구의 뜻 그대로가 나의 실상임을 체험하게 된다. 그리하여 진언구의 묘용이 나의 묘용으로 되는 것이다. 예를 들면 우리 나라에서 일반 신자들이 염송하는 육자 대명왕(六字大明王) 진언인 ‘옴 마니 반메훔’에 있어서 ‘옴’이나 ‘훔’은 한 글자만으로 부처님의 몸과 지혜를 나타낸다. 또한 ‘마’ ‘니’ ‘반’ ‘메’라는 음절도 각각 부처님의 몸이요, 지혜이다.

그러므로 이들이 모여서 된 6자가 나타내는 것은 법신불의 묘용 그대로인 것이다. 그러므로 우리 나라 진각종(眞覺宗)에서는 ‘옴’은 비로자나불이요, ‘훔’은 비로자나불의 변신인 금상보살이요, ‘마’는 아축불(阿閦拂), ‘니’는 보생불(寶生佛)이요, ‘반’은 아미타불이요, ‘메’는 불공성취불이라고 한다.

따라서 이 진언을 염송하면 마음속에서 이들 여러 부처님과 만나니 귀로 들리는 소리가 부처님의 묘음이요, 한자 한자에 나타나는 부처님의 모습이 바로 나의 모습으로 화하여 모든 더러움이 소멸되니, 내가 바로 이대로 부처인 것이다. 그러므로 진언 다라니를 반복해서 10만 번 50만 번 염송하라고 한다.

그러나 본래 내가 부처임을 믿고 몸과 말과 마음이 부처의 세계에 있으면, 한 번의 염송으로도 불신이 성만하는 것이요, 10만 번 1백만 번도 그 숫자에 관계 없이 항상 다라니와 같이 있는 것이다. 그러므로 《대일경》에서 “진언의 수를 삼락차(三洛叉, 30만 번)라고 내가 말한 것은, 몸의 죄를 떠난 청정한 진언행자에게 대하여 염송의 수를 보인 것이다” 하고, 선무외 삼장은 《대일경소》에서 “이른바 일락차(一洛叉, 10만 번)란 이것은 은밀한 말이니, 범음에는 다른 뜻이 있다. 곧 이것은 일견(一見)의 뜻이다. 마음을 여기에 머물게 하여 하나에서 흩어지지 않으면,

글자 글자가 서로 응하고, 하나의 인연이 부동하여 취하고 버림이 없
다. 그러므로 일견이라고 한다. 만일 이와 같이 하지 않으면 1백 년 동
안에 1천만락차를 염송해도 성취하지 못하리니, 어찌 하물며 한 락차(洛
叉)이랴"라고 하였다.

락차는 범어로 lakṣa이니 10만의 수를 가리키고, 목표라는 뜻도 있
다. 그러므로 한역에서는 10만, 1백만, 1억이라고 번역하고 있다.

락차는 lakṣ라는 말에서 온 것이니, 어떤 것을 응시한다는 뜻이 있다.
그러므로 선무외 삼장의 일락차(一洛叉)는 10만 번의 뜻만 있는 것이 아
니고, 한 가지에 마음을 머물게 하여 한결같이 하면 그것이 10만 번과
같다고 설명한 것이다.

따라서 불교의 염불에 있어서 아미타불을 칭명염불할 때에 '일념 내
지 십념(一念乃至十念)'이라고 한 것이다. 깊은 마음으로 지심(至心)으
로 염불하면 한 번 부른 염불이 열 번, 백 번, 천 번, 만 번으로 통하는
것이다.

불공(佛供)으로 자타가 일시에 성불한다

우리가 아침 저녁으로 예불할 때에 향을 피워 공양하면서 "계향(戒香),
정향(定香), 혜향(慧香), 해탈향(解脫香), 해탈지견향(解脫智見香), 광명
운대(光明雲台), 주변법계(周遍法界), 공양시방무량불법승(供養十方無量
佛法僧)"이라고 예불송을 바친다.

부처님께 향을 공양하는 것은 시방의 무량한 불법승에게 공양하는 것
이요, 법계에 두루 차 있는 모든 것이 다같이 지혜에 가득 차서 계를 지
니고, 정에 머물고, 지혜를 얻고, 해탈하여 인격이 완성되면, 그 덕향이
구름 위에서 비추는 햇빛같이 일체 중생에게 미치기를 바라는 것이다.

그러므로 부처님께 여러 가지를 바쳐 숭상 경봉함으로써, 그것이 나
의 공덕으로 나타나게 된다.

지심으로 불보살을 공경하여 귀의하는 마음으로 가장 귀한 것을 바치는 것이니, 살아 계신 부처님께 바치듯이 한다. 그리하여 의복이나 와구, 또는 음식물이나 의약품 등 네 가지를 공양하는 것이 예사다. 이러한 여러 가지 공양물을 바쳐서 부처님을 그곳으로 앙청하는 것이다.

《불본행집경佛本行集經》에 보면 "마을 사람들이 자기 집에서 여러 가지 맛있는 음식과 맛있는 것을 갖추고, 다음날 아침에 일어나서 집안의 땅을 깨끗이 청소하고, 향기로운 흙으로 땅을 바르고, 향수로써 그 위를 닦고, 여러 가지 꽃을 뿌려서 자리를 설치하고, 곧 사자를 파견하여 가서 부처님께 사뢰어 '여래시여 때가 되거든, 원컨대 우리 집으로 와 주십시오'" 하였다. 이와 같이 석존이 살아 계실 때에는 직접 부처님을 영접하였던 것이다. 그러나 불멸 후에는 친히 부처님을 모실 수가 없으므로 불사리(佛舍利)를 봉안한 탑이나 묘소 앞에 공양물을 바쳤다. 이와 같이 부처님께 공양하는 것은 부처님께 귀의하는 지성을 나타내는 것이다.

그러나 이러한 불공이 바로 나의 복전(福田)으로 된다고 생각하기에 이르렀다. 특히 불멸 후의 법장부(法藏部)에서는 부처님께 공양하면 큰 공덕이 있다고 말하고 있었으나, 이것을 부정하고 이러한 형식적인 불공보다는 부처님의 정신을 받들어서 교법을 따라 수행하는 것이 참된 불공이라고 하는 사상도 나타났다. 당시의 제다산부(制多山部), 서산주부(西山住部), 북산주부(北山住部)와 같은 것이 이에 속한다.

그리하여 《대반야경大般若經》에서는 "천왕은 마땅히 알지니, 제불세존을 공양하려면 마땅히 세 가지 법을 닦을지니, 하나는 보리심을 발하고, 둘째는 정법을 호지하고, 셋째는 가르침을 그대로 수행하는 것이다. 천왕은 마땅히 알지니, 만일 능히 이 세 가지 법을 닦아서 배우는 자는 진실로 부처를 공양하는 것이 된다"고 하였다. 또한 《십주비바사론》에서는 "만일 사람이 향기로운 꽃 등 네 가지로써 부처님을 공양하더라도 부처님을 공양한다고 하지 않는다. 만일 능히 일심으로 불방일로써 친근히 하여 거룩한 도를 수습하면, 이것을 제불을 공양하고 존경하는 것이라고 한다"라고 말하고 있다.

그러나 이러한 불공은 현신불(現身佛)을 대상으로 한 것이지만, 밀교에서는 법신불(法身佛)을 대상으로 하는 것이므로 차원이 다른 것이다.

한마디로 말해서 광명운대(光明雲台), 주변법계(周遍法界), 공양시방(供養十方), 무량불법승(無量佛法僧)이라고 한 것이 이것이다.

법신불인 대일여래는 태양과 같아서 한 포기의 꽃이나 향나무는 물론이요, 미진의 티끌에 이르기까지 모든 사물을 비추어서 무한한 생명을 살린다. 다시 말하면 주변법계(周遍法界)의 모든 것이 그대로가 법신불의 몸이니, 이것이 공양의 대상이 된다. 주변법계의 한 송이 꽃, 한 줌의 향으로써 주변법계의 법신불을 공양하므로 공양하는 공양물과 공양을 받는 부처님이 모두 주체와 객체를 초월하여 하나가 되는 것이다. 곧 광명운대(光明雲台)이다.

따라서 무량무수한 향화(香華)나 공물로써 진허공 변법계의 일체 여래와 대보살·법신·보신·화신·교리·행과(行果)와 승가를 공양하는 것이다.

공양하는 자와 공양받는 이가 하나가 되어 있으므로 부처님에게 바쳐지는 향화가, 바치는 나의 계(戒)의 향이 되고, 정(定)의 향이 되고, 혜(慧)의 향이 된다. 계·정·혜 삼학이 이루어져서 해탈을 얻으면, 그것이 참된 불공인 것이다.

밀교의 불공은 법계에 두루 차 계시는 일체 여래에게 공양하여 나의 번뇌의 더러움을 깨끗이 하고, 나의 몸을 부처님같이 장엄하고, 법으로서 음식을 삼고, 세간의 중생을 제도하는 등명을 밝히는 것이다.

그러므로 밀교에서는 불공을 통해서 무진삼보(無盡三寶)의 대자비력을 받기 위해서 예불하여 그의 가피력으로 법계의 모든 중생의 자타가 일시에 불도를 성취하는 것이다. 그래서 〈조석예불〉에서 "유원(唯願), 무진삼보(無盡三寶) 대자대비(大慈大悲), 수아정례(受我頂禮) 명훈가피

력(冥熏加被力), 원공법계(願共法界) 제중생자타일여성불도(諸衆生自他
一如成佛道)"라고 예불 염송하고 있다.

　법회 의식으로 각행 원만(覺行圓滿)한다

　석존이 보리수 밑에서 홀로 진리를 깨닫고, 그 깨달은 진리인 법을
끝내 설하지 않았다면 오늘날 불교는 없었을 것이고, 인류는 죄악 속에
서 더 많은 죄를 지었을 것이며, 석존으로서도 그의 깨달음이 원만하지
못하셨을 것이다.
　석존이 깨달음의 실천을 통해서 어리석은 사람들을 구제하신 데에서
그의 인격이 빛났고, 석존의 가르침이 사람들을 구제하는 데에 절대적
인 가치가 있기에 불교는 오늘날도 그렇고, 내세의 어느 누구에게도 구
제의 감로가 되는 것이다.
　그러므로 불교의 역사는 인간 구제의 역사이고, 따라서 구제의 방법
도 다양하며, 그것이 팔만대장경에서 응병투약(應病投藥)식으로 설해져
있고, 또한 방편문(方便門)으로서 체계화되어서 전해진다.
　이와 같이 중생을 제도하는 데는 중생의 근기에 맞춰서, 또는 그 시
대의 시대 정신이나 생활 양식이나, 또는 문화의 차이에 따라서 생긴
법도에 맞추어서 행해졌던 것이다. 다시 말하면 정신은 형식을 따르는
것이며, 형식은 정신에 맞춰서 나타나게 되는 것이다.
　그러므로 석존의 입멸 후, 석존의 법을 수지하려고 하는 사람들에 의
해 석존의 법을 상징하는 의식이 행해지게 된 것이다. 따라서 석존의
입멸시에는 다비(茶毘) 의식이 행해지고, 사리(舍利)도 의식에 따라 각
각 분배되었으며, 그 뒤에는 탑의 조성이나 경전의 지송에서도 여법한
의식이 따르게 된 것이다.
　그리하여 불교 교단에서는 의식 작법(儀式作法)이 발달하였으니, 그
시대의 사정이나 환경에 따라서 많은 변천을 거듭하여 오늘에 이르렀

다. 인도에서는 인도의 문화 환경에 따라서 행해졌고, 중국이나 한국으로 전파되면서 또한 의식 작법이 민중의 풍토에 맞게 발달해 왔다. 오늘날 많은 경전이나 논서 등에서 볼 수 있는 일반적인 의식 작법에는 인도풍이 그대로 기록되어 있다.

5,6세기경에는 이러한 의식이 정비되어서 전법 관정(灌頂) 의식이 베풀어졌으니 《다라니집경陀羅尼集經》《금강정약출경金剛頂略出經》에 자세히 설해져 있다. 이에 의하면 관정을 주는 대아사리가, 그 전후좌우에 열 제자를 따르게 하고, 관정을 받는 사람과 주악사(奏樂師)가 따르고, 그 앞에서 행진하는 정의 작법(庭儀作法; 법당 앞에서 본당으로 들어가는 작법) 등이 이미 정비되고 있는 것을 알 수 있다.

이러한 의식은 인도의 풍속에서 나온 것이나, 우리나라의 여러 법회 의식이나 재식(齋式)의 작법은 인도풍이나 중국풍을 여과하여 우리나라 고유의 문화 풍토에 맞도록 우리의 것으로 발달시킨 것이다. 예를 들어서 팔관재회(八關齋會)는 불교의 높은 종교철학적인 뜻이 담겨져 있을 뿐만 아니라, 사회학적으로도 현대 종교 의식의 대표적인 모델이 된다고 하겠다.

팔관회는 우리 나라의 고유 신앙에는 산신(山神) 신앙이 그 주류를 이루고 있다. 이러한 산신 신앙에는 또한 산악(山岳) 신앙이 따른다. 이것을 수용한 것이 사찰에서 볼 수 있는 산신각(山神閣)이다. 여기에는 백발 노인이 범을 거느리고 있는 그림이 있다. 백발 노인은 산신의 표상이며, 범은 산신의 권화(權化)이다.

산악이 많은 이 땅에서 살고 있는 우리 민족은 산악이 종교적인 귀의처가 되고 있었다. 산악 신앙은 자연 신앙과 직결되는 것으로서, 샤머니즘은 이 자연 신앙에서 자연발생적으로 나타난 종교 현상이다.

고대인들에게는 자연이 신비한 절대적인 존재로 느껴졌다. 그것은 인간의 생활이 자연과 떠날 수 없는 것이었기 때문이다. 그러므로 우리 선조들이 산악을 다스려서 인간에게 혜택을 주도록 하는 산신을 생각한 것은 있을 수 있는 일이며, 또한 하천(河川)을 다스려서 농경(農耕)에 도움이 되도록 했고, 비를 내리는 힘을 가진 용왕(龍王)님을 생각해 냈다. 이 중에서도 우리 선조들은 산신을 더욱 친근하게 느껴서 그를 모시는 사당을 만들고 제사를 지냈다.

우리 나라 사람들은 마을을 형성하거나 집을 지을 때에 반드시 위에 산을 등지고, 앞에 냇물을 끼게 했다. 그리하여 산신과 용왕의 보호를 받아서 영구히 번영하기를 기원했다.

이들 산신 신앙이나 용왕 신앙에서 샤먼들은 목욕재계하는 수업을 한다. 그들의 수업은 일종의 계행이요, 수행이며, 종교적인 행사이다.

용왕 신앙은 물을 다스리는 용왕이 있다고 하는 신앙이므로 산에서 나오는 샘물만이 아니라, 하늘에서 비가 오는 것이나 냇물의 흐름을 다스리는 것으로 믿어졌다.

또한 용왕 신앙에는 특히 호국신으로서의 신앙이 있었다.

신라 제30대 문무왕(文武王)은 21년 동안 나라를 다스렸는데, 신사년(辛巳年)에 붕어하자 그의 유지에 따라서 그 유해를 동해에 있는 바위 속에 묻었다. 이것이 오늘날 발견된 해중왕릉(海中王陵)이다. 이것은 왕이 이 세상을 떠나면서 호국의 대룡(大龍)이 되겠다는 소망을 따라서 바다 속에 매장한 것이다.

또한 신라 시대의 영웅 김유신(金庾信)이 화랑으로 있었던 때의 기록에 의하면, 그가 15세에 국선화랑이 되어 홀로 깊은 산으로 들어가서 목욕재계하여 하늘에 고하며 맹세하기를 "적국이 무도하여 마치 모진 짐승같이 우리 땅을 교란하니 날로 편안함이 없으므로, 내 비록 미천한 신하로서 재량이 부족하나 반드시 이 환란을 없애기를 하늘에 고하오니, 굽어 살피소서" 하고 하늘에 기도하니, 4일이 되던 날 홀연히 한 노인이 나타나서 비법을 전수해 주었다고 한다.

또한 그가 연박산(烟薄山)의 깊은 골짜기에 들어가서 향을 피우고 하늘에 고하여 법을 닦으니 3일이 되던 날, 하늘에서 빛이 드리우고, 보검(寶劍)에 신령이 강림하면서 허공으로부터 별빛이 밝게 드리워, 가지고 있던 칼이 요동하면서 비법을 받았다고 한다.

이것은 산신과의 영합이라는 종교 체험을 통해서 초인적인 능력이 얻어진 것이다.

그리하여 신라의 화랑들이 주로 강원도 지방을 배경으로 하여 수련을 쌓은 것은, 그 지방이 산수가 수려하여 산악 신앙에 맞는 산이 많을 뿐더러 외적과의 접촉이 많아서 종교적·군사적으로 중요한 곳이었기 때문이다. 신라가 예족(濊族) 말갈(靺鞨)의 침투로 인해서 항상 교전하던 곳이 바로 대령책(大嶺柵)·이하(泥河)·장령(長羚) 등지이다. 또한 그 뒤에 강원도의 북쪽은 고구려와의 경계선이 되었으므로 화랑들이 그곳에 노닐면서 국선화랑(國仙花郎)으로서의 수업을 쌓았다.

그들은 전사(戰士)로서의 수업과 그의 바탕이 되는 정신적인 힘을 얻기 위해서 고행을 했다. 그들의 수행에는 화랑의 정신적인 지주로서 샤먼인 신모(神母), 곧 무녀(巫女)가 같이 따랐다. 그는 신이(神異)와 가무(歌舞)로써 그들을 인도했다.

이와 같이 신라의 화랑은 본래 샤먼적인 신앙을 가지고 전투 집단 생활을 하였고, 그 뒤에는 다시 불교의 미륵(彌勒) 신앙으로서 승화되었다.

화랑이 전투적인 집단이었으므로 그의 자질을 갖추기 위해서는 여러 가지 요소를 갖추고 있어야 했다. 먼저 영이(靈異)한 신령(神靈)인 천지 신명에 접하여 그 힘을 입는 일이다.

그들에게는 평생토록 신령이 수호하고 있으므로 전진에 임해서는 신령의 고시(告示)가 있고, 신령이 길을 밝혔다. 그리하여 김유신은 점을 잘 치는 점복사(占卜士)인 추남(楸南)이라고까지 소문이 났었다. 《삼국사기三國史記》에 보면 문무왕 2년에 그가 군사를 거느리고 고구려와 싸우고 있는 당나라를 도우려고 갈 때에 한 노인이 나타나서 적국의 소식을 알려 주었다 하고, 또한 그 신령은 동자(童子)로도 나타나고 범으로도 나타나고 있다.

이와 같이 신라의 화랑에게는 신령이 그의 수호신이었고, 그것이 뒤에 미륵불로 바뀌었으나, 그 미륵불도 신령과 다름이 없는 영이한 법력을 보이는 분이었다. 그리하여 화랑은 노래나 춤을 추면서 모든 행사의 주역이 되었다. 그때의 노래나 춤은 주술적인 성격을 가졌고, 그들이 불렀던 노래들은 종교적인 정서가 깃들어 있다. 신라 시대 월명사(月明師)의 〈제망매가祭亡妹歌〉, 영재(英才)의 〈우적가遇賊歌〉 등, 오늘날 전하는 20여 종의 향가는 모두 주술적인 노래들이고, 특히 〈도천수관음가禱千手觀音歌〉는 천수관음의 화상 앞에서 어린 자식의 눈을 뜨게 한 기적을 낳은 노래라고 하니, 이것은 노래로써 관음의 영험을 얻었던 것이다.

이와 같이 신라의 불교는 고유 신앙을 수용, 승화시키면서 국가적 행사인 팔관회(八關會)로 나타났다.

우리 나라의 팔관회는 본래 인도에서 행해지던 팔재계(八齋戒)를 우리의 것으로 수용하여 호국적·민족적인 행사로 발전시킨 것이다.

신라 때에는 551년 진흥왕(眞興王) 12년에 거칠부(居柒夫)가 혜량법사(惠亮法師)를 고구려로부터 영접하여 그를 승통(僧統)으로 삼고, 처음 백좌강회(百座講會)와 팔관법회(八關法會)를 설치한 이래 4회에 걸쳐서 개최했다. 불교의 재계(齋戒)를 민속 신앙 행사와 결부시켜서 국가 행사로 발전시킨 것이다.

《삼국사기》와 《삼국유사》에 보면, 법흥왕(法興王)이 불교를 국교로 하여 중앙집권의 강력한 행정력을 추진하기 위해서 당시의 고유한 토속 신앙을 통합하여 사찰에서 재래의 산천용신제(山川龍神祭)와 시월제천(十月祭天) 등을 불교 의식과 합하여 신라 특유의 팔관회를 개최한 것이었다. 신라는 팔관회를 통하여 종교 의식의 단일화와 토속 신앙의 승화를 통해서 민속적인 통합을 꾀할 수 있었다.

고려의 팔관회는 신라를 전승(傳承)하였으므로 순수한 불교 의식은 아니었다. 그러나 고려에 있어서도 신라에서와 같이 10월, 11월에 제천

의식(祭天儀式)으로 동맹(東盟)과 무천(舞天)을 행하였다. 이것은 10월의
농공(農工) 감사제인 제천 의식과 호국영령에 대한 불교적 위령제가 합
류된 대회였다. 고려에서는 고려 건국인 918년 태조(太祖 1년 11월) 때
부터 시작된 이래 총 115회에 이르고 있다. 특히 고려에서는 호국 도량
으로서 거란병의 침공을 막기 위해서는 분수(焚修)했다고 하니, 이것은
밀교적인 의식이다.

이러한 고려의 팔관회는 태봉(泰封)의 궁예(弓裔)가 자기 스스로 미륵
불이라고 하여, 미륵 신앙에 의한 현세적(現世的)인 복락(福樂)을 희구하
는 불교 행사를 계승했다. 그리하여 궁예는 매년 겨울에 팔관회를 설치
하여 복을 빌었다. 그 뒤에 고려 태조는 〈태조십훈요太祖十訓要〉의 제
6조에서 "내가 지극히 원한 것은 연등(燃燈)과 팔관회(八關會)이다……
팔관(八關)은 천령(天靈)과 오악(五岳)의 명산대천(名山大川)과 용신(龍
神)을 섬기기 때문이다. 내가 당초부터 마음에 맹세하여 회일(會日)에는
국기(國忌)를 범하지 않고 임금과 신하가 함께 즐겼으니, 마땅히 공경
하여 이대로 행하라"고 하였다.

그 뒤에 다시 지리도참 사상(地理圖讖思想)을 첨가하고, 조상을 제사
하는 것을 겸하여, 천하태평과 군신 화합을 기원하는 민족적 · 호국적
인 연중 행사로 발전하였다.

특히 고구려의 국호를 이은 고려에서는 고구려의 옛 풍습인 동맹(東
盟)을 팔관회로 전승하게 되었다. 그리하여 태조(太組)는 918년에 위봉
루(威鳳樓)에 올라가서 팔관회를 관람하면서 팔관회를 '부처를 공양하
고 신을 즐겁게 하는 모임〔供佛樂神之會〕' 이라고 한 것으로도 이러한
사실을 알 수 있다.

팔관회의 개최일은 개경(開京)인 경우에는 11월 15일, 서경(西京)인
경우에는 10월에 행하여 3일 동안 경축일로 정했다. 개경의 팔관회는
소회일(小會日)과 대회일(大會日)로 나누어 소회에는 왕이 법왕사(法王
寺)로 행차하여 하례를 받고, 헌수(獻壽)와 축하 선물의 봉정(奉呈) 및

가무백희(歌舞百戲)로 이어졌다. 대회 때에도 역시 축하의 헌수(獻壽)를 받고, 외국 사신의 조하(朝賀)를 받았다.

이것을 보면 팔관회는 가장 중대한 국가 행사로서 경축일의 하나였음을 알 수 있으니, 이것은 군신 화합의 기회가 되고 불보살의 가호를 받는 계기도 된다.

팔관회의 장소인 법왕사(法王寺)는 개경(開京)의 10대찰(大刹) 중의 수찰(首刹)로서 비로자나삼존불(毘盧遮那三尊佛)을 모시고 있었다. 이것은 팔관회가 밀교적인 의례로써 행해지게 된 것을 보이고 있는 것이다.

또한 팔관회에서 가무백희(歌舞百戲)를 연출한 것은 신라 때부터의 일이었으나, 고려에서는 하늘과 부처에게 기도하는 국가 최고의 의식이 되었기 때문이다.

팔관회는 국가의 가장 경사스러운 행사였으므로 그날의 의례의 정경은 장엄하였다. 그 예로서 태조 1년의 팔관회에서 보면 "원형(圓形)의 정원 한 곳에 윤등(輪燈)을 설치하고, 향등(香燈)을 곁에 벌여 놓아 밤이 새도록 땅에 광명과 향기가 충만하도록 하였고, 높이 50척의 연화대(蓮華台) 모양의 누각을 설치하여 갖가지 유희와 노래와 춤을 그 앞에서 벌였고, 신라의 고사(故事)를 따서 사선악부(四仙樂部)에서 용(龍)과 봉(鳳)과 코끼리와 말을 본뜬 수레와 배를 만들어서 그곳에서 음악을 연주했다. 그곳에 참석한 관원(官員)은 모두 도포를 입고 홀(笏)을 들고 예를 행하였다. 그리하여 구경하는 사람이 밤낮으로 서울을 뒤덮었다"고 한다.

그리고 11월은 팔관회를 기회로 무역이 행해져서, 송(宋)나라의 상인과 동번(東蕃)·서번(西蕃)인 티베트나 실크로드와 제주도인 탐라(耽羅)에서는 토산물을 바쳤다. 그리고 이 날에는 죄인의 대사면을 내리기도 하였다.

그러나 그 뒤 982년 성종(成宗) 1년에는 이의 폐단을 지적하여 폐회되었다가 1010년에 다시 부활되었으나, 1115년 예종(睿宗) 때에 다시 금지되는 등 고려 500년을 통하여 초기에 성하였다가 점차로 쇠퇴하면서 고려말까지 국가 최고의 의식으로 계속되었으나, 조선 초기에는 잠시 보이다가 폐지되었다.

여하튼 팔관회는 불교가 고유 신앙을 수용하여 높은 차원으로 승화시킨 대승적인 한국적 불교 의식이라고 하겠다. 특히 신라나 고려의 불교가 대승불교로서의 모습을 유지하면서 이 땅에 찬란한 문화의 꽃을 피운 데에는 우리 선조들의 빛나는 혜안(慧眼)이 보이고 있는 것이다.

대승불교는 밀교로 발전하면서 시공(時空)을 초월하여 모든 문화 요소를 수용하는 관용성을 가지고 있으며, 이것을 중생 제도의 방편으로 승화시킨 것이다.

이제 우리는 한국불교의 특징 중에 하나로서 생각되는 불교 의식의 대승적인 성격 속에서 높은 종교성과 진속불이(眞俗不二)의 철학과 민중 속으로 들어가는 종교의 사회성을 볼 수 있다.

계(戒)의 민중화로 다같이 성불한다

모든 종교는 민중을 떠나서는 생존할 수 없다.

불교가 인도 사회를 떠난 것도 인도 민중 속으로 들어가지 못하고, 엘리트만이 추구하는 높은 종교성과 철학을 가지고 있었다는 것이 하나의 이유라고 할 수 있다. 또 다른 이유는 대승불교가 민중의 신앙을 받아들여서 대중화될 시기에 회교도의 침입을 받아 쇠퇴의 비운을 맞은 것이다. 그리하여 대중화된 대승불교가 밀교의 형태로 티베트로 전파되고, 다시 실크로드를 통해서 중국과 한국으로 전해졌다.

이렇게 전해진 불교는 대중과 같이하는 보살불교이므로 민중의 삶인 세속 생활을 정화하면서 진(眞)과 속(俗)이 둘이 아닌 공(空)을 실천하는 적극적인 가르침이다. 그러므로 계율(戒律)에서도 이러한 대승의 정신을 잃지 않고, 그것을 대중화하는 방편을 보였다.

계율이라고 하는 것은 본래 원시불교 시대에 인도에서 행해진 선행인 도덕과 수행의 민중 운동이었다.《아함경阿含經》에 속하는《지재경持齋經》에 보면, 세존이 거사(居士)의 부인에게 팔재계를 설하여 일일일야(一日一夜)를 청정하게 함으로써 아라한과(阿羅漢果)에 이른다고 하셨으니, 이것은 매우 중요한 가르침이라고 아니할 수 없다.

종교는 특수한 사람이 가지는 특수한 세계가 될 수 없다. 더구나 종교는 인간이 살아가는 길을 가르치는 것이므로 진(眞)과 속(俗)이 나누어질 수 없다. 단지 세속 생활을 하는 사람에게는 현실적으로 무리가 있는 것은 강요할 수 없으므로 계율의 근본 정신만 떠나지 않으면, 그 수효는 문제가 아니다. 이것을 단적으로 보인 것이 바로 팔재계(八齋戒)이다.

본래 이것은 사미십계(沙彌十戒)를 여덟 가지로 줄여서 거사의 부인에게 권한 것이다. 이 사실은 계율의 대중화·민중화의 본보기라고 생각된다. 그러므로 한국불교는 대승불교의 민중화의 방편으로 팔관재회(八關齋會)를 통해서 이것을 실현한 것이다.

여덟 가지는 불살생(不殺生)과 불여취(不與取)와 비범행(非梵行)과 이음주(離飮酒)와 이망언(離妄言)과 이고광대상(離高廣大床)과 이비시식(離非時食)과 이화만영락도향지분가무창기왕관청(離華蔓瓔珞塗香脂粉歌舞槍技往觀聽)을 말한다. 이것들은 재가자(在家者)도 지켜야 할 계이다. 사미십계(沙彌十戒) 중에서 꽃다발을 쓰거나 향을 바르지 말라는 것과 노래하고 춤추며 구경가거나 노래를 듣지 말라는 것을 하나로 모았고, 높고 넓은 큰 평상에 앉지 말라는 것과 때 아닌 때에 먹지 말라는 것과 금·은·보석을 갖지 말라는 것을 하나로 모아서 여덟 가지로 했다. 결국 열 가지가 모두 이 속에 들어 있다.

그런데 이들 여덟 가지를 하룻낮 하룻밤 동안만 청정하게 지키는 것이다.

계는 좋은 습관을 붙이는 수행이다. 하룻낮 하룻밤이라도 마음을 조츨히 하여 청정하게 가지고 이들 계를 지키면, 드디어는 노력하지 않고 때를 정하지 않아도 제 스스로 청정심을 가지고 불퇴전(不退轉)의 위치에 이르게 되어 드디어는 아라한이 되는 것이다.

앞에서도 말했지만, 팔관회는 대중이 법회에 동참하여 재계함으로써 성(聖)을 만나게 하는 종교 의식이다. 현대는 개인적인 청정 비구나 비구니가 고귀한 것으로 요구되는 시대가 아니라, 대중이 다같이 동참하여 성화(聖化)되는 선교 방편(善巧方便)이 요구되는 시대라고 하겠다.

팔관회는 우리 한민족의 고유 신앙을 수용하면서 불교의 종교 세계로 인도함으로써 민족이 다같이 성화(聖化)되는 계기가 되었다. 불보살이나 아사리를 받들고 성화된 종교적인 체험이 환희작약하여 찬탄하게 되므로 이에 가무백희(歌舞白戲)가 자연히 있게 된다.

대승불교는 시대에 따라서 그 땅의 민중의 욕망을 부정하지 않고 법도에 맞게 살려서, 보다 높은 차원으로 성화(聖化)하는 가르침이다. 이것이 곧 불교 의식이며, 이에 따르는 많은 작법(作法)이 이를 장엄하게 한다.

종교적으로 정화(淨化)된 사람은 살생을 떠나고, 투도(偸盜)에도 끌리지 않고, 망언(妄言)이나 음주(飮酒)에 걸림이 없고, 꽃으로 장식하거나 향(香)을 바르지 않을 뿐만 아니라, 그에 집착함이 없이 오히려 그것을 살릴 수 있으며, 분수에 맞지 않게 욕심을 내지 않으므로 넓고 높은 평상을 바라지 않고 때 아닌 때에 식탐을 하지 않아 절도가 있고, 금·은·보석에도 마음이 끌리지 않으니 취사(取捨)가 자유롭다.

그러므로 《지재경持齋經》에서 "돌로 갈아서 칼을 빛내듯이, 사람의 힘으로 그릇됨을 고쳐서 밝고 깨끗함을 얻는다. 이와 같이 다문(多聞)의 성제자(聖弟子)는 만일에 재(齋)를 수지할 때에 스스로 계(戒)를 억념(憶念)하여…… 잘 가진다"라고 하였다.

돌로 칼을 갈아서 드디어 빛을 내듯이 마음을 연마하고 가르치고 있는 것에 주목할 필요가 있다. 돌로 칼을 가는 그 마음이 중요한 것이다.

비록 하룻낮 하룻밤이라도 스스로 계를 잊지 않고 조촐히 가지면, 반드시 모든 계행이 스스로 이루어지는 것이다.

　대승의 계행은 대중과 더불어 세속을 떠나지 않고, 세간과 출세간이 둘이면서 둘이 아닌 세계로 나아가는 것이다. 이것이 바로 팔관재회의 목표였다.

　독일의 사회학자 막스 베버(Maxweber, 1864-1920)가 "이 세계는 절대 구제의 종교 의식의 집단적 표현이다"라고 한 것과 같이, 이미 우리 한국불교는 팔관재회와 같은 법회 의식을 통해서 대중의 절대 구제를 위한 집단적 종교 행사를 하고 있으니, 여기에 한국불교의 전통 의식이 가지는 현대 종교로서의 의미가 있는 것이다.

7

부처의 나타남

무수한 변신(變身)의 자비 방편(慈悲方便)

1. 고대 인도의 권화(權化) 사상

아바타라(avatāra)라는 인도어는 권화(權化) · 현시(現示) · 강림(降臨) 등
의 뜻으로 쓰이는 말이다. 그리하여 이 말은 화신(化身) · 응신(應身) · 분
신(分身)이라고 하는 말과 뜻을 같이하여 사용되고 있다.

이 사상은 인도에서 나타난 오랜 사상으로서《마하바라타 *Mahābhā-
rata*》에서 나타나는 크리슈나(Kriṣṇa)가 비슈누(viṣṇu) 신의 화신으로 나
타난 것이라고 하는 것에서 볼 수 있다. '아바타라' 라는 말은 이중의
뜻이 있다. 첫째는 "지상에서 무거운 짐을 제거한다는 뜻이 있다. 그리
하여 비슈누 신이 지상에 나타난다는 개념으로는 현상(現象) · 신상(身
相) · 용모(容貌)를 통해 이 세상에 태어나서 나타나는 개념으로 생각되
고 있다.

신은 그의 힘인 환력(幻力, māya)으로 본체를 감추고 있으므로 보통
사람의 눈에는 보이지 않으나, 그는 환력으로 인간계에 나타날 수 있으
니 그것이 곧 신의 권화(權化)인 것이다.《바가바드기타 *Bhagavadgitā*》
에서 보면, 신이 인간의 몸으로서 지상으로 강림하나 어리석은 자는 그
모습을 보지 못한다. 만상 속에서 그를 지배하는 주인인 신의 본성을
모르고 이것을 경멸한다. 그러나 비슈누 신의 몸인 크리슈나는 아르주
나(arjuna) 왕자의 친구로서, 또는 교사로서, 또는 마부로서 전쟁터에 나
타난다.

이와 같이《바가바드기타》에서는 아르주나 왕자가 크리슈나를 비슈
누의 권화라고 하였다. 그러나 이미 베다(veda) 문헌의 하나인《마이트
라야니 상히타 *maitrayani-saṁhita*》에서는, 크리슈나의 두발(頭髮)인 케
샤바(Keśava)와 나라야나(Nārāyaṇa)와 비슈누를 동일시하고 있다.

그러므로《바가바드기타》제4장의 첫머리에서 크리슈나는 그가 받은

지극히 비밀스러운 가르침을 아르주나 왕자에게 전한다고 하면서, 그가 스스로 이것을 태양신인 비바스밧트(vivasvat)에게 전하고, 비바스밧트는 다시 이것을 인간의 조상인 마누(manu)에게 전하고, 마누는 이것을 다시 이크슈바쿠(ikṣvāku, 甘蔗王) 왕에게 전했으나 오랫동안 이것이 끊어졌다고 말하고 있다.

그리하여 이 사실을 모르고 있던 아르주나 왕자에게 크리슈나가 나타나서, 태고에 신이 지상으로 나타났다는 사실을 알리고 그 출현의 동기와 목적을 설명하고 있다.

이와 같이 신이 이 세상에 나타나는 것은 자기의 이익을 위한 것이 아니고 이 세상을 악으로부터 구제하기 위한 것이니, 정법이 쇠퇴하고 비법(非法)이 일어났을 때에, 착한 사람을 옹호하고 나쁜 자를 응징하기 위해서 각 유가(yuga)기에 나타난다고 하니, 여기에 신의 권화의 목적과 동기가 있다.

신이 몸을 이 세상에 나타내는 것과 불교에서 보이는 부처의 권화의 모습은 서로 다른 것이 있으나, 여기에는 서로 통하는 사상이 있다.

신은 만유를 주재하고 일체를 창조하며, 때로는 지상에 권화한다. 그러나 그의 본체는 환력에 덮여서 보통 사람은 알 수 없고, 단지 특별한 신의 은총을 받은 자만이 알 수 있을 뿐이다.

《바가바드기타》제11장에서는 그의 희유한 모습을 다음과 같이 묘사하고 있다.

"크리슈나는 백양천태(百樣千態)의 미증유의 색상을 갖추고 만유를 주재하는 신을 볼 수 있는 신의 눈을 아르주나에게 준 다음, 그의 능력인 불가사의력을 발휘한다.

그의 형상은 희유하여 입이 여럿이고, 눈이 여럿이며, 얼굴이 여럿이고, 무수한 장식을 가지고, 무수한 무기를 들고, 천향(千香)을 맡으며, 천의(千衣)를 입고 있다. 그의 기이한 모습을 보고 소름이 끼친 아르주나 왕자는 신의 앞에 엎드려 합장한다. 그리고는 공포에 떨면서 크리슈나의 실체를 묻는다.

그는 대답하기를, 인간의 악을 파멸시키는 자기의 사명을 말하고 인간의 장수들은 이미 살육당했다고 말하고는, 아르주나 왕자도 신의 도구에 지나지 않는다고 말한다. 그리하여 크리슈나는 아르주나에게 신을 알고, 신을 보고, 신의 능력을 얻기 위해서는 지성으로 신을 믿고 받들라"고 설한다.

여기에서 신이 이 세상에 나타나는 데에서는 팔이 여럿이고 얼굴이 여럿인 분노상(忿怒相)으로, 죽음과 운명의 상징으로 나타나니, 결코 자비스러운 신이 아니다. 그런데 불교에서는 어떻게 이러한 사상이 나타나고 있는가?

불교의 권화신(權化身)

대승불교는 중생을 구제하기 위해서 무량한 방편문(方便門)을 보이는데 그 중, 특히 불보살의 화신으로 나타나서 중생을 구제한다는 것이 많은 경전에서 보이고 있다.

그러나 그 중에서 대표적인 것으로《법화경》의 〈관음품觀音品〉을 예로 들어서 불교의 권화 사상을 보기로 하겠다.

〈관세음보살보문품觀世音菩薩普門品〉 제25에서 무진의보살(無盡意菩薩)이 묻기를 "세존이시여, 관세음보살이 이 사바 세계에 어떻게 몸을 나타내시어 중생을 위해서 어떻게 법을 설하시고 방편의 힘은 어떠하십니까" 하니, 부처님께서 무진의보살에게 답하시되 "선남자야, 이 국토의 중생을 불신(佛身)으로 제도할 자에게는 관세음보살이 불신을 나타내서 설법하고, 벽지불(辟支佛)의 몸으로써 제도할 자에게는 벽지불의 몸을 나타내서 법을 설하고, 성문(聲聞)의 몸으로 제도할 자에게는 성문의 몸을 나타내어 법을 설하며, 범왕(梵王)의 몸으로써 제도할 자에게는 범왕의 몸을 나타내어 법을 설하고, 제석(帝釋)의 몸으로써 제도할 자에게는 제석의 몸을 나타내어 법을 설하고, 자재천신(自在天身)으로써 제도할 자에게는 자재천신을 나타내어 법을 설하며, 대자재천신(大自在天身)으로써 제도할 자에게는 대자재천신을 나타내어 법을 설하고…… 내지 집금강신(執金剛身)으로써 제도할 자에게는 집금강신을 나타내어 법을 설하니라"(모두 32應身)라고 하였다.

여기에서 보는 바와 같이 32의 몸은 방편으로 나타낸 권화신이니, 32의 몸으로 나타나는 신업(身業)의 모습이요, 이 몸이 법을 설하는 것은 구업(口業)의 설법이요, 인연에 따라서 마음을 일으키는 것은 의업(意業)을 보이는 것이다. 이렇게 하여 관세음보살은 4종의 무섭고 두려운 속에서도 두려움이 없게 한다고 설하고 있다.

여기에서 우리는 관세음이 32응신으로 일체 중생의 고통을 구제한다는 것을 통해서 일체 중생을 평등하고 즐거운 깨달음의 세계로 인도하려고 하는 자비심을 볼 수 있다. 불교의 자비심은 사랑의 우주적인 확대이므로 하늘의 모든 천신이나 용들까지도 제도하는 것이다.

앞에서 본 바와 같이 인도 고유의 권화 사상은 신의 위신력인 분노상(忿怒相)의 포외상(怖畏相)이니 악을 무찌르고 선을 드러내려는 것이지만, 불교의 권화 사상은 선과 악의 차별을 떠나서 평등하게 일체 중생을 구제하여 깨달음인 즐거운 세계로 인도하는 자비의 방편이다.

이러한 자비 방편 사상이 대승불교에서는 적극적으로 펼쳐져서 밀교에 이르러 극대화된다. 그러면 불교의 방편 사상이란 어떤 것인가. 자비와 방편의 관계는 어떤 것인가.

불교의 선교 방편(善巧方便)

불교의 근본 진리인 공성(空性, śūnyatā)이라는 말을 반야(般若, pra-jñā)라는 말로 대신해서 사용하고 있는 것은 흔히 볼 수 있는 일이다. 그러나 그 내용 개념은 서로 다른 것이 있다.

《대승기신론大乘起信論》에서는 "본각(本覺)은 두 속성, 곧 반야와 자비를 가진다"고 하였다. 이때의 반야는 청정한 지혜를 말하는 것이고, 자비는 그 활용이다. 청정한 지혜의 작용은 우리의 고뇌를 소멸시키는 활동이니, 그것을 방편이라고 말하는 것이다. 그리하여 이러한 방편이라는 말이 자비라는 말과 같은 뜻으로 사용된 것이다.

대승불교의 근본 교전인 《중론中論》에 대해서도 월칭논사(月稱論師)가 "둘도 없는 지혜로써 장엄된 대비 방편(大悲方便)을 근거로 하여 여래지(如來智)가 생하는 원인인 초발심(初發心)을 비롯하여 비민심(悲愍心)으로써 남을 깨닫게 하기 위하여 논서(論書)를 썼다"고 하였다.

이로써 보면, 용수를 비롯하여 대승불교 시대에는 자비라는 말 대신 방편이라는 말을 많이 쓰고 있었던 것을 알 수 있다.

이와 같이 방편이나 자비라는 말은 깨달음을 얻게 하는 수단이다.

반야와 방편의 둘은 떠날 수 없는 것이므로 이들 둘이, 둘이 아닌 관계로 잘 행해지는 것을 이상으로 생각하였다. 그러므로 대승불교의 실천자인 유마힐(維摩詰)이 "방편은 반야에 의해서가 아니면 속박이 있게 되고, 반야도 방편에 의하지 않으면 속박이 있게 된다. 한쪽이 다른 쪽에 의지하고 있을 때에 서로 해탈로 간다"고 말하고 있다.

반야와 방편은 배에 비유되어 일체 중생을 피안으로 가게 하는 배와 같다고 하고, 이것은 둘이 아닌 관계로서 물과 우유의 상태와 같다고 하여 반야 방편(prajñā upāya)이라고 부른다. 우유와 물의 관계와 같이 서로 원융된 상태에서 비로소 깨달음이 있는 것이다.

이러한 경지에서는 주관과 객관이 따로 없이, 실재와 비실재(非實在)가 따로 없는 청정함만이 있고, 적정이면서 선(善)만 있다. 이 세계는 법계 그대로의 상태이므로 여기에서는 신도 귀신도 인간도, 그리고 그 이외의 모든 것이 있으나 그들에게는 향락과 해탈만이 있는 것이다.

이상으로써 불교의 지혜는 자비 방편이 없이는 나타날 수 없음을 알 수 있으니, 진실한 세계에 선교 방편(善巧方便)이 있는 것이다. 선교 방편이라는 숙어에 깊은 뜻이 있는 것을 알아야 한다. 이것을 불교에서는 묘(妙)라고도 하고 정(正)이라고도 하며, 원(圓)이라고도 한다. 이러한 말들에는 긍정적인 논리가 있는 것이다. 원래 진리란 민중에게 이해시키기가 쉽지 않다. 그러므로 방편이라는 배를 태우는 것이다. 부정적인 말을 많이 쓰고 있는 부처님의 가르침을 이어받은 대승불교에서는 긍정적인 논리로써 근본 진리를 보이고 있는 것이다.

그러면 불교의 팔종(八宗)의 조사라고 일컬어지는 용수는 방편을 어떻게 말하고 있는가. 불타가 설하신 가르침을 가장 잘 전했다는 그는 《중론中論》《대지도론大智度論》《십주비바사론十住毘婆娑論》 등에서 이에 대하여 상세히 말하고 있다.

용수가 말한 공의 입장에서는 일체의 견해나 주장을 떠나는 것이니, 이것을 희론적멸(戲論寂滅)이라 하고, 불가득(不可得)이요, 언설을 떠난 것이라고 한다. 그러나 중론은 이러한 공을 방편으로 설한다고 말하고 있다. 말할 수 없고 생각할 수도 없는 진실한 세계를 가설(假設)해서 우리의 언설의 대상으로 삼고, 생각의 대상으로 삼고 있다고 한다. 따라서 말이나 생각은 상대성을 가진 것이므로 부정되는 것이며, 이러한 부정을 통해서 절대적인 본래의 세계로 돌아간다. 여기에서 이 상대성을 가지고 가설된 것이 바로 방편이다. 이러한 방편을 통해서 절대의 세계로 갈 수 있는 것이다.

용수가 《중론》의 벽두에서 생(生)과 멸(滅), 단(斷)과 상(常), 일(一)과 이(異), 내(來)와 거(去)를 모두 부정한 것이 이것이다. 용수가 부정한 여덟 가지는 일체를 말한 것이다.

용수는 《대지도론》에서 이러한 방편을 설명하기를 "만일 보살이 방편 없이 색(色)을 관하면, 곧 상(相) 중에 떨어진다. 상에 떨어지기 때문에 반야바라밀행을 잃게 된다" 하고, 다시 "방편 없는 보살은 반야바라밀을 행하려고 색을 관하여 정상(定相)을 구하면, 색의 한 상(相)을 취하여 색견(色見)을 생한다. 이와 같지 않은 것을 방편이 있다고 한다.

이 보살은 색을 관하더라도 망견을 생하지 않고, 능히 모든 사견을 끊는다"고 했다.

이것은 방편을 긍정적인 입장에서 보고 있는 것이다.

또한《지도론》에서는 "방편이 없으므로 삼해탈문(三解脫門)으로 들어가서 곧 열반을 취한다. 만일 방편력이 있으면 삼해탈문에 머물러 열반을 보고, 자비심이 있으므로 능히 마음을 바꾸어 환기(還起)한다"고 하고, 다시 "부처는 대자비심으로써 중생을 연민히 여기므로 방편으로 법을 설한다" 하고, "보살은 시방(十方)에 이르러 종종 방편으로써 부처의 일을 행하여 중생을 도탈(度脫)한다"고 했다.

《지도론》에서는 이외에도 많은 예로써 방편이 자비행임을 강조하고 있다.

또한《십주비바사론》에서도 "세간법은 곧 이것이 중생을 교화하는 방편도(方便道)이니, 보살은 이와 같은 세간법을 안다"고 했다.

위에서 본 바와 같이 출세간법인 팔불(八不)과 같은 부정과 세간법인 긍정의 두 가지를 가지고 있는 방편은 자기 모순적인 면이 있다고 하겠다. 그러나 방편은 공(空)이라고 하는 것과 자비라고 하는 서로 다른 것이 만나는 불이(不二)의 관계를 가지고 있어서 공으로서의 가치의 전환이 이루어지게 되는 것이다. 그러므로 방편은 육바라밀(六波羅密)이라고도 말해지고, 방편바라밀이라고도 말해지고 있는 것이다. 따라서 방편은 진실한 세계를 열어 보이기 위한 것이요, 방편 자체로서는 절대화할 수 없는 것이라고 하겠다.

그러므로《지도론》권1에서 "보살은 방편력으로써 있다고 하거나 없다고 하는 두 가지를 떠나서 중도를 행한다"고 하였고, 다시 "마하연공문(摩訶衍空門)인 일체의 여러 법성(法性)은 항상 스스로 공인된 것이지 지혜 방편으로써 공을 관하는 것이 아니다"라고 하였다.

그러나 용수는 이렇게도 말하고 있다.

"부처의 지혜·방편·신통은 사리불 등 대아라한·대보살·미륵 등도 알 수 없으니, 어찌 범인에게 있어서랴."

여기에서 대승불교가 부처의 선교한 방편의 권문(權門)을 보여서 중생 쪽으로 들어가게 되니(upaya), 서로 다른 문화를 가진 모든 민족의 시대적인 아픔을 없애기 위해서 민족 종교로서도 나타나게 된 것임(upadeśa)을 알 수 있다.

그리하여 인도에서는 밀교가 힌두교의 민족적인 종교 의식을 수용하여 괴이한 변화신을 나타내고, 법신(法身)인 지혜와 수용신(受用身)·변화신(變化身)의 두 몸인 자비 방편이 융합한 혜방편(慧方便, Prajñaupāya)을 보이게 되었다.

또한 이것이 서장(西藏, Tibet)으로 가서는 서장 민족의 고유 종교인 본(Bon)교와 합쳐져서 라마(Lama)교를 성립시켰고, 한국으로 와서는 민족 신앙인 샤머니즘을 수용하여 밀교적·호국적인 특색 있는 한국불교로서 이 땅에 새로운 문화의 꽃을 피웠으니, 일찍이 신라의 유(儒)·선(仙)의 풍류도(風流道)와 화랑(花郎) 정신을 융합하여 미륵 신앙으로서 발전시켰고, 그 뒤에는 수많은 토속 종교를 낳게 하였다.

이들은 모두 대승불교의 방편 권화 사상의 발현이라고 할 수 있다. 이러한 사상의 발전은 본지수적설(本地垂跡說)과도 관련이 있으니 이것은 《법화경》의 〈방편품〉과 〈비유품〉 등의 교설이 권증(權證)으로서 보이고 있다.

여하튼 불교에서는 지혜를 강조하고 있으므로 이 지혜의 실천으로서 중도(中道)를 가르치고 있으나, 중도의 논리는 알기가 쉽지 않고 범속한 사람이 가까이 가기 어려운 것같이 느껴진다. 그러나 방편이라는 말이 보여 주듯이 방정(方正)하고 편리(便利)한 방법으로 누구나 진리에 가까이 갈 수 있는 길을 열었다. 마치 방편문은 사막에서 오아시스를 만난 것 같은 것이다.

지혜가 절대 부정의 논리를 가지고 있으나, 방편은 긍정적인 논리로써 이에 접근하고 있으므로 방편에 의해서 진리의 저 언덕으로 가까이 갈 수 있다. 따라서 '진실의 세계로 가게 하는' 것이 방편이다. 그러므로 이것이 진실은 아니지만, 이를 통해서 진실로 가서 이것이 진실과 하나가 되는 것이다. 이때에는 거짓인 방편은 떠나게 된다. 달을 가리키는 손가락처럼 떠나야 할 손가락이니, 그 손가락은 달과 하나가 되기 때문이다.

중도의 실천에서도 방편이 그 길잡이를 하게 된다. 여기에 방편의 묘함이 있는 것이다. 서로 다르면서 다르지 않은 묘함이 있기에 길잡이가 될 수 있는 것이다.

중도의 실천은 방편의 선교(善巧)함을 떠날 수 없는 것을 알아야 한다. 그러나 세상 사람들은 방편에 매달리기도 하니, 이것은 달을 잊고 손가락에 매달리는 것이다.

자비의 무수한 방편

《법화경》에서 보면, 석가모니불이 깊은 명상에 들어간 채로 미간의 백호(白毫)로부터 빛을 발하여 동방 일만 팔천의 불국토를 비추어 수많은 중생들이 불사리(佛舍利)를 받들고 있는 것을 보셨다고 했다.

여기에서 동방이라고 한 것은 과거·현재·마래가 하나된 곳을 말하니, 곧 공의 세계를 말한 것이다. 그리하여 먼저 부처님은 과거를 보시고, 삼매로부터 일어나서 사리불에게 이렇게 말씀하셨다.

"사리불이여, 모든 부처의 지혜는 매우 깊고 한량이 없으며…… 내가 성불한 후로 갖가지 인연과 갖가지 비유로써 제일가는 희유한 법을 설하며, 무수한 방편으로 중생들을 인도하여 집착을 여의게 하였다……."

그리고는 다시 "제일가는 법은 알기 어려워서 부처님만이 모든 법의 실상을 안다"고 했다.

앞에서 본 바와 같이 "갖가지 인연과 갖가지 비유와 무수한 방편으로 중생을 구제한다"고 한 것이 《법화경》의 전편을 통해서 설해지고 있다.

그리하여 제불 세존은 일대사인연(一大事因緣)으로 이 세상에 출현하시어 무수한 방편을 보이신다.

《법화경》은 부정적으로 표현된 공의 세계를 어디까지나 구체적이고 긍정적인 표현으로써 진리를 설하기 위해서 교묘한 방편을 보였다고 하겠다. 그리하여 수많은 불보살이 나타나서 갖가지 비유로써 법을 설하고 위신력을 보인다. 이 중에서도 특이한 것은 관세음보살이 32의 변화신을 보이고, 무수한 위신력으로써 중생의 고난을 구제하는 모습이다.

이것은 대승불교의 정신을 잘 보여 주는 것이다. 대승불교의 특징으로서 특히 주목할 점은 적극적인 이타행을 권하고 있는 점이다. 이타행은 중생의 시대적인 아픔을 제거하는 것이다. 그리하여 이러한 말법 시대에 미래불로서 미륵불이 나타난다고 하고, 또한 수많은 이민족들의 서로 다른 문화 요소나 종교 감정을 받아들이면서 인연에 따라서 구제의 손을 펼치는 것이다.

그 예로써 인도에서는 힌두교의 그것을 받아들였고, 티베트에서는 '본' 교의 종교를, 중국에서는 도교(道敎)를, 한국에서는 민족 신앙을 받아들여서 미륵불이라는 부처님을 등장시켰다. 구한말의 민족의 위기의식 속에서 미륵이 구천상제(九天上帝)로서 변신하여 불교의 근본 입장인 일불승(一佛乘)을 보이는 증산교로도 나타났다고 할 수 있다.

문화의 수용과 본지수적(本地垂跡)

불교의 역사를 통해서 볼 수 있는 특성의 하나로서 민족 문화와 융합한 것을 들지 않을 수 없다. 이것은 불교의 민족적 전개인 것이니, 이것이 없이는 서로 다른 민족성을 가진 무수한 중생을 구제할 수 없다.

따라서 불교의 발전 과정에서 서로 다른 수많은 민족과 접촉하면서 그와 결합되어 간 사실에 우리는 주목할 필요가 있다.

기독교는 세계의 어디로 가나 자기의 종교 이념을 관철하고 타민족의 문화를 받아들이지 않고 있다. 그러나 불교는 인도에서도 그랬듯이, 중앙아시아나 중국이나 한국이나 또는 어떤 지방으로 전파되더라도 서로 다른 민족 문화와 큰 갈등을 겪지 않고 그것과 융합하고 있다.

불교가 세계 종교로서 발전한 데는 이와 같은 유연한 관대성과 융합될 수 있는 철학적인 사상을 가지고 있기 때문이다. 그것은 중관(中觀) 사상인 중도의 실천이며, 이것이《법화경》의 방편 권현(方便權現) 사상의 실천으로 나타났고, 다시 밀교의《대일경》이나《금강정경》에서, 보다 구체적인 방편 사상에서 나타났다. 이러한 사상은 불교의 근본 정신인 자비 정신으로부터 나온 것이다.

그러나 불교가 세계로 확대되면서 보편적인 종교로서 발전된 데는 또 다른 요소가 있었다. 그것은 불제자인 승려들이 그 사회의 지도층과 일반 서민 모두를 대상으로 하여 법을 전했다는 사실이다.

한국의 예로써 보더라도 신라 시대나 고려 시대의 불교는 위로는 왕가(王家)나 재상을 비롯하여 일반 서민의 귀의를 받았으므로 한민족의 정신적인 지주가 되었다.

서구 사회에서 사회의 원동력이 된 것은 기독교가 아니고, 서구 민족의 합리적이고 현실적인 것에 대한 굳은 신념이었다. 이것이 산업혁명을 일으켰고, 정치적인 변혁도 가져왔다고 생각된다. 서구의 합리주의 철학은 이런 바탕에서부터 생겨난 것이다.

불교의 경우에도 불교의 이상 속에 민중의 현실적인 염원이 융합된 것이다. 티베트에서 보면 불교 속으로 그들의 신앙인 본(Bon)의 교리가 융합되었고, 중국에서는 불교의 공의 사상 속으로 유교와 도교가 융합되었다.

한국에서도 그러했으니, 신라 시대의 원광(圓光) 법사의 세속오계(世俗五戒)는 불교적인 것과 화랑의 풍류도가 자연스럽게 융합되고 있어서 불교와 유교와 도교가 불이(不二)의 관계로 조화롭게 원용된 것이다.

이와 같은 불교의 모습을 본지수적설(本地垂跡說)이라고 하여, 자연스러운 진리에의 접근이라고 보고 있다. 중국의 공자(孔子)를 정광보살(定光菩薩)의 화현(化現)으로 보고, 노자(老子)를 가섭보살(迦葉菩薩)이라고 한 것은《법화경》의 〈수량품壽量品〉이나 〈방편품〉 〈관음품〉의 사상에서 비롯된 것이다.

이러한 사실은 한국에서도 볼 수 있었으니, 한말 한민족의 위기 의식 속에서 민중의 구세주로서 강력한 구심력을 가진 민족 종교가 불교 사상을 바탕으로 하여 나타나서 정치와 군사적인 면에서 민족의 염원을 수용했다.

이와 같은 사실은 서구에서도 볼 수 있다. 이스라엘 민족의 위기 의식 속에서 메시아로서의 예수 그리스도가 나와서 여호와의 독생자로 자처하면서 새로운 활력을 준 것은 사실이다. 그러나 예수 그리스도는 세계의 종말에 마지막으로 나타난 다시 없는 절대적인 구세주이니, 언제 어디에서나 다시 나타날 수 있는 메시아는 아니다. 여기에 불교의 권화 사상의 자비 방편 사상과는 다른 점이 있는 것이다.

흔히 기독교의 메시아 사상은 불교의 미륵불의 하생(下生)과 견주어서 유사한 사상으로 보는 사람이 있으나, 미륵의 하생은 기독교의 메시아와는 그 내용이나 동기가 다른 것이다.

2. 분노(忿怒)하는 부처님

자비의 분노

부처님을 생각할 때에는 그의 자비스런 모습을 떠올리게 되고, 미소 짓는 얼굴이 생각난다. 그러므로 세상에서 가장 착한 사람을 부처님 가운데 토막 같다고 하기도 한다.

부처는 지극히 착한 사람임에 틀림이 없다. 내가 착한 사람이 되고 남을 착한 사람으로 가르치는 것이 부처님의 가르침이므로, 서로 화합하고 서로 도와서 평화스럽게 살고 즐겁게 살지 않으면 안 된다. 그렇게 되려면 착한 사람이 되어야 하고, 미소짓는 얼굴을 가지고 사랑스런 말을 하고, 마음이 안온하여 기쁨을 가지고 있어야 한다.

그러나 이 세상은 이러한 것을 허용하지 않는 듯이 보이기도 한다. 동물 세계를 보더라도 서로 싸우고 잡아먹는다. 인간 사회도 약육강식의 일면이 있는 것이 현실이다.

이 세상은 인간이나 동물이나 식물이나 무생물이 각각 조화로운 세계를 이루고 있으면서, 또한 조화롭지 않은 모순과 갈등이 혼재하고 있는 듯이 보이기도 한다. 이 세상의 모든 존재는 서로 대립되고 모순된 관계 속에서 삶을 영위하고 있는 것이다. 모순이 있기 때문에 발전도 있고 창조도 있는 것이 아니겠는가.

그렇다면 이러한 대립이나 모순은 더 큰 차원에서 보면 대조화의 세계를 위한 것이라고 말해질 수 있다. 그래서 불교에서는 일체개고(一切皆苦)라고 한다. 이것은 현실의 실상을 있는 그대로 본 것이다.

확실히 인생의 현 존재는 모순 속에 있다. 고(苦)인 것이다. 그러나 이 모순인 고는 모순 없는 조화의 일면이기도 하다. 이 세상은 모순 대립을 가지고 있으면서 이것을 극복해 가는 세계이기도 하다. 궁극의 목표는 모순 없는 조화의 세계, 곧 즐거운 세계이지만, 모순 대립의 세계인 고를 넘어섬으로써 이것이 이루어지는 것이다. 그래서 부처님도 고(苦)·집(集)·멸(滅)·도(道)의 네 가지 진리를 설하여, 고는 원인이 있고, 그 원인은 없앨 수 있으며, 없애는 방법이 여덟 가지 바른길이라고 설파했다.

이 가르침은 결국 고라고 하는 인생의 현실은 바르지 않은 그릇된 길을 걸음으로써 받게 되는 모순 대립이니, 이것은 반드시 극복된다고 하는 것을 보여 주신 것이다.

모순 대립을 극복한다고 하는 것은 그것을 없앤다는 뜻이 아니다. 우리 인생이 고를 근본적으로 가지고 있다면, 그것을 완전히 없앨 수는 없다. 왜냐하면 그것을 근본적으로 없애면 고의 극복이란 있을 수 없기 때문이다. 하늘에서 구름을 완전히 없앨 수는 없으므로 구름을 가진 채 하늘의 푸른 성품을 드러내야 한다. 이와 같이 번뇌라고 하는 인생고의 원인을 없앤다고 하는 것은, 그것을 다른 높은 차원으로 바꾸는 것이다. 마치 감이 익으면 떫은 감의 맛을 그대로 가진 채 떫은 맛이 단맛으로 바뀌는 것과 같다. 그러므로 이것을 천태교학(天台敎學)에서는 번뇌즉 보리(煩惱卽菩提), 중관(中觀)불교에서는 진속불이(眞俗不二), 밀교에서 는 둘이면서 둘이 아니다〔二而不二〕라고 하니, 차별이 곧 무차별 평등 이라는 말이 된다.

《금강정경》의 제15회 〈비밀집회경秘密集會經〉의 범본에서 "둘이 아 닌 일체 제법은 그러나 둘의 모습을 가진다(Advayaḥ Sarvadharmas tu dvaya Lakṣitaḥ)"라고 했다.

평등하고 조화롭고 평화스러운 일체의 존재는, 그것이 평등하지 않 고 모순이 있고 대립되고 있는 세계인 것이다. 이것을 용수는 "같지도 않고 다르지도 않다 不一不異"라고 하였다.

그렇다면 모순 대립은 결코 없애야 할 무의미한 것이 아니다. 번뇌도 없애야 할 것이 아니다. 그렇다면 어떻게 할 것인가?

밭에서 나는 잡초는 나지 못하게 할 것이 아니고, 그것을 뽑아서 거름 으로 해야 한다. 잡초를 뽑아서 거름으로 하기 위해서는 힘과 지혜가 필 요하다. 악에 대해서도 악을 제거하되 그것을 선으로 전환시켜야 한다.

부처님의 자비스런 미소만으로는 이 세상의 악을 억제하여 선으로 바꿀 수 없는 경우가 있다. 그럴 때에는 방편으로 분노하는 모습을 지 어 항복시켜서 선으로 전환시키는 것이다. 잡초를 뽑아서 거름으로 하 는 것과 같다.

밀교는 방편문을 활짝 열고, 임기응변으로 상대를 교화하는 변신을

보인다. 이것이 부동명왕(不動明王)이요, 항삼세명왕(降三世明王)의 대
분노상(大忿怒相)이다. 분노하면서 분노하지 않는 모습이다. 분노하는
것은 둘이 차별 세계를 가지고 있는 것이고, 분노하지 않는 것은 무차
별의 평등 세계이다.

무차별의 차별, 차별의 무차별, 이것이 바로 일여(一如)인 것이요, 이
것이 법의 실상이니, 이러한 세계를 그대로 보이고 있는 것이 밀교의
변신의 자비 방편문이다. 아버지가 지극히 자식을 사랑하기 때문에 겉
으로 엄한 표정으로 종아리를 치는 이것은 지혜로써 보이는 변신이다.

분노하는 부처님은 흔히 밀교를 믿고 있는 티베트의 사원에서 볼 수
있다. 분노상은 다면다비(多面多臂)의 분노존(忿怒尊)이다.

인간에게 덮치는 여러 가지 불행은 그릇된 생각, 그릇된 행동, 그릇
된 말 등에서 비롯되므로 이것은 악귀의 짓이다. 그러므로 이러한 모진
악귀를 무찌르기 위해서는 분노상을 한 부처님이 나타나야 한다. 이 부
처님은 부정과 긍정을 동시에 실천하는 힘을 가져야 하므로 역동적이
요, 구체적이며, 과감한 실천력을 보인다.

중도는 어디에도 걸리지 않는 자유의 길이다. 선과 악의 어느 편에도
집착이 없으므로 악을 선으로 자재롭게 바꾼다. 어디에도 걸림이 없는
중(中)을 보고 행하는 사람이야말로 용감한 사람이다.

중(中)은 고정된 것이 없으므로 유동적이다. 유동적이기 때문에 움직
임에 장애가 없다. 중도는 가장 유연하기 때문에 힘이 있다. 마치 서예
가가 손에 힘을 주지 않기 때문에 글씨에 힘이 있는 것과 같다.

가장 큰 자비심을 가진 부처님이기에 크게 분노하는 것이다. 악을 무
찔러서 중생을 구제하고자 하는 자비심이 있기에 크게 분노하는 것이
다. 이것은 모순이면서 모순이 아닌 것이다. 분노와 자비심은 세속적으
로는 서로 다른 것이지만 진실한 세계인 중도에 있어서는 다르지 않다.
이이불이(二而不二)인 것이다. 이것을 구체적으로 보인 것이 분노존이
다. 자비스러운 상을 한 부처님이 분노상으로 바뀔 수 있는 것이다.

분노상은 노하는 모습이다. 인도에는 옛부터 "진실을 말하는 것은 악마를 제거하는 힘이 있다"고 믿어지고 있다. 진실을 가지고 있는 사람일수록 노할 수도 있는 것이다. 노하는 것은 악을 무찌르기 위한 것이다. 마음으로는 노하지 않으면서 겉으로는 노하는 것이다. 마음으로 미소를 지으면서 겉으로는 노하는 것이다.

석가모니가 촉지인(觸地印), 곧 항마인(降魔印)을 하여 대지의 신에게 진실임을 보였다. 진실이기에 항마인을 하신 것이다. 아축여래(阿閦如來)도 분노상을 하고, 항마인을 하고 있다.

마(魔)에는 번뇌마·음마(陰魔)·사마(死魔)·천마(天魔) 등 네 가지가 있다. 심신을 괴롭히는 번뇌마, 색·수·상·행·식의 오온(五蘊)의 장애인 음마, 죽음을 가져오는 장애인 사마, 타화자재천(他化自在天)에서 살면서 인간의 좋은 일을 방해하는 천마 등을 석존은 모두 무찌르셨다. 그러므로 항마인을 한 것이다.

아축여래는 검푸른 얼굴 색깔을 하고 분노하는 상을 짓는 여래시다. 아축여래는 항삼세(降三世)의 인계를 맺고 있다.

그러면 어찌하여 이러한 무서운 표현을 하는가? 말법 시대의 중생들은 교화하기가 힘이 들기 때문에 힘으로 항복시키지 않으면 안 된다. 그래서 여래께서는 항삼세명왕(降三世明王)으로 하여금 모든 재난을 없애기 위해서 안으로는 번뇌를 무찌르고, 밖으로는 달려드는 적을 무찌른다.

《이취경理趣經》에서 "금강수 대보살이 이 뜻을 밝히려고 항삼세인을 하고, 연화와 같이 미소지으면서 분노하는 모습으로 눈살을 찌푸리며 노려보고, 날카로운 이빨을 나타내서 항복시키는 모습으로 서서 이 금강훔가라심(金剛吽迦羅心手)을 설하셨다"고 한 것이 이것이다.

석존의 설법을 듣고 있던 금강수보살이 항삼세인을 하고 연꽃 같은 얼굴을 하고 분노상을 하여 눈살을 찌푸리고 맹시(猛視)했다고 한다.

연꽃 얼굴이란 미소짓는 얼굴이다. 자비의 미소를 지으면서도 노하는 것이다. 이것이 부처의 분노상이다. 중생을 구제하고자 하는 자비심이 있기에 미소짓고, 악마를 항복시키고자 하므로 분노상을 하는 것이다.

죄를 미워할 뿐이요 사람을 미워하지 않는다는 말이 있듯이, 죄를 항복시키거나 사람을 불쌍히 여기는 것이다. 이때의 모습이 분노상으로 나타나는 것에 묘함이 있는 것이다.

악을 선으로 전환하는 선교 방편이 여기에 있다고 하겠다.

파사현정(破邪顯正)의 정취보살(正趣菩薩)

인도에서는 7세기말경에 이르면, 지난날의 출가 중심인 소승불교에 대한 반성이 일어나서 그의 형식화된 면과 생명력을 잃은 부처님의 가르침에 대한 반성으로 새로운 교단 운동이 일어난다. 이것이 보살을 중심으로 하는 대승불교이다.

이들 보살 승단은 지난날의 승단으로부터 독립하여 출가자와 재가자가 하나가 된 새로운 불교로 발전하니, 이것이 밀교인 것이다.

여기에서는 지난날의 계율이나 정(定)이나 지혜에 대한 것을 다시 검토하게 되니, 먼저 계에서는 정법(正法)을 어떻게 실천하느냐에 중점을 두게 되었다. 그리하여 계율의 중심으로서 "정법을 버리지 않고, 보리심을 떠나지 않으며, 정법에 인색하지 않고, 중생을 해치지 않는 것" 등의 네 가지를 범하는 점이 가장 무거운 죄라고 하였다. 이것으로 보면 모든 계율의 덕목은 정법을 드러내는 지혜를 보이는 규범이요, 중생을 구제하기 위한 자비심의 발로이다.

오계(五戒)나 십계(十戒) 등은 모두 정법을 떠나지 않는 것이며, 세간의 중생들을 고로부터 구제하기 위한 필수적인 것이므로 모두가 선교 방편인 것이다. 그러나 지혜와 자비의 선교 방편이라면 형식적인 계율은 비록 범하는 일이 있다고 해도 그것은 파계가 아니다.

선무외 삼장은 《대일경소》에서 "비구의 구족계(具足戒)로서 250계를 설하고, 음(婬)과 도(盜)와 살(殺)과 망(妄)의 네 가지 바라이죄를 설한 것은 소근성(小根性)의 사람을 인도하기 위한 것이요, 구경이 아니다” 하고, 다시 “대보리심을 앞세우면 일체에 있어서 범하지 않는다”고도 했다.

여기에서 말한 대보리심은 청정한 마음이니, 신(身) · 구(口) · 의(意) 가 법 그대로 안주하는 것이다.

소승불교의 금기인 음(婬)이나 투도(偸盜)나 살생(殺生)이나 망어(妄 語) 등은 대승인 밀교의 입장에서 보면, 수도에 장애가 될 뿐 성불하지 못하는 것이 아니다. 그러므로 이들 계를 범하면, 투란죄(偸蘭罪, sthū- latyaya, 大罪, 大障善道罪)를 범한다고 한 것이 이것이다. 또한 비시식계 (非時食戒)나 육식금계(肉食禁戒) 등은 브라타계(vrata, 淨戒)라고 하여 수행을 하기 위한 기간에만 지키라고 한 것이다.

이와 같이 인도에서는 7세기말에 밀교가 일어나서 형식에 편중한 불 교로부터 붓다의 정신을 살려서 출가와 재가를 모두 살리는 새로운 교 단이 형성되었으나, 그것이 중국 · 한국 · 일본 등지에서 뿌리를 내리고 크게 번성하지 못했다. 그것은 종래의 불교 교단의 뿌리가 깊이 박혀서 그것으로부터 벗어나지 못했기 때문이다. 다시 말하면 법에 대한 집착 이 있었기 때문이다.

요컨대 불교는 올바른 법을 행하여 옳지 않은 것을 버리고 중생을 구제하는 종교이다. 이것을 다른 말로 하면 파사현정(破邪顯正)의 종교 이다.

“바른 것을 나타낸다”라고 하는 것은 공의 법을 실천하는 것이다. 그 러므로 법이라고 하는 것도 실체가 없어서 자성이 없으므로 이것에도 집착하지 않는 중도인 공이다.

《금강경》에서 “법이 법 아님을 보면 곧 여래를 보리라”고 한 것이 이 것이며, 법은 뗏목과 같아서 열반의 피안에 이르면 버려야 하는 것이 다. 이것은 곧 공이기 때문이다. 불교에서 말하는 법이란 공인 연기의 도리이며, 바르다고 하는 것도 이것이다.

항상 법을 보고, 법에 의지하고, 법 그대로 실천하여 중생을 고로부터 제도하는 보살이 되어야 한다. 이러한 보살이 곧 정취보살(正趣菩薩)이다. 바른 법만을 보고 법을 향해서 가는 보살인 것이다.

밀교는 바른 대승의 법에만 의존하기 때문에 성문이나 연각의 법을 따르면서도, 그 법이 궁극이 아니므로 그것도 떠난다.

세속의 모든 규범도 하나의 법이다. 그러므로 이 법을 지켜야 한다. 그러나 여기에는 한계가 있으므로 보다 높은 진리를 구현하려면 그것도 떠나야 하는 것이다. 따라서 선무외 삼장은 "비록 출가 이승(出家二乘)의 법계(法戒)를 범하는 일이 있더라도 그것에 끌려서 두려워하면 오히려 밀교의 수도에 방해가 된다"고 하였다.

금강저(金剛杵)를 든 금강불이보살(金剛不二菩薩)

오늘날 우리 한민족에게는 통일이라는 민족적 과제가 초미의 일로 다가오고 있다.

이것은 새로운 시대적 기운이며, 오랜 민족적인 염원이라고도 할 수 있다. 그러나 남북의 통일 과업은 우리에게 주어진 천혜의 것도 아니며, 자연적으로 주어지는 운명적인 것도 아니다. 이것은 우리 민족이 이제부터 쟁취해야 할 당위의 사업인 동시에 노력에 따라서 얻어질 수도 있고, 그렇지 못할 숙제이기도 하다. 우리 나라가 제2차 세계대전이 끝나고 일제의 굴레에서 벗어났을 때에 드디어 통일된 광복을 누릴 기회가 왔었음에도 불구하고, 그 기회를 놓치고 남북으로 체제와 이념을 달리하는 두 나라로 양분되었을 뿐만 아니라, 서로 다른 의식 구조를 떨쳐내지 못한 채 갈등 속에서 통일을 논하고 있는 것은 남을 탓할 것만이 아니라 우리 민족 자신에게 더 큰 책임이 있다고 하겠다.

이제 우리들 앞에는 민족의 통일이라는 서광이 비추기 시작하고 있다. 동녘이 밝아 오려는 것이다. 그러나 아직 동녘 하늘에는 짙은 먹구름이 두껍게 덮여 있어서 언제 밝은 해가 얼굴을 나타낼지 안타깝게도 초조함을 더하고 있다. 혹자는 10년 이내에 통일이 될 것이라느니, 5,6년 안에 올 것이라느니, 또한 남북의 완전 통일은 아직 먼 곳에 있다느니, 구구한 예측을 하고 있는가 하면, 당장 눈앞에 다가온 듯이 성급하게 구는 사람도 있다.

그러나 매사는 하늘이 주는 것도 아니고, 인간이 하는 것도 아니다. 사람이 할 일을 다하고 하늘의 명을 기다린다고 하는 말과 같이, 우리가 통일을 위해서 할 일을 다하고 그 다음은 대세에 맡기는 수밖에 없다. 불교적으로 말하면 통일을 위한 정진과 노력을 하고, 그 다음은 불보살에게 맡기는 수밖에 없다. 왜냐하면 매사는 불법의 도리를 벗어나지 않기 때문이다.

남북의 통일은 통일을 위한 기반 조성과 그 조건이 성숙되어야 하니, 그 과정에서 우리 민족이 해야 할 일을 성실하게 수행하고, 그 다음에는 민족적 양심과 시대적 기운에 따른 선공덕을 거두어들이는 수밖에 없다. 마치 농사짓는 사람이 가을에 수확을 얻기 위해서 봄 · 여름에 씨를 뿌리고 풀을 매고 거름을 주어 가을을 기다리는 것과 같다.

모든 것에는 도리가 있다. 통일을 성취하는 데에도 그것을 얻기 위해서 해야 할 도리가 있다. 원칙 없이 이루어지는 것이 있을 수 없듯이 통일에도 통일의 원칙, 곧 통일을 위해서 가야 할 길이 있다. 매사는 인간 만사를 지배하는 근본 도리를 벗어날 수 없는 것이다.

그 길은 무엇인가. 이것은 바로 통일의 과정이자 완성의 길이기도 하다.

불교는 우주 만상의 흥망성쇠를 좌우하는 도리인 진리를 가르친다. 이것이 불법이다. 불법은 한 개인의 생 · 로 · 병 · 사의 모습을 있는 그대로 직관하고, 이것을 살리는 길을 가르칠 뿐만 아니라 인간 세상의 모순과 갈등을 없애는 길을 가르친다. 그러므로 불법을 통해서 불법 그대로 실천하면, 인간이 추구하는 이상 세계로 갈 수 있는 것이다.

이제 우리는 남북 통일의 지상 과제를 놓고 갈등과 고민과 희망과 기대를 가지면서 무엇을 어떻게 할 것인가를 모색하고 있다.

이때에 우리는 불교가 그 길을 가르쳐 주고 있음을 알고, 그 길을 따라 정진하지 않으면 안 된다고 믿는다. 그러므로 나는 불교의 가르침을 통해서 통일의 길을 민족 앞에 제시하고자 한다. 이 길을 따라서 어떤 방법으로 달려가느냐 하는 것은 우리들 모두가 결정할 일이다.

불일불이(不一不二)의 통일 이념

통일(統一)이라는 말은 흔히 세속적으로는 서로 다른 것을 부정하고 하나로 합치는 뜻으로 사용되고 있거나, 혹은 변증법적인 지양(止揚)의 뜻으로 사용되고 있다. 그렇다면 남북 문제에서도 과거 냉전 시대 양측에서 항상 내걸고 외치던 조국 통일이란, 바로 한쪽을 부정하고 다른 한쪽의 체제로 합치고자 하는 배타적인 통일 논리였다. 이러한 통일 논리가 서구의 변증법적인 착상에서 비롯된 것임은 두말할 필요가 없으리라.

이제 탈냉전 시대에 접어든 오늘날에도, 남쪽에서 말하는 통일 내지는 북쪽에서 말하는 통일에서 여전히 지난날의 이러한 개념으로 통일을 논의하고 있는 것을 흔히 볼 수 있다. 예를 든다면 북쪽의 통일 전선 노선이 그러하고, 남쪽이 추구해 온 통일 정책 또한 이러한 착상에서 벗어나지 못한 것으로 보여진다. 그러나 이러한 상식적·세속적인 통일 개념을 가지고 조국의 남북 통일을 모색한다면, 그것은 위험한 결과를 가져오고 통일이 아니고 더 큰 분열을 가져오게 될 것이다. 왜냐하면 유물변증법적이거나 유심변증법적인 통일이거나, 혹은 상식적인 부정 일변도의 '하나'로의 합일은 진리가 아니기 때문이다.

진리의 세계는 다양한 가운데 하나로 통하는 것이 있고, 하나의 근본

으로부터 다양한 것이 나타나고 있는 것이다. 다시 말하면 일향일색(一
香一色)이 실상(實相) 아님이 없다. 하나의 법이 삼라만상으로 나타난
다. 그러므로 진리는 하나[一]도 아니고 잡다[多]한 것도 아니면서, 하
나이기도 하고 잡다하기도 하다[一卽多 多卽一]. 많은 것 속에서 공통
된 하나를 찾고, 그 하나 속에서 많은 다른 것을 살려야 한다.

이렇게 볼 때에, 우리는 흔히 '통일'이라고 하는 말을 함부로 쓸 수
없다는 것을 알아야 한다. 적어도 '불교적인 통일'에서 비로소 진실한
통일이 있게 된다고 하겠다. 그러면 이 불교적 통일이란 어떤 것인가.

군사적인 힘이나 경제적인 힘으로 무조건 상대방을 부정하고 한쪽으
로 합치는 것이 아니고, 또한 상대방을 무조건 비판도 없이 그대로 받
아들여서 한쪽에 합치는 것도 아니다. 전자가 부정(否定)을 통한 통일
이라면 후자는 긍정(肯定)을 통한 통일이다.

이러한 통일은 부정과 긍정의 두 극단을 가지고 있는 것이다. 두 극
단은 갈등을 가져올 것이며, 그 갈등은 투쟁을 불러오게 되므로 이것이
있는 한 그 통일은 평화적인 것이 못될 뿐만 아니라, 진정한 뜻에서 영
원한 통일이 될 수 없다.

부정이나 긍정의 극단을 떠난 통일, 곧 이쪽이나 저쪽이 서로 겸허한
자기 성찰을 통해서 파사현정(破邪顯正)을 거친 통일이어야 한다.

우리 나라가 현실적으로 둘로 나누어진 원인을 겸허하게 성찰하고
나서 통일로 가는 길을 가야 한다. 이쪽이나 저쪽이 모두 부정과 긍정
의 한쪽을 달리지 말고 크게 부정하는 것이다. 다시 말하면 갈라진 둘
이 다시 합치기 위해서는 둘 다 자기의 입장을 비워야 한다. 비운다는
것에는 대부정(大否定)이 있다. 이 대부정에는 부정과 긍정이 동시에
있는 것이다. 비슷한 예를 든다면 두 부부가 갈라졌다가 다시 합칠 때
에 "너는 그르다" "나는 옳다"고 시비를 따지면 합칠 수 없다. "그래,
내가 잘못했으니 그만둡시다" 하고 서로 마음을 비운다면, 이때에 파사
현정이 이루어져 다시는 헤어지지 않게 된다. 이러한 진리가 우리 민족

의 재결합에도 적용될 수 있는 것이다. 대부정을 통해서 그릇된 것을
바로잡는 부정의 파사(破邪)가 있고, 그것을 통해서 새로운 삶이 이루
어지는 긍정의 현정(顯正)이 있게 된다.

이렇게 되었을 때에는 하나로 합쳐지지만 그 하나는 하나가 아니며,
둘로 나누어진 것도 아니다. 불일불이(不一不二)의 세계이다. 이 세계가
바로 진정한 조화의 세계인 것이다.

남과 북이 체제나 이념을 떠나서 먼저 서로 대화하고 서로 도와 주려
고 노력하는 것은 바로 이러한 논리를 실천하고 있는 것이다.

반세기 동안 통일 노선을 외치면서도 실제적으로는 민족의 염원인
민족 화합을 무시한 일이나, 또한 무조건적인 체제 비판을 통해서 분열
을 조장해 온 것들을 이 민족은 아주 잊을 수 없을 것이다. 알면서도 입
을 다물고 통일의 길을 걷는 것은 부정과 긍정이 같이 있는 대부정, 대
긍정의 논리가 있는 것이다. 서로 반대되고 용납되지 않는 이념이나 주
장을 언제까지나 용인하는 것이 아니면서 대화를 해나가고 있는 것은
긍정과 부정이 같이 있는 것이다.

우리는 이러한 현실을 직시하면서, 긍정과 부정이 동시에 있으면서
통일이라는 대긍정으로 나아가기 위해서 묵묵히 참고 웃음 아닌 웃음
을 웃으면서 대해야 한다.

두 개의 서로 다른 체제와 이념이 하나로 될 수는 없다. 고정된 듯이
보이는 모든 사상(思想)은 변하고 있다. 제법무아(諸法無我), 제행무상
(諸行無常)이라는 것을 믿고 있는 우리는 북쪽의 체질 변화를 눈앞에서
보고 있으나, 그들의 아집(我執)과 이데올로기의 집착은 법집(法執)임을
알고 있다. 이들의 편집된 그릇됨이 올바르게 시정되도록 노력하지 않
으면 안 된다.

우리의 통일은 하나도 아니고 둘도 아닌 진리의 실천을 통해서, 저들
의 그릇된 집착이 시정될 때까지 참고 견디면서 파사현정의 법의 구현
으로 얻어질 것이다.

진리는 하나도 아니고 다르지도 않은 것〔非一而非異〕이다. 통일의 논리는 이러한 관점에 의해서 이루어져야 한다. 그렇지 않은 통일은 더 큰 불행을 초래할 것이다. "하나도 아니고 다르지도 않다"는 것은 "같지도 않고 다르지도 않다 非同非異"는 말과도 같다. 같지 않기에 과거의 죄를 무조건 용서하지 않음이요, 다르지 않기에 같은 민족으로서 서로 측은히 여겨 포용하는 것이다. 다르지 않다고 함으로써 감정에 치우쳐 흐르지 않고, 다르지 않다고 함으로써 이성을 떠나지 않는다.

감정에 흐르지 않고, 이성을 떠나지 않는 통일 논의가 바람직하다. 이러한 통일 노력에는 다투지 않기 위해서는 같지 않고〔非同〕 다르지 않음〔非異〕을 보여야 한다. 그래서 원효(元曉)도 《금강삼매경론金剛三昧經論》에서 "같다고 하고 다르다고 하는 것이 더욱 거세지면 서로 다투게 된다…… 그러므로 같지도 않고 다르지도 않다고 해야 한다…… 같지 않다는 것을 말 그대로 취하면 모두 허용하지 않게 되고, 다르지 않다고 말하면 허락하지 않음이 없게 된다. 그러므로 '같지도 않고 다르지도 않다'고 함으로써 감정이나 도리에 어긋나지 않는다 所同所異 彌興其諍 是故非同非異而說 非同者如言而吸 皆不許故 非異者得意而言 无不許故 由非異故 不遠彼情 由非同故 不違道理 於情於理 想望不違"라고 하였다.

실로 우리의 통일에는 적어도 이러한 불교의 세계관인 공(空)의 도리와, 중도(中道)의 지혜로 분노하는 부처님의 파사현정이 통일 이념으로서 요구된다고 하겠다.

이데올로기의 극복

중도(中道)라는 말은 흔히 정치적으로는 좌·우의 어느쪽에도 기울어지지 않고 그 중간에 위치한다고 하는 모호한 것으로 생각되기도 하고, 또한 이것과 저것의 중간에 위치하는 진리로서 완만하지도 않고 과격

하지도 않아 온건하며 탄력적인 것이라고도 한다.

민주주의 개념으로 보더라도 중간에 있는 자의 견해가 많은 사람의 뜻에 가깝다고 하여 절충적인 것으로 여겨지고 있다.

이와 같이 중도라는 말이 일반적으로는 정치적 의미로나 일상적 의미로 사용되고 있어서 중간적인 것을 중도 정치(中道政治)라고 칭하기도 한다.

그러나 불교에서 사용하고 있는 중도는 그런 중간의 위치도 아니고, 불완전하고 애매한 것도 아니며 절충적인 것도 아니다.

불교의 중도 사상은 불교의 진리를 나타내는 것으로서, 중(中)의 논리는 세계와 인생의 진실 그것을 이해하는 유현(幽玄)함을 가지고 있다. 따라서 우리가 통일을 논할 때에도 이러한 중도의 논리를 실천함으로써 민족이 살 수 있는 길을 발견하게 될 것이며, 모든 통일을 위한 노력은 이 중도의 논리에 의해서 선교 방편(善巧方便)이 모색되어야 한다.

중도의 논리는 석존의 교설의 방편이었으며, 진실을 추구하는 구도의 논리이기도 하다. 그것은 중(中)이 바로 법(法)이기 때문이다. 따라서 불교의 중도는 우리의 이상이며, 진·선·미요, 정도(正道)인 것이다.

중도 사상을 통해서 남과 북이 모두 살아날 수 있는 대긍정(大肯定)이 있고, 그것은 무조건적인 긍정이 아니라 대부정(大否定)이기도 한 것이다. 그러면 중도 사상이란 어떤 논리의 구조를 가지고 있는 것인가?

흔히 학계에서는 중도라고 하면 용수(龍樹)의 팔불중도(八不中道)를 상기하여 철학적·종교적으로 어렵게 생각하기 일쑤이다. 그러나 중도는 정도(正道)나 묘도(妙道)라고도 말해지니, 중도의 내용은 바로 팔정도(八正道)라고 이해되기도 한다. 경전에서는 고·낙의 두 극단을 떠난 것이라고 말해지고 있다.(《잡아함》 12,10) 이것은 석존의 성도에서부터 설법 내지는 일상 생활에 이르기까지 일관된 것이었다. 다시 말하면 한 쪽에 대한 고집을 버리는 것이다. 인간의 참된 삶은 외고집이나 집착으로서는 이룩될 수가 없다. 이것은 절대주의가 되어 남의 존재를 인정하지 않게 되니, 이 세상의 상대성이나 다원성을 인정하지 않게 된다. 이 세상은 이것과 저것이 다원적 상관 관계 속에 성립되어 있다. 되어진 그대로 이것과 저것을 살리는 길이 중도이다. 그러므로 중도는 연기(緣起)의 도리(道理)라고도 하고, 공(空)이라고도 한다. 생(生)과 사(死), 일(一)과 이(異), 상(常)과 단(斷), 거(去)와 래(來) 등 서로 반대되는 상대적 개념들은 본질적으로는 존재하지 않는다. 이것이 있으므로 저것이 있으니, 상즉불이(相卽不二)의 관계에 있다. 이것이 묘(妙)인 것이다. 물(物)과 심(心), 유(有)와 무(無) 등 모든 상대적 가치는 크게 부정될 한정된 가치를 가진다. 그러므로 독존적·절대적·배타적인 것이 아니고, 서로 의지하고 서로 어우러져서 각각 상대적인 존재가 가치를 가지는 것이다.

불교에서는 무자성(無自性)이 공(空)이라고 하여 물심불이(物心不二)를 말한다. 불교는 서구적 사유에 의한 유심론(唯心論)이거나 관념론(觀念論)이 아니다. 사회주의나 공산주의 이론에서는 유물론(有物論)을 절대적으로 내세우고 있으나, 중도의 입장에서는 이것은 물질의 일변에 집착한 망견이다. 정신 작용 없이 어찌 물질의 가치를 가질 수 있으며, 물질의 힘 없이 어찌 정신이 따로 있을 수 있겠는가. 그러므로 물심불이(物心不二), 색심불이(色心不二), 오온가합(五蘊假合)이라고 말한다. 오늘날 양자물리학에서도 물질과 정신은 구별할 수 없다고 하고 있다. 그러므로 불교는 정신을 물질보다 더 중요시할 뿐이다.

우리가 잘 알고 있는 바와 같이 개인 중심의 자본주의의 사상적 기반에는 인간 생명의 존중이 있다. 보이지 않는 생명의 깊은 내면에서 요구하는 인간 욕구의 충족이 따른다. 따라서 유심론적·관념론적인 경향을 가지게 되었으나, 다양한 속에서 최적의 진리를 추구하게 되고, 인간의 근본 문제를 영원히 완전하게 해결할 수는 없으나 무한한 가능성을 인정하는 원리를 근본 신앙으로 가지고 있다.

한편 사회주의나 공산주의는 물질의 절대성을 내세워서 과학적·물질적인 세계를 신앙으로 가지고 있다. 주체 사상이라는 것도 유물론적 입장에서 물질 발전의 최고의 단계를 보이는 인간과 세계를 신앙으로 가지고 있다.(《주체 사상의 이론적 기초》, 박용곤 저, p.371)

이와 같이 물질이나 정신의 어느 한쪽만을 보고 한쪽에 치우친 사상은 흑백 논리적 사고로 달려가게 되고, 권위주의와 배타주의에 떨어지니, 불교적으로 말하면 사법(邪法)에 집착한 망상이 된다. 이러한 사상은 진정한 민주주의 이념이 될 수 없다. 왜냐하면 인간의 근본 생명을 거역하고 있기 때문이다. 따라서 이것은 진리가 아니므로 극복되지 않으면 안 된다. 유물론이나 유심론적 사유는 유물·유심의 변증법적 부정을 되풀이하여 마침내 자기 모순 속에서 파멸을 가져오고 말 것이다.

오늘날 흔히 볼 수 있는 바와 같이 고전적인 자본주의와 사회주의 이념이 서로 합쳐진 사회민주주의를 이상적인 제도라고 말하고 있기는 하나, 이것은 다양한 것의 종합에 불과하여 자체적인 모순을 내포하면서 편의에 따라 통일한 것이다.

중도는 연기의 도리에 의해서 이것과 저것이 만나서 부정함이 없되 부정하지 않음이 없고, 긍정함이 없되 긍정하지 않음이 없는 것이다. 이런 논리는 부정 아니면 긍정이라는 형식 논리를 떠난 것이다.

원효는 《대승기신론소大乘起信論疏》에서 이것을 "열어서 매이지 않고, 합해서 갖지 않고, 세우되 얻음이 없고, 파하되 잃지 않는다 開而不繫 合而不狹 立而無得 破而不失"라고 하였다.

중도 사상은 연기설의 입장에서 모든 것이 생하고 필경 돌아가는 것을 보였다. 《중론》 24 〈관사제품觀四諦品〉에서 "여러 인연이 생하는 법을 나는 공(空)이라고 설한다 衆因緣生法我說卽是空"라고 하였다. 그러므로 모든 존재는 공이다. 이러한 공관에 의해서 타파될 것은 희론(戲論)이니, 이 희론이 적멸된 것이 공이요, 이 공성(空性)이 중도다. 《중론》 18 〈관법품觀法品〉에서 "열반상은 공(空)·무상(無相)·적멸(寂滅)·무희론(無戲論)이다. 일체 세간법도 이와 같다 涅槃相空無相寂滅

無戱論 一切世間法亦如是)"라고 하였다.

공상은 일체의 세간법을 있게 하고 없게도 하는 것이기 때문에 중도라고 한다. "연기란 공성(空)이라고 말해진다. 시설(施設, 假)에 의해서 그 공성은 중도[中]이다"(月稱釋,《中論》)라고 하였다.

서구 철학에서는 유심·유물의 논쟁이 끊이지 않고 다양한 새로운 이데올로기가 꼬리를 물고 나타났으나, 이들은 옛부터 있었던 10난(難), 62견(見)의 법집(法執)에 지나지 않는다. 불교의 중도는 이들을 타파하여 파사현정(破邪顯正)으로 일체 중생의 망집을 없애고 참된 행복한 삶을 살도록 하는 구제의 논리를 가지고 있다.

우리의 통일에서 비록 체제와 이념을 초월한다고 하나, 초월(超越)에는 공(空)의 논리가 적용되지 않으면 안 된다. 따라서 우리는 북한 정권의 주체 사상에 대해서도 그 정체를 바로 알고, 그의 논리(구조)를 있는 그대로 보는 동시에, 이에 고집하는 어리석음을 끊도록 선도하지 않으면 안 된다.

중도 사상은 대부정 속에 긍정과 부정이 동시에 있는 초논리의 지혜이다. 형식 논리로는 설명하거나 이해할 수 없는 오묘한 지혜이다. 용수는《중론中論》말미에서 "일체의 견해는 약설하면 다섯 가지요, 광설하면 62견이 되나, 이 여러 가지 견해를 끊기 위해서 대성 고타마가 법을 설하시었으니, 이것이 무량무변 불가사의한 지혜이다. 고로 나는 머리 조아려 예배하나이다 一切見者 略說則現廣說則六十二見 爲斷是諸見 故說法大聖主瞿曇 是無量無邊不可思議智慧者 是故我稽首禮"라고 했다.

실로 중도 사상으로써 그릇된 사상이나 제도가 타파되어[大否定] 보다 높은 가치의 세계로 전환되었을 때에[大肯定] 진정한 통일과 평화가 올 것이다.

이데올로기의 희론(戲論)이 적멸(寂滅)한 열반의 세계가 중도의 세계요, 우리 불교인이 그리는 진정한 평화요, 민족이 바라는 영원하고 복된 통일 조국이 될 것이다.

화쟁(和諍)의 통일 논의

화쟁(和諍)이란 주의주장을 고집하면서 다투는 것을 화하는 뜻이다. 화(和)한다는 것은 어떤 뜻인가? 불교에서 화(和)는 중(中)의 뜻과 같은 것으로 사용된다.

《중아함경中阿含經》 제29에 "'네 뜻이 어떠하냐, 만일 탄금(彈琴)에서 현(絃)이 급하면 소리가 화해서 즐거울 것인가.' 사문이 대답하되 '그렇지 않나이다.' 세존이 다시 묻되 '너의 뜻이 어떠하냐, 만일 탄금의 현이 완(緩)하면 소리가 듣기에 좋은가?' 사문이 답하기를 '그렇지 않나이다' 하니, 다시 세존이 묻되 '네 뜻이 어떠하냐, 만일 탄금의 조현이 불급불완(不急不緩)하여 중(中)을 얻으면 소리가 듣기에 좋을 것인가?' 사문이 답하되 '그러하옵니다.' 세존이 다시 고하시되 '사문이여 이와 같이 수행할 때 너무 정진하면 마음이 흩어지고〔掉亂〕, 너무 정진이 부족하면 해태하나니, 그러므로 이때를 분별하고 이 상(相)을 관찰하여 방일하지 말지니라"고 하였다.

흔히 중도라고 하면 논리적으로 대립된 두 견해를 조절하는 관계를 설하고 있거나, 여러 가지 그릇된 견해를 분별하여 올바르게 인도하는 것으로 생각되기도 한다.

그러나 중도는 실생활 속에서 가장 만족하고 조화로우며 아름답고 진실한 세계를 나타내는 것이기도 하다. 앞에서 본 바와 같이 탄금의 불급불완이 때에 따라서 나타나고, 상(相)에 따라서 급하고 완함이 자재롭게 분별되는 화음(和音)과 같은 것이다.

화쟁 사상은 서로 다른 견해를 무시하는 것도 아니고, 무조건으로 관용하는 것도 아니니, 이것은 동일성과 다양성을 동시에 보는 논리의 세계이다. 이른바 둘이 원융하였으면서도 하나가 된 것은 아니다〔融二而不一〕. 그러면서 동시에 서로 상극하는 모순이 사라진 최적의 타협과 화해가 있다〔無理之至理不然之大然〕.

여기에 화쟁 사상은 사변적 논리에 끝난 것이 아니고, 더 깊은 생명의 샘을 만나는 법열의 세계와 통한다. 원효는 이러한 세계를 일심(一心)이라고 하였다.

남과 북이 이러한 일심에 이르면 마음으로부터 통일이 이루어지고, 체제를 넘어서고 이념을 넘어설 수가 있다.

화쟁 사상은 바로 중도 사상이다. 화(和)는 중(中)에 이르러서 얻어진다. 쟁(諍)은 유(有)와 무(無), 입(立)과 파(破), 이(理)와 사(事), 일(一)과 다(多), 동(同)과 이(異), 생(生)과 사(死) 등 모든 대립된 개념을 넘어선 것이다. 이것은 서로 다를 뿐만 아니라 상통하는 면도 있음을 봄으로써 조화가 이루어진다. 상극성(相剋性)과 상통성(相通性)의 양면을 동시에 보는 것이다.

모든 사물은 이것과 저것의 양면을 가지고 있으나, 그 일면만을 보는 데서 그릇된 견해가 생기고 집착이 있게 된다. 지혜 있는 사람은 사물의 양면을 동시에 같이 본다.

아름다운 화음은 급할 때는 급하고 느릴 때는 느리며, 급하지도 느리지도 않을 때는 그렇게 하여 자재로운 때에 있게 된다. 급하고 느린 것에 걸린 것은 분리주의에 떨어진 것이요, 완급의 어느 한쪽이나 완과 급의 중간을 택하는 것은 획일주의에 떨어지는 것이다.

중도 사상이 논리적·철학적이라면, 화쟁 사상은 실증적·종교적인 사상이다. 중도 사상이 화쟁 정신으로 나타날 때에 생명을 가진다. 그러나 중도 사상과 화쟁 사상이 다른 것이 아님은 말할 나위가 없다.

원효는 《열반경종요涅槃經宗要》에서 "수많은 전적을 통섭하였으니 1만 가지 흐름이 일미(一味)로 돌아온 것이며, 부처님 뜻의 지공(至公)하심을 열어서 백가(百家)의 서로 다른 견해의 쟁론을 화회함이로다 統衆典之部分 歸萬流之一味 開佛意之至公 和百家之異諍"라고 하여, 《열반경》이 모든 경의 서로 다름을 화회(和會)한다 하고, 또한 《기신론별기

起信論別記》에서는 "삼성(三性)이 같은 것도 아니고 다른 것도 아닌 뜻을 알면 백가의 쟁론이 다 화회한다 三性不一不異義者 百家之諍 無所不和也"고 하였다.

원효는 화쟁의 논리로써 불교의 모든 서로 다른 쟁론을 10문으로 나누어서 그것을 화회하였으니, 이것이 이른바 〈십문화쟁론十門和諍論〉이다.

원효는 화쟁 논리로써 불교만이 아니라 세상 만사를 자재로이 보고 걸림 없이 살았다.

〈십문화쟁론〉은 《열반경종요》《법화경종요》《금강삼매경론》《대승기신론소》에서 전개되고 있으나, 거의 다 유실되고 현재는 단편 4장만이 남아 있으므로 다른 전적을 통해서 알 수 있다.

① 삼승(三乘)이 일승(一乘)과 다르지 않고,
② 공(空)과 유(有)가 다르지 않고,
③ 불성의 있고 없음이 나누어지는 것이 아니며,
④ 인(人)과 법(法)의 있고 없음이 서로 다름이 아니며,
⑤ 성(性)과 상(相)이 상즉무애(相卽無碍)하며,
⑥ 오성(五性)의 차별에 성불하고 안함이 문제가 되지 않으며,
⑦ 번뇌장(煩惱障)과 소지장(所知障)의 서로 다른 뜻을 화회하였고,
⑧ 열반(涅槃)에 대한 서로 다른 뜻을 회통하였고, (해당 說文이 없음)
⑨ 법신불(法身佛)과 보신불(報身佛)과 화신불(化身佛)의 상(常) 불상(不常)에 대한 이설을 화통하였고,
⑩ 불성(佛性)에 대한 여러 설을 화통하였다.

이상과 같이 열 가지로 분류해서 서로 다른 학설을 화통하였다고 보고 있으나, 이 〈십문화쟁론〉의 내용은 그 일부가 있을 뿐 그 전체는 알 수가 없다. 여하튼 원효의 불교관은 일승(一乘) 화쟁 사상으로 대표할

수 있으나, 이 화쟁의 정신은 불타의 근본 뜻을 엿본 것이니, 용수의 중
도 사상의 발전이라고 생각된다.

따라서 우리의 불교적 사유는 이 중도 사상을 떠나서 있을 수 없고,
중생 제도의 길은 화쟁의 도리를 떠나서 있을 수 없다고 하겠다. 그러
므로 우리는 남북 통일을 생각할 때, 먼저 이념의 통일을 기하기 위해
서는 석존의 화쟁 정신을 본받아 화쟁의 논리로써 파사현정하여 정도
(正道)로써 국론을 이끌어 가지 않을 수 없다.

화쟁 사상은 신라 시대의 원효만의 사상이 아니며, 부처님의 본회로
서 오늘날 사상적 갈등을 해소하여 공생공영하기를 바라는 온 인류의
사상이 되어야 한다. 더구나 남북의 통일을 앞에 놓고 이념의 대립이
첨예화되고 있으나, 우리는 이 화쟁의 사상으로 사리를 분별하고, 정과
사를 가려서 민족의 영원한 복락이 불보살의 가르침을 통해서 누려지
도록 노력하지 않으면 안 될 것이다.

본인은 불교적인 입장에서 통일 문제를 생각해 보았다.

정치인은 정치적으로 이 문제를 풀어 보려고 노력하겠으나, 종교인
으로서는 어디까지나 종교적인 교리를 통해서 통일 문제 해결을 근원
적으로 생각해 볼 필요가 있다.

인간의 행동은 심의식에 의해서 나타나고, 심의식은 심성의 깊은 곳
에 자리잡은 인간성에 그 바탕이 있다. 이와 같이 민족의 통일 노력도
민족의 통일 의지와 민족의 공통된 염원에 의해서 진행되는 것이라고
생각된다.

이제 우리 민족은 반세기에 걸친 국토의 분단과 민족의 분열로 그 동
안에 당한 아픔을 씹으면서 통일의 날을 기원해 왔다. 불교인이 조석으
로 불전에 남북 통일의 조속한 성취를 기원한 것이 얼마나 오래였던가?

민족의 염원은 동녘에 여명을 맞이하게 했다. 그러나 조국의 평화 통
일은 험난한 발걸음을 예고하며, 동녘의 밝은 빛은 아직도 검은 구름으

로 가려져 있다. 길은 훤히 보이고, 날은 샜으니 앞을 향해서 한걸음 한 걸음 나아갈 준비를 이제부터 시작해야 할 것이다.

가장 가깝고 틀림없이 목적지에 도달할 수 있는 길을 찾아서 조심조심 걸어야 한다. 그러기 위해서는 길 떠나기 전에 목욕재계하고 부처님께 기원하는 것을 잊어서는 안 된다. 지혜의 빛을 밝히면서 먼 길을 부지런히 가야 하기에 불보살에게 지혜를 비는 것이다. 이런 뜻에서 통일 과업의 성취라는 막중한 사명을 달성하기 위한 불교도의 행보에 앞서서 불보살의 지혜를 비는 것이다.

불보살의 지혜는 신라의 통일을 이룩했고, 고려에서 이조를 거쳐 오늘날에 이르기까지 우리 민족의 앞길을 밝혀왔다.

남과 북은 그동안 비운의 역사 속에서 통일을 저해하는 수많은 독소에 시달리면서 오늘을 기다렸다. 지난날이 우리의 뜻이든 그렇지 않든 간에 앞으로 민족이 다시 하나가 되어 행복을 누릴 수 있게 되려면 수많은 질병을 치료해야 한다. 체제와 이념에 의해 깊이 병든 의식의 변괴, 민족적 양식의 소실 등 수많은 문제가 우리 앞에 놓여 있다. 그러나 뒤엉킨 실타래를 차근차근히 풀어낼 지혜가 불교에 있다. 이것이 바로 중도의 논리요, 화쟁의 방편인 것이다.

흔히 불교의 논리를 형식 논리의 사유로써 이해하려고 하거나 서구적인 변증법적 사유에 대비하려고 하나, 그것은 불교의 깊은 도리를 모르는 것이다. 공의 논리를 부정을 통한 긍정이라고 하여 변증법적으로 생각하면 안 된다.

불이중도(不二中道)는 헤겔의 유심론적 변증법이나, 마르크스의 유물론적 변증법과는 다른 논리 구조를 가지고 있다. 물심불이(物心不二)의 공의 부정에는 긍정이 동시에 있다. 부정이면서 긍정이다. 공의 부정은 상대적 부정이 아니고 절대 부정이므로 그것이 바로 대긍정이다. 따라서 불교의 논리는 형식 논리를 넘어선 것이니, 사유 형식에 그치는 것이 아니라 인류를 구제하는 실천의 길이다. 이것이 대기설법으로 설해졌고, 응병투약으로 제시됐다.

이질화된 남북의 병든 몸을 치료하기 위해서는 불교적인 원리에 의해서 적절히 투약해야 한다. 이 약이 바로 중도 사상이요, 화쟁 정신이며, 불보살의 무량한 선교 방편이다. 나는 민족적인 오랜 질병을 치료하는 약으로 중도 사상을 들었다. 이것이 불교의 정수이기 때문이다.

명침은 한 방에 뚫리고, 하나는 모든 것에 통한다. 남북이 서로 다른 체제를 가지고 하나의 정도로 나아가기 위해서는 '하나'의 뜻을 살려야 한다. 이것이 수많은 강물이 각기 흘러서 하나의 바다로 가듯이, 서로 다른 것이 한결같이 하나로 가서 만났을 때에 공동의 복락을 누리는 것이다. 원효가 "모든 흐름이 한 맛으로 돌아간다"고 했을 때의 '한 맛'은 인간의 근본 심성이며 진리 그것이다. 이것은 일심(一心)이라고 표현될 수도 있다.

《중론》 제18 〈관법품〉에서 용수는 "제법의 참된 본성은 모두 평등일상(平等一相)으로 들어가나니, 이른바 무상(無相)이다. 여러 강물이 색이 다르고 맛이 다르나, 큰 바다로 들어가면 한 색과 한 맛이다 諸法實性皆入第一義平等一相 所謂無相 如諸流異色異味 入於大海則一色一味"라고 하였다.

'하나'는 한 민족의 양심이며, 민족의 공감대이기도 하다. 서로 다른 체제와 사상, 이질화된 의식 구조와 생활 양식이 서로 뒤엉켜져 소리를 내고 소용돌이치더라도 넓고 깊은 민족의 양심이라는 바다로 들어가면 하나의 짭짤한 맛을 가지게 될 것이다. 그러므로 남북 대화에서 먼저 이산 가족을 상봉케 하고, 자유로이 서신을 교환케 하며, 서로 왕래하면서 민족 공동체 의식을 고취하는 것은 바로 바닷물에서 같은 맛을 보는 것이요, 한마음을 일깨우는 것이 된다.

우리 민족은 반세기 동안 동·서의 수많은 이데올로기의 세례를 받아 왔고, 갖가지 해괴한 문화를 경험해 왔다. 이제 우리는 어느 민족보다도 더 많고 깊은 체험을 살려서 새로운 참된 자유와 민주주의의 새

역사를 창조해야 한다.

이제 1600년의 유구한 역사를 통해서 우리의 조상이 몸소 체험하고 보여 준 지혜의 등불을 높이 치켜들고, 냉철한 현실 비판의 지성과 너그러운 동포애의 포용력과 뜨거운 통일의 열정으로 민족의 염원인 평화 통일의 그날을 맞이하지 않으면 안 된다. 그 등불, 그 지성, 그 포용력, 그 열정이 바로 불교의 가르침에 있다.

불교도는 평화 통일의 기수가 되어야 한다. 금강저(金剛杵)를 치켜들고, 남북이 둘이 아님을 보기 위해서 통일로 달리는 금강불이보살(金剛不二菩薩)이 되어야 한다.

미래에 무진등(無盡燈)을 밝힐 보살들

세간이라는 말과 출세간이라는 말은 불교에서 사용하는 술어로서, 이 말이 가지고 있는 내용은 불교의 교리나 불교적 실천을 가리키는 깊은 뜻이 있다.

그러나 오늘날 세간이라고 하면 속된 것, 비속한 것, 깨끗하지 않는 것이라는 뜻으로 받아들여지고 있다.

출세간이라는 말은 성스러운 것, 초월한 세계라는 뜻으로 받아들여지고 있다. 특히 비구 · 비구니의 길은 출세간을 대표하고 있는 듯이 말한다.

세간이라는 말은 범어의 **Laukika**, 팔리어의 **Lokiya**, **Lokika**이다. 이것은 세간적이라는 형용사다. 이 말은 세간 **Loka**이라는 말로 **Luj**라고 하는 말에서 왔다. '무너진다'는 뜻을 가진 어원에서 파생된 이 말은 '무너지기 쉬운 것' '변천하는 것'을 뜻한다.

출세간이라는 말은 범어의 **Lokottara**, 팔리어의 **Lokuttara**이니, **Loka**에 **uttara**가 붙은 말이므로, '세간보다 위에 있는 것'이라는 뜻으로 출세간 혹은 초세간(超世間)이라 번역되고 있다.

그런데 이러한 출세간이라는 말이 실제로 사용된 예는 원시불교 경전이나 율장(律藏)의 교설에는 나타나지 않는다. 곧 원시불교의 율에서 세간적인 것을 구별해서 설해진 것은 찾기 어렵다.

붓다가 보리수 밑에서 성도하신 뒤에 7·7일 동안 열반의 즐거움을 맛보시고, "나에 의해서 얻어진 이 법은 깊어 보기 어렵고, 적정 그대로 수승하여 보고 깨달음을 초월하여 미묘하니 현명한 자만이 감지할 것이다. 그러나 이 세상 사람들은 아라야(Ālaya, 阿賴耶)를 즐기고, 아라야를 기뻐하고, 아라야를 좋아한다.

이 아라야를 즐기고 아라야를 기뻐하고 아라야을 좋아하기에 이 도리(tathatā), 곧 이 연성(緣性), 연기생(緣起生)은 보기 어렵다. 또한 이 도리, 곧 제행(諸行)의 적정, 일체 의착(依着)의 사리(捨離), 갈애의 멸진, 탐욕의 떠남, 고의 소멸, 열반은 보기 어렵다.

내가 이 법에 설하여 다른 사람들이 나를 알지 못한다면, 그것은 나의 괴로움이요, 그것은 나의 미혹이다"(《律犍度分》)라고 생각하시어, 세상 사람들과는 다른 법을 설하는 것을 주저하셨다고 한다.

이 사실은 《사분율四分律》이나 《오분율五分律》에서도 말해지고 있으나, 이것이 바로 세간적인 것과 출세간적인 것의 다름을 나타내고 있는 것이라고 생각된다. 그러나 여기에서 세간이나 출세간이라는 말은 사용되고 있지 않다.

《아함경》의 여러 경전에서 "비구들이여, 이와 같이 그들 여래께서 설하신 깊은 뜻의 출세간 공성상응(空性相應)이 그들 여러 경에 숨겨져 있다"(《相應部尼柯耶》 2, p.267, 《增一尼柯耶》 3, p.107)라고 한 것이 있다. 또한 "나는 참되고 거룩한 출세간의 법을 사람들의 부(富)라고 선언한다"(《雜阿含》 47, 18 甚深緣起法, 《中部尼柯耶》 2, p.181)라고 한 말이 있다. 이에 해당하는 한역 경전에도 출세간이라는 말로 표현하지 않고, 단지 "나는 스스로 좋은 지혜의 제법을 잘 이해하고, 사람을 위해서 그 치는 법, 멸하는 법을 시설하여 도법의 선취를 깨달아서 스스로 재물로 가지게 된다 我自善解善智諸法 爲人施設息止法 滅訖法 覺道法善趣法 施設自有財物"라고 번역하고 있다.

이것은 바라문에게는 걸식(乞食)이 부요, 찰제리(刹帝利)에게는 화살이 부요, 바이샤(毘舍)에게는 경작·목축이 부요, 수다라(首陀羅)에게는 곤봉이 부라고 하는 것을 말하고, 바라문에게는 출세간의 신성한 법이 부임을 말한 것이다.

또한《중부니가야中部尼柯耶》에서는 "이들 제법은 한결같이 즐거움으로 인도하는 것, 신성하고 출세간적이요, 악마가 들어올 수 없는 것"이라 말하고 있다. 여기에서 말하는 제법은 오취온(五取蘊)의 생멸에 관하여 머물고, 오취온에 있어서 아(我)가 있다고 하는 만심(慢心)을 버리고, 그것을 스스로 아는 것을 가리키고 있다. 이에 해당하는《중아함中阿含》의 〈대공경大空經〉에서는 "이 법은 한결같이 옳은 것, 한결같이 즐거운 것, 한결같이 무루 무애를 생각하는 것, 마가 미치지 못하고 악이 미치지 못하는 것 是法一向可 一向樂 一向意念 無漏無愛 魔所不及 惡所不及"이라 말하고 있을 뿐, 여기에서는 출세간이라는 말이 없다.

이상의 예에서 보는 바에 의하면, 단지 '출세간의 경지' '출세간의 법'이라고 하였을 뿐이다.

출세간의 경지란 공성상응(空性相應)의 경지이니 한역에서는 이것을 심심연기법(甚深緣起法)이라 말하고 있다. 출세간의 법은 십선(十善)의 실행과, 오욕(五欲)의 허물을 관찰하는 일과, 오취온(五取蘊)의 흥폐를 관찰하는 일 및 아만을 없애는 것 등을 뜻하고 있다. 여기에서 출세간이란, 진리를 보고 진리를 실천하는 것임을 알 수 있다.

그런데 후세에 아비달마(阿毘達磨)의 문헌이 만들어지면서는 계박(繫縛)을 세간, 불계박을 출세간이라고 말하게 되었다. 계박이란 삼계 곧 세간에 얽매이고 있는 것이요, 불계박은 삼계에 얽매여 있지 않은 것이니, 곧 출세간이다.

욕계·삼계·무색계의 모든 세계는 열반의 입장에서 보면 아직 미혹의 세계요, 무상 전변하는 세계에 지나지 않는다. 이러한 세계가 바로 세간이라고 말해진 것이다. 이러한 세간에 매여 있는 것이 세간적인, 곧 Lokāya인 것이다.

《DhammaSaṅgaṇi》라는 아비담서에 의하면, 세간적인 법이란 유루(有漏)의 선과 불선과 무기(善不善無記)의 제법이니 욕계·색계·무색계의 오온(五蘊)이라 하고, 출세간의 법이란 불계도(不繫道)·도과(道果)·무위과(無爲果)라고 하였다. 또한 출세간심을 출세간의 정(定), 출세간의 도(道), 출세간의 염주(念住) 내지 출세간의 마음을 닦는 것이라고 설명하고 있다. 그리하여 이 출세간의 정(定)이나 도(道)가 열반으로 인도하는 환멸문의 법이니, 유루(有漏)에 속하는 것이 세간이요, 무루(無漏)에 속하는 것이 출세간이라 말하고 있는 것이다. 그러므로 유루선(有漏善)이 세간적인 것이요, 무루선(無漏善)이 출세간적인 것이며, 유소득(有所得)의 공리적인 실행이 세간의 행이요, 무소득의 자연법이(自然法爾)의 선행이 출세간의 선행이 된다.

이와 같이 부파불교 시대에는 세간과 출세간이 복잡하게 분별적으로 해석되었으므로 실제 생활과는 유리되는 번잡한 논설에 떨어지고 말았다. 그리하여 이 아비달마 논서가 불타의 생활이나 경전의 뜻을 밝히고 있는 반면에, 불타의 가르침이 일반 민중의 생활과는 유리되고 생명을 잃는 결과를 초래했다.

이와 같은 부파불교는 아소카(Aśoka) 왕의 보호로 교단이 크게 일어나서 교단은 풍요로운 사전(寺田)의 소유에 의해서 유지되었으며, 이에 따라서 은둔적인 집단 생활 속에서 엄격한 보수적 생활을 영위했다. 이때에 이른바 2백50개의 계율이 성립되어 이것을 지키지 않으면 안 된다고 하여, 비구·비구니의 수도승과 재가자인 우바새·우바이가 각각 구별되어 가는 경향을 띠게 되었다. 이것은 비구·비구니의 일상 생활이 재가자인 우바새·우바이의 생활보다 풍요롭고 자유로워서 자랑스러웠기 때문이다. 이러한 경향이 비구·비구니를 세간 밖에서 자랑스럽게 초연히 사는 계층으로 만들었으니, 이것이 이른바 출세간적인 것으로 만들어지게 된 것이다. 이에 따라서 출세간적인 것은 사찰 영내에서 은둔 생활을 하는 것, 지키기 어려운 계율을 지키는 것, 세상과 동떨어진 생활을 하는 것 등을 가리키게 되고, 이러한 것이 고상하다고 수도승 스스로 그렇게 믿고, 재가자들도 그렇게 받들게 되었다. 이와 같이 하여 실제 생활 속에서 진리를 실천하는 근본 불교의 생명력을 잃게 된 것이다.

이러한 생활이 자연히 형식적·관념적으로 흐르게 되고, 현실과 이상의 괴리를 자초하게 되는 것은 당연한 일이다. 곧 인격의 완성자인 부처는 범부와 아주 먼 이상적인 존재로만 보이게 되었고, 열반이라는 참된 행복은 생사윤회와는 관계 없는 것으로 되고 말았다. 또한 번뇌와 보리는 서로 다른 것으로서, 번뇌를 없애는 것만이 깨달음이라고 여기게 되었다. 이렇게 하여 성자와 범부, 세간과 출세간, 번뇌와 깨달음, 출가 수도자와 재가 신자의 차별이 현격하게 구별되었다.

그러나 실제로는 참된 성자나 범부가 그러한 형식에 갇혀 있는 것이 아니고, 윤회를 떠난 열반이 그런 은둔 생활 속에만 있는 것은 아니다.

앞에서도 말한 바와 같이 유루(有漏) 곧 변하고 무너지는 상대적 가치에 그치는 것을 세간이라 하고, 무루(無漏) 곧 불변하고 영원하며 절대적 가치를 가지는 것을 출세간이라 하는 아비달마의 법상(法相)이 그릇된 것은 아니나, 이 양자가 불가분의 관계에 있다는 것을 말하지 않고 구별하기만 하였고, 교단적인 사정과 시대적 통념으로 인해서 세간 밖에서 은둔 생활을 하는 것을 출세간적인 고귀한 것이라고 생각하게 된 것에 근본적인 잘못이 있었던 것이다.

그런데 요즈음 세간에 머무는 재가자는 번뇌를 끊지 못한 저속한 사람이요, 집을 나가서 형식적인 수도승의 모습만 갖추어도 청정한 출세간의 수도인인 양 상을 내는 사람이 있으니, 이것은 확실히 아비달마적인 생각에 머물고 있는 것이라고 아니할 수 없을 것이다.

대승불교에서는 이러한 그릇된 생각을 바로잡기 위해서 수많은 경전과 논서가 만들어졌던 것이다.

종교는 생활하는 인간을 구제하는 사명을 가지고 있다. 그러므로 생활인을 떠나서는 존재 가치가 없다. 아비달마 불교가 지나치게 이론만을 추구하면서 형식에 끌려 생활인과 멀리 떠나 있기 때문에, 불교는 일반 생활인과는 관계 없는 것으로 되고 말았다. 그래서 이것을 소생시키려고 한 것이 대승불교이다.

《반야경般若經》류는 바로 이런 정신을 살리기 위해서 씌어진 경전이다. 그러므로 반야경류는 소승적인 견해를 타파하기 위해서 공(空)으로써 그릇된 집착을 타파하고, 진여(眞如)의 문을 열어서 일체법의 평등함을 보였다.

일체법은 불가득무자성(不可得無自性)의 공이니, 공인 진여에 있어서는 동일하므로 차별이 없다. 여기에서 중생과 부처, 번뇌와 깨달음, 생사와 열반이 둘이 아니고[不二] 다르지 않은[不異] 것으로서 여여(如如)하게 원융한다.

이 무차별 원융한 실상은 대승 경전을 통해서 일관된 가르침이다.

특히 《유마경維摩經》에서는 불이문(不二門)을 열어서 생사와 윤회, 번뇌와 보리, 선과 악, 청정과 염오(染汚) 등의 32의 대립을 타파하고, 둘이 아님을 말하고 있다.

"일체 중생의 마음에는 죄의 때가 없다 一切衆生心相無罪垢"(〈弟子品〉 제3)" 하고, "일체 중생은 모두 그와 같다. 일체법 또한 그러하다…… 무릇 그러하다고 함은 둘이 아니고, 다르지도 않은 것이다 一切衆生皆如也 一切法亦如也……不如者不二不異"(〈菩薩品〉 제4)라고 하였다.

이것은 《반야경》의 진여관에 의해서 원융상즉(圓融相卽)함을 보인 것이다. 그러므로 용수(龍樹)도 《중론中論》에서 "여래의 성품은 곧 일체 세간의 성품이다 如來性卽是一切世間性" 하고, 다시 "여래의 자성은

없으므로 세간에도 자성이 없다 如來性無有性, 同世間無性"(〈觀如來品〉
제22)라고 하였다.

　여래성이란 출세간의 실다운 성품이요, 세간성이란 세간의 자성이
다. 이들 둘은 무자성(無自性)인 공(空)으로 있을 뿐이요, 둘이 아닌 것
으로서[不二] 상즉(相卽)하고 또한 다르지도 않다[不異]. 그러므로 여래
성과 세간성이 여여한 그대로, 진여 그대로 있는 것이라서 자성이 따로
있지 않다. 그래서 《유마경》에서는 "만일에 미륵이 아뇩다라삼먁삼보
리를 얻게 되면, 일체 중생도 모두 마땅히 얻게 된다. 왜냐하면 일체 중
생은 곧 보리의 모습이기 때문이다 若彌勒得阿褥多羅三藐三菩提者 一
切衆生皆亦應得 所以者何一切衆生卽菩提相"(〈菩薩品〉 제4) 하고, 또한
번뇌와 보리(菩提)가 다르지 않다고 하여 제불의 해탈은 일체 중생의 마
음속에서 얻어지는 것이라 하고, "명좌(冥坐)는 번뇌를 끊지 않고 열반
에 드는 것이다 不斷煩惱卽入涅槃是爲冥坐" 하고, 다시 "일체 중생의
심상은 더러움이 없으니 또한 이와 같다 一切衆生心相無垢亦如是"(同
〈弟子品〉 제3)라고 하였다.

　일체 중생심이란 번뇌를 말하니, 번뇌와 깨달음이 다르지 않고 원융
불이(圓融不二)임을 갈파하고 있다. 그러므로 《유마경》은 "보살행이란
일체 중생을 섭수하더라도 애착이 없는 것 雖攝一切衆生而不愛着是菩
薩行"(同 〈文殊師利問疾品〉 제5)이라고도 하고, 부처님의 씨[佛種] 곧 여
래종(如來種)이란 "육십이견(六十二見)과 일체의 번뇌가 모두 불종이다
六十二見及 一切煩惱皆是佛種"(同 〈佛道品〉 제8)라고 하면서, 왜 그러
냐 하는 물음에 답하기를 "만약 무위(無爲)를 보고 정위(定位)에 드는 자
는 아뇩다라삼먁삼보리심을 다시 일으킬 수 없다 若見無爲入正位者 不
能復發阿褥多羅三藐三菩提心" 하고, 이것을 비유로써 말하기를 "연꽃
이 고원이나 육지에는 생하지 않고, 낮고 습한 늪에서 생하는 것과 같
다. 이와 같이 무위법을 보고 정위에 드는 자는 마침내 능히 불법을 낳
지 못한다 譬如高原陸地不生蓮華卑濕於泥乃生此華 如是見無爲法入正

位者 經不復能生於佛法"고 하였다. 여기에서 말하는 높은 번뇌요, 중생심이다. 그러므로《유마경》은 "마땅히 알지니, 일체 번뇌가 여래종이 된다. 비유하면 큰 바다에 들어가지 않으면 보배 진주를 구할 수 없으니, 이와 같이 번뇌의 큰 바다에 들어가지 않으면 일체지의 보배를 얻지 못한다 是故當知 一切煩惱爲如來種 譬如不下巨海不能得無價寶珠 如是不入煩惱大海 則不能得一切智寶"라고 힘주어 말하고 있다.

우리는 이《유마경》을 읽으면서 불법이 세간의 일상 생활 속에서 일어나는 모든 마음속에 있음을 알 수 있다. 일상심을 버리고 불법을 찾으면 안 된다. 그러므로《유마경》〈보살품〉 제4에서 "무진등(無盡燈)의 예를 들어서 한 사람이 발심하면 백천의 중생이 보리심을 발하게 되어 다함이 없게 되므로, 어두운 오욕의 세간 속에서 불법의 밝은 등불을 켜서 불은에 보답하라"고 가르치고 있다. 여기에는 악마 파순(波旬)이 제석천의 모습을 하고 1만 2천의 천녀를 거느리고 불도를 닦고 있는 지세보살(持世菩薩)에게로 다가갔다. 보살은 악마인 줄을 모르고 법을 설하려고 하니, 그 악마는 보살에게 합장 경례하면서 1만 2천의 천녀를 받아 달라고 부탁한다. 보살은 사문으로서 여인을 가까이하는 것은 법이 아니므로 받아들일 수 없다고 거절하니, 그때 유마힐이 나와서 지세보살에게 이것은 제석이 아니고 악마라고 말하면서 자기가 스스로 이 천녀들을 맡겠다고 하여 그들에게 법을 설하여 보리심을 일으켰다. 그 뒤에 악마가 다시 천녀들을 거느리고 마궁으로 돌아가려고 하자, 마궁으로 돌아가기를 싫어하는 천녀들에게 유마힐이 다시 무진등(無盡燈) 법문을 설한 것이다.

무진등이란 마치 한 등불을 밝히면 마침내 백천의 등불을 밝히게 되는 것과 같이, 어두운 곳에서 한 사람이라도 보리심을 발하게 되면 그 등불이 백천의 중생에게 보리심을 발하게 하여 다함이 없다는 것이다. 오욕의 마궁은 마치 어두운 곳과 같으니, 그곳에 가서 등불을 밝혀 불은에 보답하라고 가르치고 있는 것이다.

마궁으로 간 천녀는 몸은 비록 마궁에 있으나 마음은 보리를 즐긴다. 오욕 속에 있으면서 그곳에서 부처님의 일을 하는 것이다. 그래서 경에서는 "실상지혜행(實相智慧行)은 세간법에 있으면서 소욕지족(少欲知足)하고, 출세간에 있으면서 이를 구하여 염리함이 없어서, 세간법을 버리지 않고 위의법(威儀法)을 무너뜨리지 않으면서 능히 속(俗)에 따른다. 그리하여 신통의 지혜를 일으켜서 중생을 인도하는 것이다 實相智慧行 於世間法 少欲知足 於出世間 求之無厭 而不捨世間法 不壞威儀法 而能隨俗 起神通慧 引導衆生"(同〈經菩薩行品〉제11)라고 하였다.

세속에 있으면서 부처님의 위의를 갖추어 능히 세속을 따르되 지혜로써 중생을 인도하는 것이 보살(菩薩)이라고 한다.

그러므로 용수보살도 《중론》〈열반품〉 제25에서 "열반과 세간은 분별이 있을 수 없고, 세간과 열반도 또한 분별이 전혀 없다 涅槃與世間 無有少分別 世間與涅槃 亦無少分別"고 하였다. 출세간에 있으면서 세간의 법을 버리지 않고, 세간에 있으면서 출세간의 법을 떠나지 않는 것이 참된 불보살의 행이다. 그러므로 《중론》에서는 다시 "열반의 실다운 세계와 세간의 실다운 세계는 호리의 차별도 없다 涅槃之實際 及與世間際 如是二際者 無毫釐差別"라고 말하였다.

불교의 본래 면목은 실로 여기에 있다. 세간과 출세간이 따로 없으니, 세간의 번뇌를 버리고 출세간의 열반이 있을 수 없다는 것을 깨닫고 세간에서 출세간의 열반을 실현하는 것이니, 여기에 생명 있는 종교로서 제 구실을 다하게 되는 것이다.

세간을 떠난 것을 출세간이라 하고, 세간에 머물고 있는 것을 세속이라고 하나, 그러나 이들 둘의 형식과 내용이 서로 떠날 수 없는 관계에 있으므로 출가한 수도승과 재가의 교화승이 형식적으로는 다를 수 있다.

불교의 전통적인 제도에서는 사부대중(四部大衆)이라고 하여 이들이 공동체로서의 승가(僧伽)를 이룬다. 그러나 시대의 변화에 따라서 이런 전통은 더욱 변화 발전되지 않으면 안 된다. 따라서 앞으로의 승가 사회는 수도승인 비구·비구니와 교화승인 보살승이 있고, 여기에 선남·선녀의 신도로서 구성되는 것이 바람직하다고 생각된다.

특히 21세기를 맞는 미래 사회에는 다원화·산업화·도시화·대중화가 불가피하게 될 것이므로 종교도 이에 상응하게 변해야 할 것이다. 이에 따라서 수도승은 수도의 과정에서 독신이 요구될 수 있으나, 교화승에 있어서는 반드시 독신이라야 할 당위성이 없고, 오히려 도반으로서의 반려자가 필수적으로 요구되기도 할 것이다. 왜냐하면 대중 속으로 들어가서 대중의 고충을 알아야 대중을 교화할 수 있기 때문이다. 따라서 교화승이 되려면 수행과 교양을 갖추고 교화에 힘써야 하니, 남과 다른 노력과 원력이 필요하다. 이것이 곧 보살승의 모습인 것이다.

보살승은 상구보리(上求菩提)의 수행과 하화중생(下化衆生)의 교화에 힘써야 하고, 이타행을 해야 한다. 그러므로 보살승은 수도에만 전념하는 비구·비구니와는 다른 길을 가지 않으면 안 된다.

더구나 이러한 보살행을 실천하려는 성직자는 대승적인 보살도의 진리를 터득하고 실천해야 한다.

교단의 구성에서도 고려 시대 이후에 한국불교가 교종(敎宗)과 선종(禪宗)으로 나누어져서 교풍을 진작한 사실은, 바로 이사불이(理事不二)의 중도(中道)의 실천이었다. 따라서 우리나라 불교를 앞으로 세계에 떨치기 위해서는, 선을 위주로 하는 수도 승단과 교를 위주로 하는 교화 승단(敎化僧團)이 상부상조하여 불교 부흥에 적극적으로 힘써 나가야 할 것이다.

그러나 수도승이라고 해도 교화를 잊어서는 안 되고, 교화승이라고 해도 수행을 등한히 해서는 안 된다. 이것이 중도의 실천이요, 바람직한 불교의 승가상이다. 실로 수도와 교화는 각(覺)과 행(行)이니, 각행원만(覺行圓滿)한 것이 부처요, 보살이다.

여기서 새로운 시대에 수순한 불교 운동으로서 무진등(無盡燈)의 이

넘에 주목할 필요가 있으며, 이에 수반된 문제로서 승려의 결혼 문제가 대두되지 않을 수 없다.

수행을 위주로 하는 수도승에게 독신으로서 세속을 떠나 수도에 전념하는 것이 수도자의 과정에서 필요한 것이다. 모든 장애를 떠난다는 것이 수도자의 과정에서 필요한 것이다. 모든 장애를 떠난다는 관점에서는 결혼하여 가정을 갖는 것이 장애가 될 수 있다. 그러나 교화승은 세속을 떠날 수 없으므로 결혼하는 것이 오히려 바람직한 일이 될 수도 있다.

이 경우에도 남녀의 성을 초월한 불제자로서, 수행의 도반이요 교화의 반려자로서 서로 만난다면, 그것은 결혼이면서 결혼이 아니다. 세속적인 차원에 그친 남녀의 만남의 결혼이 아니다. 이런 만남이 아닌 보살승으로서의 만남은 결혼이 아니다. 따라서 새로운 가치가 있게 된다.

남자가 여자를 멀리하거나 여자가 남자를 멀리하는 데 집착하면, 그것은 분별이요 집착이니 불교의 연기 공의 도리를 모르는 것이요, 소승적인 것이다. 이것과 저것이 서로 어울려 탐착함이 없는 것이 청정함이다. 선악·미추·남녀 등 차별이 없어 원융무애한 삶이 이루어지고, 그것이 확대된 사회가 이상적인 사회다. 그러므로 대승 경전에서는 여인을 멀리하는 것은 소승적인 집착이라고 비판한 경전이 많다.

《유마경》의 불이법문(不二法門)이 이것이며, 《화엄경》의 선재동자(善財童子)가 벌소밀다(伐蘇蜜多)라는 여인에게 법을 들은 것이 이것이며, 또한 《지도론智度論》에서 승의법사(勝意法師)와 희근법사(喜根法師)와의 문답이 이것이다. 또한 《제법무행경諸法無行經》《대일경大日經》《승만경勝鬘經》《이취경理趣經》, 기타 여러 밀교 경전은 반야공의 실천에서 여인을 멀리하지 않는 재가보살승(在家菩薩乘)을 긍정적으로 설하고 있다.

또한 《금강정경金剛頂經》에 속하는 《대락금강불공진실삼마야경大樂金剛不空眞實三摩耶經》에서는 "보살로서 뛰어난 지혜가 있는 자는, 생을 다하기까지 항상 중생을 이롭게 하여 열반에 들지 않는다. 반야와 방편의 깨달음의 지혜로써 모두를 가지(加持)하여 제법과 유정들을 모두 청정하게 한다.

탐욕 등으로 세간을 조절하여 청정히 하기 때문에 유정천(有頂天)에서 지옥에 이르기까지 조복하여 유정을 다한다.

연꽃은 본래 더러움에 물들지 않는 것과 같이, 제욕의 본성 또한 그러하다. 물들지 않으므로 군생을 이롭게 한다.

대욕(大欲)이 청정하게 되면 대안락(大安樂)을 얻어 풍요하니, 삼계에 자재를 얻어서 능히 견고한 이로움을 행한다 菩薩勝慧者 乃至盡生死 恒作衆生利 而不趣涅槃 般若及方便 智度悉加持 諸法及諸有 一切皆清淨 欲等調世間 令得淨除故 有頂及惡趣 調伏盡諸有 如蓮体不染 不爲垢所染 諸欲性亦然 不染利群生 大欲得淸淨 大安樂富饒 三界得自在 能作堅固利”라고 하였다.

이 게송은 불교의 이상을 보인 것이니, 실로 연꽃 같은 자기의 본성을 알면 지옥에라도 가서 중생을 모두 제도하지 않으면 열반에 머물지 않는다. 이것이 진실로 보살행이다.

그리하여 인도에서 대승불교가 극치에 이르렀던 7세기경에는 《금강정경》이 나와서 불이(不二)의 중도적 실천이 구체적으로 설해지면서, 불교가 크게 생명력을 가지게 된 것이다.

따라서 밀교 경전에서는 불보살의 모습이 머리를 기르고, 관을 쓰고, 세속적인 모습을 가지고 있는 것이다.

《대일경大日經》에서는 부모 처자 권속에 둘러싸여 천인(天人)의 묘락을 받으면서 걸림 없는 생활을 할 수 있음을 설한다. 세속을 떠나지 않는 보살승은 연꽃과 같아야 한다.

실제로 세속적인 욕망에서 벗어나지 못한 사람은 교화승이 될 수 없다. 부처님의 혜명을 이을 종교적인 사명을 가진 사람이 아니면 승려라는 위상을 가질 수 없고, 성직자로서 일생을 바칠 각오도 할 수 없다.

그러므로 성직자로서 살기를 각오하고 결혼한 사람은 출세간을 떠나지 않고 세간에 머무는 것이다.

이런 사람이 모여서 한 가정을 이루면, 그 가정의 등불이 밝게 켜져서 자녀에게로 이어지고, 그 불이 다시 이어져서 영원히 꺼지지 않는 법등으로 전수될 수가 있으니, 이것이 《유마경》에서 설한 무진등(無盡燈)이 아니겠는가.

현실 세계인 세속에 머물면서〔俗〕 실상(實相)인 진(眞)을 떠나지 않고, 계(戒)를 지키면서〔俗〕 계에 끌리지 않고〔眞〕, 선을 닦으면서도〔俗〕 선에도 끌리지 않고〔眞〕, 인연에 따라서 선연(善緣)과 악연(惡緣) 속에서도〔俗〕, 그 연을 살려서 자재롭게 유정을 이롭게 하고 안락하게 한다〔眞〕. 이것은 진과 속이 둘이 아닌 것을 실천하는 것이다.

재가보살승의 전통은 인도로부터 있어 왔다. 7세기에 일어난 인도불교는 생명을 되찾으려고 인도 민족 속으로 들어갔다. 그리하여 연기 공의 중도를 실천하는 길을 긍정적으로 모색했다. 이것이 바로 7세기 이후의 인도불교이다.

그리하여 파라(pāla) 왕조(8세기)가 갠지스 강변의 비크라마실라(vik-ramasila)에 학문의 전당인 대사원을 세웠으니, 국내외의 학승들이 모여서 공부했는데, 이로부터 대승불교가 히말라야를 넘어서 널리 전파되었다. 이때에 티베트나 네팔로 전해진 불교가 밀교이다.

11세기초에 티베트의 유명한 수행자인 마르파(marpa, 1010-1096)는 네팔로 가서 3년간 불교 탄트라(tantra)를 공부하고, 그 뒤에 다시 인도로 가서 인도의 고승인 나로파(Naropa)의 제자가 되어 귀국하였다. 이 나로파의 스승은 티로파(Tilopa)라는 고승이니 10세기의 대학승으로 인도불교의 계승자이다.

서장의 마르파는 서장에서 42세에 결혼하여 그의 아내를 불모(佛母)의 현신이라고 믿었다. 그 뒤에 다시 인도로 가서 유명한 성자를 만나 탄트라 경전을 얻어 마하무드라(mahāmudra, 大印)의 가르침을 받았다.

그는 86세까지 세수를 누리면서 초인적인 능력을 구사하고, 자신을 잘 통제하면서 세속 생활에 있어서는 평범한 사람과 같았으나 뛰어난 수행자의 능력을 보였다. 그는 오늘날도 대비공지명왕(大悲空智明王)의 화신이라 믿어지고 있다. 마르파의 제자 중에 한 제자는 수행 제일이었으니, 그가 바로 유명한 밀라(Mila) 존자이다. 그는 공의 도리에 의해서 진과 속이 본질적으로는 같다 하고, 이것을 스스로 실천하여 83세에 입적했다.

그 뒤에 티베트의 승려들 중에는 근기가 약하거나 사명감이 부족하여 주색을 탐하는 자가 많이 나타났으나, 14세기에 이르러 불교 개혁이 일어나서 오늘날 서장의 정통으로서 독신승인 황모파(黃帽派) 다라이라마(Dalailama)의 계보가 탄생하게 되었다. 그 뒤에 일본에서는 승려의 결혼 문제가 크게 논란이 되었으나, 일본의 친란(親鸞, 1173-1262)은 아내를 맞이하여 그를 백의관음(白衣觀音)이라고 믿고 있었다. 그의 가르침을 받드는 종파로서 일본 최대의 교세를 가진 정토진종(淨土眞宗)의 승려는 모두 결혼하여 가정으로부터 사회 교화에 전념하는 보살행을 다하고 있다. 그들의 교세는 오늘날 일본불교의 힘이 되고 있고, 그들의 신념은 대승불교의 진수라 믿어지고 있다.

한국의 경우 조선초에 육진(六鎭) 땅에서 귀화한 여진족들이 집단으로 재가승으로 살고 있었음이 기록에 남아 있다. 이것은 아마도 서장과 몽고 밀교의 영향으로 고려 때부터 있었던 것이 아닌가 여겨지나, 여하튼 그들 재가승은 재가하여 취처생자(聚妻生子)하고 세습으로 승려 생활을 하였다고 한다. 이들은 전시에 군수(軍需)를 돕고 있었으며, 회령(會嶺) 등지에 5,6백 호 3천여 명이나 있었다고 기록되어 있다. 함북의 종성(鍾城) 오봉산(五奉山) 공천사(公泉寺)는 이들 재가승의 부락에 있는 사찰인데, 최근까지도 재가승의 사찰이 셋이었다고 한다.

이상과 같이 볼 때에 승려의 결혼은 승려의 타락이거나 교리에 어긋나는 것이라고 볼 것이 아니다. 시대의 요구에 따라서, 또는 지역의 문

화적 환경에 따라서 이에 순응함은 불교 정신에 따르는 것이다. 2500
년 전 인도의 붓다, 석존께서 비구 생활을 하셨다고 해서 시대와 지역
의 사정이 다른 한국에서, 더구나 민족의 번영과 문화의 창달을 주도할
불교도로서 이러한 전통을 꼭 따라야 할 이유가 없다. 이 세상의 모든 것
은 생성·변화하고, 잠시도 정지하고 있는 것은 없다. 그러므로 불교의
역사는 이러한 진리에 따라서 날로 새로운 발전을 해온 것이다.

참된 출가자는 마음에 보리심을 간직하여 세간에 물들지 않고 출세
간에도 걸림이 없이 불도에 정진하는 사람이니, 이런 사람에게는 불보
살의 화신이 항상 같이하여 불도를 돕고 불사를 속히 이루게 할 것이
아니겠는가.

끝으로 오늘날 결혼한 승려에 대하여 대처승(帶妻僧)이라는 용어가
사용되고 있으나, 이것은 일본 사람들이 쓴 말이다. 그들은 대처승(帶
妻僧), 또는 처대승(妻帶僧)이라고 하는 말을 쓰면서 오랫동안 이의 가
부에 대한 논쟁을 벌여 왔다.

우리나라 불교계에서는 취처(娶妻)라고 하는 말이 흔히 사용되고 있
었다. 그러므로 취처승이나 대처승이라고 말할 것이 아니라, 오히려 보
살승(菩薩僧)이라는 말이 적당하다고 할 수 있으니, 승(僧)자가 붙는 한
대처니 취처니 하는 말은 있을 수 없다. 결혼한 승려의 부인이 세속에
머물러 있으나, 이미 출세간의 마음을 가지고 진속불이(眞俗不二)의 중
도를 실천하고 있는 부인이므로 세속 용어인 처(妻)가 아니다.

종교적 자각을 가진 대기(大器)로서 불보살의 혜명을 이을 사명감으
로 결혼했다면, 그는 이미 불보살의 화신이다.

승려가 가정을 가지려면 보살로서의 자질을 갖추고, 보살행을 할 원
을 세우고, 남보다 더 많은 노력과 자각을 가져야 한다. 그렇지 않으면
승도 속도 아닌 사람이 되어 불교의 전통을 더럽힐 뿐 아니라, 본인들
도 보다 큰 갈등으로 세속에서 더 큰 죄를 짓게 될 것이다.

이런 사례는 인도나 서장이나 또는 기타 여러 곳에서 흔히 볼 수 있

는 일이다. 그러므로 승려의 결혼 문제는 본인의 근기와 사명감의 자각 여하에 달려 있다고 하겠으니, 단순히 일률적으로 말할 수 없는 일이지만 이제 대승불교의 원리로 볼 때에는 부정만 하거나 긍정만 하는 것은 옳지 않다.

시대는 바야흐로 불교의 역사 속에서 출가한 비구·비구니와 더불어, 재가한 보살승의 출현을 요구하고 있다. 시대의 추이는 보살승이 치켜든 무진등의 법의 빛이 아니면 법등을 이을 인연을 만나기가 어렵게 되고 있다.

이교도의 횡포만이 아니라 올바른 불법이 전해지기 어려운 시대를 맞이했다. 이런 때에 우리 불교도는 저 먼 지평선을 바라보고 무량한 선교 방편의 권문을 구사하지 않으면 안 된다.

오늘을 올바르게 직시하는 현명한 자는 어제와 내일을 꿰뚫어 본다.

8

오상성신관(五相成身觀)의
실수법(實修法)과 대승적 의의

1. 머리말

오상성신관은《금강정경金剛頂經》에서 설하는 종의(宗義)를 증득(證得)하는 관법(觀法)이라 말해지고 있다. 그렇다면 금강정경(金剛頂經)의 세계로 들어가서 그것을 증득하기 위해서는 이 관법이 행해지지 않으면 안 될 것이다.

그런데 오늘날 한국불교에서는《금강정경》에 대한 이해가 아직 널리 미치지 않았고,《반야경》류에 머물고 있거나, 혹은《법화경法華經》이나《화엄경華嚴經》에 그치고 있다고 할 것이다. 그러나 불교가《반야경》류에 그치거나《법화경法華經》이나《화엄경華嚴經》에 그치지 않고, 드디어는《금강정경》에 이르러서 구경의(究竟義)가 설해지게 된다고 한다면, 이에 따른 수행도 이에 수응하지 않으면 안 될 것이다. 우리나라의 불교는 아직까지도 여기에 주목하지 않고, 전승된 것에 지나치게 매달려서 시대의 변천이나 교리의 발전을 따르지 못하고 있는 실정이라 하겠다.

우리 나라의 불교가 대승불교라고 자처하면서도 수행은 소승적이요, 불교적 실천도 그러한 면이 너무도 많다.

먼저 21세기를 지향하는 시대에 살고 있는 불교는, 21세기를 지향하는 교리에 맞추어서 수행도 하고 실천도 해야 할 것이다. 그럼에도 불구하고 여전히 답보를 거듭하는 동안에 너무도 많은 것이 급속히 변전(變轉)되고 있는 것을 등한시할 수 없다. 오랜 불교사를 통해서 어느 교리 하나라도 시대의 변이에 따라서 달라지지 않는 것이 있으랴. 그러나 이러한 변천 속에서도 불교의 근본 교리는 불변하고 있다. 불변하는 근본 교리가 시대의 변천에 따라서 변모하는 것, 이것이 바로 불교의 자비 방편(慈悲方便)인 것이다.

이렇게 생각할 때에 불교의 교리 발전사를 통해서 수행법의 발달에 따른 수많은 관법(觀法)이 있어 왔고, 이에 따라서 불교 교리의 최후기에 속하는 《금강정경》 계통의 경전은 우리가 주목해야 할 경전이 될 것이다.

우리나라에는 신라 때에 불가사의(不可思議)가 《대일경大日經》을 수용하여 이를 신행(信行)한 일이 있고, 그 뒤에 수많은 밀교 경전이 전수되었으나 그의 대부분은 주밀(呪密)에 속하는 것이었으니 《금강정경》류가 널리 유통했다는 흔적이 보이지 않는다.

혜초(惠超)나 혜랑(惠朗)·혜일(惠日)·혜통(惠通) 등 선각자들이 있어 그들의 불교를 통해서 《금강정경》이 수용되었으나, 전법의 구체적인 자취가 남아 있지 않다. 그렇다면 《금강정경》류의 불교가 한반도에는 별로 큰 영향을 미치지 못했다고 할 것이다. 여기에 문제가 있다고 생각된다.

대승(大乘)의 교리로서 말기의 불교가 전수되지 않은 것이 문제가 있다. 그렇다면 한국불교의 발달사로 보아서 하나의 단절이 있었다고 생각될 수 있거나, 그렇지 않으면 한국불교는 독자적인 개척을 통해서 발달을 거듭해 왔다고 할 수 있겠다.

여하튼 한국불교가 대승의 정점을 능히 유지하고 있다면, 급변하는 시대에 능히 대응해야 할 것이다. 이것이 중생의 곁으로 가는 우파데샤(upadeśa)인 것이요, 선교 방편(善巧方便)인 것이다. 선교 방편을 통해서 중생을 제도(濟度)하는 것이 대승(大乘)이라면, 불교 최후기의 선교 방편인 오상성신문(五相成身門)을 알지 않으면 안 될 것이다. 오상성신문은 《금강정경》의 표증적 수행법이기 때문이다.

반야(般若)의 달마선(達磨禪)에서 원만한 불과(佛果)를 얻지 못할 바 아니나, 금강비선(金剛秘禪)인 오상성신관(五相成身觀)에서 비로소 불신원만(佛身圓滿)을 얻게 된다고 설해지고 있다. 이제 21세기를 맞는 한국불교의 비약을 위해서는 불교의 정점에 서 있는 《금강정경》에 주목하여, 스스로 서 있는 발 아래를 굽어보고 멀리 지평선을 바라볼 수 있어야 한다고 생각된다. 그런 뜻에서 본인은 《금강정경》의 종의(宗義)를 보이는 수법(修法)인 오상성신관을 고찰해 보기로 한다.

2. 오상성신관(五相成身觀)과 금강정경(金剛頂經)의 세계

불타정각(佛陀正覺)과 오상성신(五相成身)

석존(釋尊)이 보리수 밑에서 정각(正覺)을 얻어 성불(成佛)하였다는 이 사실이 오상성신(五相成身)과 어떤 관계가 있는가. 석존은 6년 고행 끝에 그것을 포기하고 보리수 아래에서 명상에 잠겨, 드디어 정각(正覺)을 얻어서 성불하셨다고 한다. 그렇다면 어찌하여 6년 고행을 끝냈으며, 보리수 아래에서 얻은 정각(正覺)의 세계는 어떠한 것인가? 이에 대하여는 흔히 여러 가지로 설해지고 있으나, 《금강정경金剛頂經》에서는 다음과 같이 말하고 있다.

一切義成就菩薩摩訶薩이 菩提道場에 앉아 있는데, 伽梵이 나타나시어 受用身을 示現하시고 이렇게 말씀하셨다. "善男子야, 어찌하여 無上菩提를 證得할 것인가. 一切如來의 眞實을 알지 못하고, 여러 가지 苦行을 어찌 참을 수 있겠는가" (하시니) 이때에 一切義成就菩薩摩訶薩이 一切如來의 驚覺에 의해서 곧 阿娑頗那伽三摩地로부터 일어나서 一切如來를 예배하고 사뢰기를 "세존 여래시여, 나에게 敎示를 내리소서. 어찌하겠습니까. 어떤 것이 眞實이오니까"라고 하였다. 이와 같이 설하니, 一切如來가 異口同音으로 그 보살에게 고하여 말씀하시되…… (云云)[1]

이것으로 보면, 석존의 인위(因位)인 일체의성취보살마하살(一切義成

就菩薩摩訶薩)이 비로자나불의 경각(驚覺)으로 일어나셨다는 것을 알 수 있다. 석존이 아사바나가삼마지(阿娑頗那伽三摩地)로부터 일어나셨다고 했다. 아사바나가삼마지(阿娑頗那伽三摩地, āsphanāka-Samādhi, mi-gyo-baḥi tin-ne-ḥdsin, 無動三摩地, 不動定)로부터 일어나서 일체여래에게 예배하고 어떻게 수행하고 어떤 것이 진실인가를 가르쳐 달라고 청하셨다. 이에 대하여 일체여래가 바가범(Bhegavat)으로서 이 오상성신(五相成身)을 닦으라고 설하셨다. 오상성신관은 일체의성취보살(一切義成就菩薩)이 금강계여래(金剛界如來)를 현증하기에 이르른 동기와 내용을 설하신 것이라고 이해된다.

그렇다면 보리수 아래의 고타마(Gotama), 곧 싯다르타(Siddhartha)가 일체의성취보살(一切義成就菩薩)이다. 이 보살은 6년 고행을 그만두고 보리수 아래에 보리도량(菩提道場)에 앉았다. 고행림(苦行林)에서 닦은 고행은 생(生)·로(老)·병(病)·사(死)를 떠날 진실한 깨달음의 길이 아니었다. 그리하여 이것을 떠나 참된 깨달음의 길을 찾아서 보리수 아래에 앉으셨으니, 싯다르타는 심기일전하여 참된 깨달음의 길로 나아가게 된 것이다. 싯다르타가 아니라 이미 일체의성취보살(一切義成就菩薩)이 된 것이다. 싯다르타는 일체의성취보살(一切義成就菩薩)의 뜻이므로, 싯다르타가 진실한 길로 들어설 발심(發心)으로부터 이미 깨달음의 길로 들어가니, 이것이 발보리심(發菩提心)한 보살이다. 그래서 일체의성취보살(一切義成就菩薩)인 것이다. 그러나 이러한 발보리심만으로는 안 된다. 이로부터 수행을 해야 하니, 이로부터 오상성신관(五相成身觀)이 설해지게 된 것이다.

그러면 오상성신(五相成身)이란 어떤 것인가. 《금강정유가십팔회지귀 金剛頂瑜伽十八會指歸》에서 비로소 말해졌다.[2]

비로자나불의 受用身은 五相으로서 等正覺을 現成하시니, 五相이란 이른바 通達本心·修菩提心·成金剛心·證金剛身·佛身圓滿이니, 곧

五智通達이다. 成佛后에 金剛三摩地로써 37智를 現發하시다······ (云云)

이것으로 보면 오상(五相)은 오지(五智), 곧 법계체성지(法界體性智)·대원경지(大圓鏡智)·평등성지(平等性智)·묘관찰지(妙觀察智)·성소작지(成所作智)의 다섯 가지 지혜가 통달되어, 그것이 인격체로서 구현된 오불(五佛), 곧 대일여래(大日如來)·아축여래(阿閦如來)·보생여래(寶生如來)·아미타여래(阿彌陀如來)·석가여래(釋迦如來)로서 현현되고, 이들 제불(諸佛)은 금강삼마지(金剛三摩地)로써 37지(智)를 나타내어 37존(尊)으로서 금강계만다라(金剛界曼茶羅)를 건설한다.

이상으로 볼 때에 석존의 보리수 아래의 정각(正覺)이란 오상성신인 것이며, 보리수 아래의 관심삼매(觀心三昧)는 오상의 금강삼매요, 이 금강삼매로써 성신하여 성불하신 것으로 이해된다.

점수(漸修)와 돈오(頓悟)가 원만한 관법(觀法)

오상성신관은 오상으로써 성불하는 관법이니, 불지(佛智)를 돈오(頓悟)하는 관법이다. 그러나 이러한 관행(觀行)의 앞에는 아사바나가삼마지(阿娑頗那伽三摩地)라고 일컬어지는 점수(漸修)의 대과(大果)가 있었음을 알 수 있다. 그러면 이 삼마지(三摩地)란 어떤 것인가.《금강정경의결金剛頂經義訣》에서

a는 無를 말하고, sphāna는 識이다. Samādhi는 平等持요, ka는 身이다. 그러므로 無識身 等持를 말한다. 이 定에 들어간 자는 능히 번뇌의 산란 등을 없앤다.

마음과 몸의 支節이 움직이지 않는다. 입술과 이를 합치고 두 눈을 감은 것같이 하고, 마음의 攀緣(ālambana)이 쉬어 산란하지 않게 된다.[3]

고 했다. 이것으로 보면 무식신정(無識身定)이라고 할 것이다. 이의 내용에 대하여는 여러 경궤(經軌)의 설명이 일치하지 않고 있다. 어떻게 몸을 안정시키고, 어떻게 숨을 조절하며, 어떻게 정신을 집중시키느냐 하는 것이 서로 다르다.

금강지삼장(金剛智三藏)의 역출(譯出)에서는

觀으로 들어가서 出入息을 그칠지니, 처음에는 瑜伽安那般那(yogānāpana)에 의지한다. 생각을 집중하는 수습은 몸이 움직이지 않고, 또한 支分이 움직이지 않는다. 阿娑頗那伽法이라고 한다. 云云……[4]

라고 하였다. 이에 의하면 아사바나가법(阿娑頗那伽法)을 행하기 전에 유가안나반나(瑜伽安那般那), 곧 숨의 출입을 조절하여 그치게 하는 수행을 하고, 다시 몸이 움직이지 않게 하는 수행을 하라고 했다. 숨과 마음과 몸이 움직이지 않는 부동의 상태에 들어가는 지관법(止觀法)이다.

유가안나반나(瑜伽安那般那)는 ānāpānasati라고도 하는 것으로, 호흡에 정신을 집중하여 호흡의 출입이 고요하게 되어 그친 상태를 목표로 삼는다. 이렇게 되면 몸도 따라서 움직이지 않는다. 숨이 고요하고 몸이 움직이지 않으면 마음도 안정되어, 드디어 식(識)이 없는 상태에 있게 된다. 그러므로 아사바나가(阿娑頗那伽)를 무식신(無識身)이라고 한 듯하다. āsphānāka는 호흡이 그치고 의식이 한곳에 집중된 상태이다. 이것은 금강삼매(金剛三昧)이다. 그러나 일체의성취보살(一切義成就菩薩)은 여기에서 다시 일어나서 오상성신(五相成身)을 증득하시니, 이 불과(佛果)가 곧 37지(智)의 발현이다.

아사바나가법(阿娑頗那伽法)은 점수(漸修)인 것이고, 오상성신은 돈오(頓悟)이다. 그러므로 점수(漸修)와 돈오(頓悟)가 원만하여 오상이 성신하면 성불한다. 이러한 관법이 오상성신관으로 아사바나가(阿娑頗那伽)에서 다음 단계로 들어가는 관법이다. 먼저 정신 집중으로 호흡을 조절

하고 호흡이 그친 상태에 이르러서 점차로 몸의 각 지분(支分), 눈·입
술·치아·팔과 다리 등을 부동케 하여, 드디어는 심신일여(心身一如)
의 경지에 이르는 것이 asphānaka-samadhi이다. 이러한 세계는 이른바
지(止)의 세계이다. 여기에서 관(觀)으로 나와야 한다. 그러므로 아사바
나가삼마지(阿娑頗那伽三摩地)로부터 일어나서 오상성신관(五相成身觀)
을 행하게 된 것이다. 오상성신관(五相成身觀)은 돈오(頓悟)의 불과(佛
果)를 얻는 관행이다.

제진濟暹의《오상성신의문답초五相成身義問答抄》에서

> 저 점수(漸修)와 돈오(頓悟)의 一切義를 成就한 菩薩의 善修로 이 佛의
> 얻은 바 果를 얻은 것과 같다. 곧 이 돈오(頓悟)는 凡夫가 저와 같이 수행
> 하는 자는 반드시 定으로써 이 佛果를 얻을 수 있는 것이다.[5]

라고 하였다.

오상성신관(五相成身觀)의 교학적 근거

오상성신의 교학적 근거는《금강정경》의 세계를 그대로 보이고 있는
것이라고 할 것이다. 다시 말하면 우리가 본래 가지고 있는 보리심을
발현하면 그 묘용(妙用)이 오상성신인 것이다.

《보리심론菩提心論》에서

> 五相成身을 밝히면 1은 通達心, 2는 菩提心, 3은 金剛心, 4는 金剛身,
> 5는 無上菩提를 證하여 金剛堅固身을 얻는 것이다. 그러므로 이 五相을
> 具備하여 本尊의 몸을 成就한 것이다.

라고 하였다. 따라서 오상성신관은 이러한 오상을 구비하여 구현시키

는 관법이다. 통달심(通達心)이란 본심(本心)에 통달한 것이다. 본심이 란 보리심이다. 보리심은 깨달음에 이르른 마음이니, 번뇌(煩惱)에 물 들지 않은 무염심(無染心)이다. 깨끗한 마음, 깨끗한 신심(信心)이다. 금 강심(金剛心)은 청정한 보리가 금강과 같이 견고하게 된 것이다. 금강 신(金剛身)은 심신일여(心·身一如)의 청정을 증득한 몸이다. 그래서 증금 강신(證金剛身)이라고 한다. 금강견고신(金剛堅固身)은 성본존(成本尊) 이니, 심신원만(心·身圓滿)하게 묘용(妙用)을 구현하는 금강같이 절대 가 치를 가진 견고신이다.

여기에서 마음은 청정 보리심을 증득하여 견고한 절대 가치를 창조 하는 묘용을 보이고, 몸도 이와 같이 원만한 것을 실현하고자 하는 수 법이 오상성신관이다. 오상 중에는 제4·5는 몸에 속하고, 제1·2·3 은 마음에 속한다. 그러므로 몸을 견고히 하는 법과 마음을 견고히 하 는 수법이 병행되지 않으면 안 된다. 여기에서 아사바나가법(阿娑頗那 伽法)의 처음에 몸에 속하는 수법으로서 유가안나반나(yogaānāpāna)[6]를 닦는 것이다.

앞에서 보인 《약출경略出經》 제2에

다음에는 반드시 나가서 들어오는 숨을 관하여 그치고 瑜伽安那般那 에 依持하여, 繫念修習하여 몸이 不動하고 또한 支分이 不動하니 阿娑頗 那伽法이라고 한다.

고 한 것을 보면, 이 아사파나가법(阿娑頗那伽法)이 바로 몸을 견고히 하여 금강신(金剛身)을 증득하는 수법임을 알 수 있다. 오상성신 중에 서 제4의 증금강신이 이것이다. 그러면 어찌하여 이 수법으로 증금강 신을 얻게 되는가?

유가안나반나(瑜伽安那般那), 곧 yoga-ānāpāna에 의하여 이것이 얻어 진다. yoga는 상응(相應)이니, 계념(繫念)이다. āna는 입식(入息)이요, apāna는 출식(出息)이다. 곧 호흡의 조절이다. 호흡의 조절은 몸의 건강만이 아니라 마음과 몸을 안정시키는 유일한 방법으로서 고래로 행해진 수법이다. 이것을 자세히 설한 것으로 한문으로 된《불설대안반수의경佛說大安般守義經》[7]이 있고, 팔리어로 된《ānā-pāna-sutta》가 있다.[8]

그러나 이러한 호흡이나 마음의 안정만으로는 무상보리(無上菩提)를 증득하여 성불할 수 없다고 하는 것이《금강정경》의 입장인 것이다. 그래서 아사반나가삼마지(阿娑般那伽三摩地)에서 일체의성취보살(一切義成就菩薩)을 여래께서 경각하여 오상성신관을 수습하게 한 것이다.

그러면 마음을 닦는 관법은 어떤 것인가. 오상성신관은 신심일여의 경지에서 청정 보리심이 원만하고 견고한 불신(佛身)을 얻는 것이므로, 마음의 수법으로서 일월륜관(日月輪觀)이 설해진다. 여기에서는 오상성신은 생명을 가진 원만한 인격체로서 묘용을 보이는 것이요, 오상성신관은 이러한 인격체가 되는 관법으로서 범불계합(凡佛契合)의 신비적인 방법이 된다.

한편《십팔회지귀十八會指歸》에서 보이는 오상성신은 이와 조금 다르다. 앞에서 보인 바와 같이 "오상으로서 등정각(等正覺)을 현성(現成)하니, 성불 후에 금강삼마지(金剛三摩地)로써 삼십칠지(三十七智)를 현발(現發)한다"고 한 것에 주목한다. 여기에서 불신원만위(佛身圓滿位)는 지(智)의 원만이니 삼십칠지의 현발이 그의 묘용이다.

삼십칠지(三十七智)는 삼십칠존(三十七尊)으로 나타나는 지혜이다. 어디까지나 마음의 세계이다. 부동(不動)의 금강심(金剛心)인 금강삼마지(金剛三摩地)로써 나타나는 37지(智)는 관(觀)의 세계이다. 이것은 지(止)로부터 관(觀)으로 나아가서 현발된 것이다. 지에 그치는 것이 아니고, 관으로 나아가야 한다. 그러나 지를 떠난 관이 있을 수 없으므로 금강삼마지(金剛三摩地)로써 37의 지혜가 현발한다고 했다. 이것은 마음을 떠나서 몸이 없으니 마음과 몸을 둘로 보지 말고, 마음이 곧 몸이라고 보는 입장과도 같다.

여하튼 마음과 몸이 둘이면서 서로 떠날 수 없는 관계로 보면서도 마음을 보다 중요시하는 입장이거나, 혹은 마음과 몸이 일여(一如)의 관계로 몸은 마음에 따르는 것이므로 마음의 구경(究竟)인 지혜의 원만을 지상의 목표로 삼는 입장이거나, 모두 마음의 구경인 지혜를 얻는 것이 불도 수행이요, 그것을 증득하는 것만이 아니라 그의 묘용이 구비된 것을 불신으로 보는 《금강정경》의 세계가 바로 오상성신관의 목표이다. 왜냐하면 《금강정경》의 본존(本尊)은 대일여래(大一如來)이니, 대일여래는 인격적 불신이면서 또한 영원하고 일체처(一切處)에 변조(遍照)하는 지혜 그것이기 때문이다.

오상성신관은 물심불이(物心不二), 심신불이(心身不二)로서의 불신을 원만하는 관법이다. 따라서 《금강정경》이 설(說)하는 바 오상으로써 등정각(等正覺)을 현성하는 관법이다. 이 관법이 이루어지면 37지(智)가 발현되어 37존(尊)이 구현되는 금강계만다라가 개설된다.

3. 오상성신관법과 지관쌍운(止觀雙運)

아사파나가삼마지(阿娑頗那伽三摩地)의 수습과 수보리심(修菩提心)

앞에서 오상성신관이 마음과 몸의 부동(不動)으로부터 일어나서 불신원만(佛身圓滿)을 성취하는 관법임이 이해되었다. 불신원만이란 성본존(成本尊)하는 것이니 마음은 지혜를 성취하고, 몸은 중생 제도의 행상(行相)을 원만히 나타내는 것이다. 그렇다면 이른바 지혜는 바로 보리심을 통달하고, 다시 이 통달한 보리심을 수습하여 견고히 한 것이다. 이러한 지혜가 몸의 움직임으로 나타난 것이 금강신이라 말해지고 있다. 여기에서 몸과 마음이 서로 떠나지 않고 원만히 이루어진 것이 불신이다.

그러나 이러한 불신원만에 있어서도 마음이 근본이 되는 것이니, 마음의 청정이 몸의 청정으로 나타나서 불신이 원만하게 되는 것이다. 따라서 보리심을 통달한다고 하는 것은 마음의 청정함을 통달하는 것이요, 보리심을 닦는다는 것은 마음의 청정함을 수습하는 것이다.

그렇다면 마음의 청정과 몸의 청정이란 어떤 것인가 하는 문제가 설(說)해지지 않으면 안 된다. 여기에 있어서 먼저 마음의 청정을 수습하는 관법으로서 일월륜관(日月輪觀)이 설해지게 되는 것이다. 일월륜관을 설함에 앞서서 또한 청정본심론이 설해지지 않으면 안 된다. 《보리심론》에서

法爾를 마땅히 알아서 普賢大菩提心에 住할지니라. 一切 衆生은 薩埵를 本有하나, 貪瞋癡인 煩惱에 매인 바가 되었다. 그러므로 諸佛은 大悲의 善巧智로써 이 甚深秘密瑜伽를 說하시니, 修行者로 하여금 內心中에서 日月輪을 觀하게 하여 이 觀을 행함으로 인해서 본심을 照見한다. 湛然 청정하여 마치 滿月의 빛이 허공에 두루 비추어 분별하는 바가 없다 …… (云云)

한 것이 이것이다. 우리의 본심은 담연청정(湛然淸淨)하여 마치 만월이 허공을 두루 비추는 것과 같다고 했다. 우리들이 본래 갖추고 있는 보리심을 수습하여 지혜의 빛으로 분별함이 없이 선교(善巧)한 방편으로 중생을 이롭게 하는 것이다. 이러한 관법이 일월륜관이라고 하겠다.

그런데 보리심을 달에 비유하여 그것을 관조하라고 한 교설은 이외에도 《무외삼장선요無畏三藏禪要》[9] 《염송결호법보통부念誦結護法普通部》[10]에서 말하고 있다. 《무외삼장선요》에서는

이제 말하는 바의 마음은 다시 마땅히 我와 法의 二相을 遠離하고, 本覺의 眞如를 顯明하여 平等正智를 現前하고, 善巧智를 얻어서 普賢心을

具足圓滿한다. 惟願컨대 十方一切諸佛, 諸大菩薩은 我等을 證智하소서, 至心으로 懺悔하나이다

라고 발보리심문(發菩提心門)이 설해지고 있다.
또한 《염송결호법보통부念誦訣護法普通部》에서는

달을 관함으로써 방편을 삼는다. 세 가지 뜻을 가지고 있는데, 하나는 自性淸淨의 뜻이니 貪欲의 때를 떠나기 때문이다. 둘째는 淸凉의 뜻이니 瞋熱惱를 떠나기 때문이다. 셋째는 光明의 뜻이니, 愚闇을 떠나기 때문이다. 달을 取하는 것은 비유가 된다

라고 하였다. 달은 비유이다. 그러므로 방편관(方便觀)이라고 말해진다. 어찌하여 이러한 방편(方便)으로 관(觀)하느냐 하면 보리심의 실상은 생각할 수 없는 것이기 때문이다. 마음의 본체는 사량(思量)을 떠난 것이다. 그러나 우리의 본래 마음을 달에 비유한 것은 많은 경전에서 보인다.
《잡아함경雜阿含經》 제3에서[11] 승가라바라문(僧迦羅婆羅門)에 대하여 석존이 불선남자(不善男子)는 달의 흑분(黑分)과 같이 광명을 잃고 일야로 소멸할 뿐이오, 선남자(善男子)는 명월(明月)과 같이 정광(淨光)이 일야로 증명(增明)하여 드디어 만월(滿月)의 원광(圓光)이 일체를 광피(光被)하는 것과 같다고 답하고 있다.
또한 《문수사리문보리경文殊師利問菩提經》[12]에서는

또한 初發心은 달의 新生과 같고, 行道心은 달의 5일과 같고, 不退轉心은 달의 10일과 같고, 一生補處心은 달의 14일과 같고, 如來智慧는 달의 15일과 같다…… (云云)

하였다. 여기에서는 수도의 단계를 달에 비유하여 만월(滿月)을 여래의 지혜에 비유하고 있다. 이와 같이 불지원만(不智圓滿)을 만월에 비유한 예는 대소승(大小乘)의 경론(經論)에서 수없이 많이 설해지고 있다. 그러나 우리가 본래 가지고 있는 보리심을 달에 비유하여 본격적으로 설하고 있는 것은 《금강정경》류에 이르러서이니, 우리의 자심(自心)을 월륜(月輪)과 같이 보라고 하고, 자심이 마치 만월이 담연청정하여 내외가 분명하다고까지 설하고 있다.

특히 《제불경계섭진실경諸佛經界攝眞實經》[13]에서는

"大菩提心의 모습은 어떠합니까?" 諸佛이 고하시되, "비유하면 마치 50由旬의 圓滿月輪과 같이 淸凉皎潔"하여 雲翳가 없다. 마땅히 이러한 보리심상을 알지니, (中略) 나는 이미 마음을 보고 淸淨하여 月輪과 같음을 觀하여 諸煩惱의 때인 能執 所執 等을 떠났노라(하셨다).

(다시) 諸佛이 모두 고하시되, "너의 마음의 근본은 이와 같으나 客塵의 가린 바 되어서 보리심을 깨닫지 못한다. 너는 淨月輪을 관하여 생각에 관찰하여, 智의 밝음이 능히 보리심을 깨달아 얻게 하라……" (云云)

하였다. 우리의 본구(本具)한 보리심은 청정원만한 월륜(月輪)과 같으니, 월륜을 관하여 이것이 나타난다고 한 것이다.

그러면 어찌하여 보리심은 청정한 것인가? 청정이란 어떤 것인가? 보리심이란 bodhicitta이니, 상세히 말하면 anuttara-samyak-saṁbodhi-citta(阿耨多羅三藐三菩提心)이니 무상정등정각심(無上正等正覺心)이라고 번역된다. 이러한 마음은 불과(佛果)에 이르러서 깨달음의 지혜를 얻은 마음이다. 그러므로 보살은 반드시 처음부터 이 마음을 발하여야 한다. 일반적으로 보리심의 본체는 중생이 다 가지고 있으며 청정하다고 한다. 이러한 청정심성이 인연에 따라서 여러 가지 마음으로 나타난다고 한다. 그리하여 이에 대한 교설이 많으나, 특히 《광석보리심론廣釋菩

提心論》[14]에서 보리심의 뜻을 밝히고 있으니, 연화계보살(蓮華戒菩薩, kamalaśīla)의 저(著)《Bhāvanā-krama 修習次第》3편에서 밝히고 있다.

여기에서는 보살행의 발취(發趣)는 대자비요, 보살의 수행은 유정(有情)과 같이 머물러서 그를 구제하는 것이라 단언하고 있다.《보리심론》 권제1에 있는 바 "최승(最勝)의 일체불법(一切佛法)은 모두 비심(悲心)으로서 근본을 삼는다. 이 비(悲)의 인(因)은 중생을 관(觀)하기 때문이다 所有最勝一切佛法 皆由悲心而爲根本 此悲所因爲觀衆生故"(大正, 32, 1664. 229-)라고 했다.

자비심은 모든 불법의 근원이라고 했다. 그러므로 보살은 먼저 자비를 수습해야 한다고 하였다. 곧 자비심으로부터 대보리심이 나오기 때문이다. 불교는 중생을 구제하기 위한 가르침이므로 먼저 중생에 대한 자비심이 일어나야 하고, 중생을 관(觀)해야 한다. 이것이 자비심의 수습이 된다.

자비심이 수습된 다음에는 보리심을 발한다고 한다. 권제1에서

一切의 有情을 救度하려고 하여 悲願等의 힘을 일으켜서 阿耨多羅三藐三菩提를 趣求한다. 만일 衆生을 救度하지 않으면 나는 곧 보리심을 발한 것이 아니다. 爲欲救度一切有情故起悲願等力 趣求阿耨多羅三藐三菩提 若不爲度衆生, 我卽不發是菩提心.[15]

라고 하고 있다. 이와 같이 자비의 수습력에 의해서 일체의 유정(有情)을 구도하겠다는 서원(誓願)을 하게 된다. 보살의 서원이란 이런 것이니, 여기에서 무상정등정각(無上正等正覺)을 원구(願求)하는 자성(自性)인 보리심이 자연히 확실하게 생하기 때문이다. 보살이 보리심을 일으키는 것은 중생 구도의 자비심력에 의한다는 것을 말한다.

보리심의 근본이 자비심이라면, 이것은 곧 세속을 떠나지 않는 마음이다. 그래서 카말라실라의《수습차제修習次第》 중편에서

그 觀行者는 근본이 되는 자비를 수습하였으면, (다음에) 보리심을 수습해야 한다. 그 보리심에는 두 가지가 있으니, 곧 세속과 勝義이다.[16]

이 중에서 세속의 것은 자비로써 모든 有情을 救拔하려고 誓願하고, (輪廻界에서 迷하는) 趣生을 이롭게 하기 위해서 성불하겠노라고 思念하여 無上正等覺으로 최초의 마음을 發하는 것이다.

라고 하고, 다시 이어서

세속의 보리심을 發하고 나서 勝義의 菩提心을 發하기 위해서 노력할지니 그 勝義의 菩提心이란 世間을 초월하여 모든 戲論을 떠나서 지극히 분명한 勝義의 行境이니, 無垢·不動임은 바람이 없는 저 등불의 相續과 같이 움직이지 않는 것이다. (西藏文에서 譯出)

라고 하였다. 이에 의하면 보리심을 세속과 승의(勝義)의 둘로 나누고 있음을 알 수 있다. 자칫 잘못 알면 승의(勝義)인 무상정등정각(無上正等正覺)만을 취향하기 쉬우나 속으로부터 승(勝)으로 가는 사상이 엿보인다. 이것은 점수(漸修)에서 돈오(頓悟)로 가는 사상과도 통한다.

이와 같이 보리심을 발(發)하여 닦아서 확고히 한 자는, 다시 그 보리심의 성취를 위해서 지의(止依, shi-gnas)와 승관(勝觀, lhag-mthoṅ)이 서로 상응한 수행을 하게 된다. 이것은 바로 오상성신관에서 제1의 발보리심(發菩提心)으로부터 제2의 수보리심(修菩提心)이 닦아진 것이라고 생각된다.

그러면 제3의 성금강심(成金剛心) 이하 불신원만(佛身圓滿)은 보리심의 성취와 어떤 관계가 있는가, 또는 일월륜관(日月輪觀)은 보리심의 수습과 어떤 관련이 있는가 하는 것이 문제가 된다.

지(止)와 관(觀)의 상응에 의한 성금강심(成金剛心)

보리심이 수습되어 확고하게 된 자는 모든 선법(善法)이 얻어진다. 이 것이 성금강심(成金剛心)이다. 이것은 지와 관의 상응을 통해서 얻어지는 것이다. 《성해심밀경聖解深密經》〈분별유가품分別瑜伽品〉 제6[17]에서 "미륵이여, 제성문(諸聲聞)과 또는 보살이나 제여래(諸如來)의 세간(世間)·출세간(出世間)의 모든 선법은 의지(依止)와 승관(勝觀)의 결과이다"라고 했다. 의지는 samādhi요, 승관은 vipaśyana라고 하는 것이니, 수선자(修禪者)는 이 두 가지를 떠나지 말아야 한다. 지(止)만에 그치거나 관(觀)만을 구하면 선정(禪定)이 이루어지지 않는다.

또한 《성해심밀경聖解深密經》에서 "세존은 제성문(諸聲聞)·제보살(諸菩薩)·제여래(諸如來)의 수많은 선정(禪定)을 가르쳤으나, 그들의 모든 것은 지의(止依)와 승관에 의해서 합한다"고 했다. 그러므로 모든 선정(禪定)은 지(止)와 관(觀)이 쌍운(雙運)되어서 비로소 이루어진다고 할 것이다. 따라서 수행자는 지의(止依)만으로는 모든 장애를 끊을 수는 없겠다고 하겠다. 승관(勝觀)인 지(智)의 광명에 의해서 비로소 모든 번뇌가 끊어지는 것이다. 그러므로 《해심밀경解深密經》에서는 "정려(靜慮)에 의해서는 제번뇌(諸煩惱)를 억제하고, 지혜에 의해서는 수면(隨眠)을 능히 항복시킨다"[18]고 했다.

이에 대하여 《월정삼매경月灯三昧經》 권2에서도

비록 禪定을 修習하여도
그가 我想을 摧破하지 않으면
그의 煩惱 때문에 다시 憂가 있다.
그에 대하여 勝行이 禪定을 修習하니,
만일 法無我를 個別로 觀察하고

個個에 그가 觀察을 修習하면
그것이 바로 涅槃을 證得하는 果의 因이나,
餘他의 因은 모두 (번뇌를) 그치지 않으리.[19]

라고 설해지고 있다.

이상의 교설로 보면 보살이 법문(法門)을 듣지 않고, 성자의 율법을 듣지 않으며, 오직 선정(禪定)만을 닦아서 그것으로 만족한다고 한다면, 그의 아만력(我慢力)에 의해서 증상만(增上慢)에 떨어져서 생·로·병·사는 물론 비통이나 고뇌·우민(憂悶)으로부터 벗어나지 못하고, 육취(六趣)에 떨어져서 이를 벗어나지 못하며, 고온(苦蘊)을 멸하지 못한다고 말해지니, 그러므로 여래는 모든 장애를 끊고 청정한 지혜를 일으키는 자는 지(止)에 머물면서 지(智)를 수습하라고 가르치고 있는 것이다.

그러므로《성보적경聖寶積經》〈보명보살회普明菩薩會〉에서도

戒에 의해서 禪定을 證得하고
禪定을 證得하여 다시 悲를 修習하고
悲에 의해서 淸淨智를 證得하고
淸淨智로써 戒를 圓滿한다

고 했다. 이로써 선정(禪定)에 있어서는 지(止)와 관(觀)이 쌍수(雙修)되어야 한다고 말해지는 이유가 밝혀졌다고 하겠다. 이에 대하여 다시 지(止)와 관(觀)의 떠날 수 없는 관계를 등불과 바람의 관계로써 생각할 수 있으니, 등불이 바람에 움직이지 않는 것을 이상적인 것으로 여긴다면, 분별의 바람에 의해서 마음이 움직이지 않는 것이 이상적이다.

의지(依止)의 힘에 의해서 바람에 움직이지 않는다. 이와 같이 지와 관이 평등하게 구족(具足)된 것이 움직이지 않는 등불과 같은 것이라면, 이것이 오상성신의 성금강심(成金剛心)이라고 하겠다.

《월정삼매경月灯三昧經》권2[20]에서 "지의(止依)의 힘으로 부동(不動)이 되고, 승관(勝觀)에 의해서 산과 같이 된다"고 하였다. 따라서 지(止)와 관(觀)의 양자에 평등하게 머무는 것이 올바른 선정(禪定)이다. 이에 있어서 관행자는 지의(止依)와 승관(勝觀)을 위해서 그 자량(資糧)이 설해지지 않으면 안 된다.

• samā-dhi(止) 수습 조건과 행상(行相)

먼저 지(止)를 수습함에 있어서 갖추어야 할 여러 가지 조건이 있다. 이것이 구족(具足)되지 않으면 의지(依止)가 없어져서 등불이 꺼지는 것과 같이 된다. 그러면 그 조건이란 어떤 것인가? 카말라실라의《수습차제修習次第》에 의하면 ① 순경(順境)에 머무는 일, ② 소욕(少慾), ③ 지족(知足), ④ 다작(多作)을 끊는 일, ⑤ 율의(律儀), ⑥ 욕(欲) 등의 분별을 끊는 일이라고 했다.

①은 마음의 다섯 가지를 갖추는 것이다. 첫째는 의복·식량 등에 애쓰지 않고 얻어지는 공덕을 갖추는 것이고, 둘째는 난폭한 사람이나 방해자가 없는 살기 좋은 곳이며, 셋째는 병이 없는 땅, 넷째는 계(戒)를 잘 지키는 붕우(朋友)를 얻어서 견해를 같이하는 현명한 친구, 그리고 끝으로 낮에 사람이 많이 오지 않고 밤에 소리가 시끄럽게 들리지 않는 마음 편한 곳 등이다. 이들 다섯 가지 조건은 다섯 가지 공덕(功德)이라고 말해진다.

② 소욕(少欲)이란 법의(法衣) 등을 보다 좋은 것이나 보다 많이 가지려고 탐내지 않는 것이다.

③ 지족(知足)이란 법의(法衣) 등은 오직 상응한 것을 얻어서 만족하는 것이다.

④ 다작(多作)을 끊는다고 함은 상업 행위 등으로 욕심을 부리는 일을 하지 않는 것이다. 또한 거사나 출가자간에 지나치게 친절한 자를 끊는

것, 의사나 점성사 등을 만나지 않는 일이다.

⑤ 율의(律儀)를 청정히 한다는 것은 가령 성계(性戒; 殺·盜·淫·妄 등의 본질적으로 죄악성을 가지고 있는 것)와 차계(遮戒; 飮酒 등은 본질적으로는 죄악이 아니나 이로 인해서 죄가 되므로 이것을 막는 것) 등의 두 가지 서계(誓戒)라고 하더라도, 그 본성을 가진 죄과를 범치 않는 일과 방일(放逸)하여 태만해졌더라도 속히 참회하여 법대로 행하고, 성문(聲聞)의 서계(誓戒)에 져서 이를 승복하지 못하는 것 등을 참회하여 다시 범하지 않는 마음을 갖추는 일 등이다. 그리고 이런 범죄는 어떤 마음이 그런 업(業)을 지었는가 하고, 그 마음의 무아(無我)임을 관찰하기 위해서, 혹은 일체법의 무실체를 수습하기 위해서 그 율의(律儀)는 실로 청정하다. 그것은 《성미생원참회멸죄경聖未生怨懺悔滅罪經》 속에서 알려진다고 알아야 한다.

⑥ 제욕(諸欲)의 분별을 끊는 것도, 이 세상이나 저 세상에 있어서 죄가 되는 것을 마음에 먹고 분별하는 것을 끊는 일이다. 오로지 윤회의 원인이 되는 것은 쾌(快)이든 불쾌(不快)이든간에 모두 없애야 한다. 곧 그러한 모든 것을 없애면 아무것도 바랄 것이 없다고 생각하여 모든 분별을 없애야 한다고 말하고 있다.[21]

이러한 지(止)의 수습 조건을 갖추고 나면 모든 일을 정리하고, 대소변을 보고, 쾌적한 곳에 앉아서 "나야말로 모든 유정(有情)을 깨달음으로 인도할 수 있어서 중생을 즐겁게 하리라" 하고 생각을 가다듬고, 대자비심을 일으켜서 시방의 제불보살(諸佛菩薩)에게 예배하며, 제불보살에게 공양과 찬탄을 바치고, 지은 죄를 참회하며 주존(主尊)인 비로자나불(毘盧遮那佛)과 같이 앉는다. 이때에는 반가좌(半跏坐)나 결가부(結跏趺)의 어느것이나 편할 대로 앉는다. 눈은 크게 뜨지도 말고, 감지도 말며, 코끝에 집중하며, 몸은 굽히지도 않고 너무 굳게 펴지도 말 것이며, 곧게 가져 마음을 가라앉힌다.

또한 어깨는 평형으로 유지하고, 머리는 높지도 않게 하여 한쪽으로

기울어지지 않게 하고, 코에서 배꼽까지를 곧게 유지한다. 이와 입술도 자연스럽게 다물고, 혀도 윗니에 가까이 둔다. 숨을 쉴 때에도 들어오고 나가는 숨이 소리나지 않게 고요히 쉬고 가라앉은 숨을 쉰다. 서서히 무의식으로 자연스럽게 출입하게 된다.

이렇게 하면 일단 지(止)가 성취된 것이다. 이로써 외경(外境)에 대한 동요가 없이 고요히 그치니, 마음속에서 인연에 따라 일어나는 마음의 움직임이 걸림이 없게 하기 위하여 기쁨과 편안함과 경쾌함을 갖춘 마음에 머문다. 이것이 지의(止依)라고 하는 것이다.

• vipaśana(觀)의 조건과 행상(行相)

지(止)에서 관(觀)으로 들어가서 이것이 상응하게 하려면, 먼저 지의(止依)가 성취되면 승관(勝觀)의 조건을 갖추어야 한다. 그 조건은 먼저 올바를 수선자를 만나서 그에게 의지해야 한다.

다음에는 많이 알아야 한다. 곧 다문(多聞)을 구하는 일이요, 셋째는 목표를 정해 나아가는 일이다. 올바른 수선자에 의지하는 것은 많은 것을 듣기 위한 것이요, 분명히 알기 위한 것이요, 자비심을 갖기 위한 것이고, 근심이나 걱정을 없애기 위한 것이다. 이에 대하여 《해심밀경解深密經》〈분별유가품分別瑜伽品〉 제6에서도 "모든 성교(聖敎)에 있어서 바라는 바에 따라서 얻지 않으면 이것은 비파샤나의 장애이다 於諸聖敎 不得隨欲 是毘鉢舍那障"라고 하고,

"세존이시여, 이 사마디와 비파샤나는 어떤 것이 因이 됩니까?"

"선남자여, 淸淨한 戒와 淸淨한 聞思가 正見의 所成이니, 이것이 因이 된다."

世尊 此奢摩地 毘鉢舍那以何爲因 善男子淸淨尸羅 淸淨聞思所成正見 以爲其因.[22]

라고 하였다. 이에 의하면 뛰어난 관행이란 문(聞)과 사(思)로부터 일어
난 청정한 정견으로부터 있게 된다고 하는 것이다.

또한《나라연소문경那羅延所問經》에서도

> 聞을 갖춘 자는 지혜를 얻을 것이고, 지혜를 얻은 자는 煩惱를 없앤다.
> 善男子, 如所聞解得勝惠性, 若聞息煩惱皆不得.[23]

고 하였다.

다음 목표를 정하여 나가는 것은, 요의경(了義經)과 미료의경(未了義
經)을 잘 결택(決擇)하는 일이다. 자기가 의지할 경전을 선택하여 의심
이 없으면, 곧바로 수습으로 나가기 때문이다. 만일 그렇지 않으면 의
심이 남아서 주저하게 되어 곧바로 달려가지 못한다.

이상과 같은 보살은 samādhi와 vipaśana를 수습하는 조건을 갖추고
수습에 전입(轉入)하라고 말하고 있다. 그러면 관행의 행상은 어떠해야
하는가?《성보운경聖寶雲經》에서 "지의(止依)는 마음의 일향성(一性)이
요, 승관(勝觀)은 올바르게 개별 관찰하는 것이다"라고 하였다.

또한《해심밀경解深密經》〈분별유가품分別瑜伽品〉제6에서도

> (彌勒이) "世尊이시여, 어떻게 止依가 尋求될 것이며, 어떻게 勝觀에
> 들어갈 것입니까?" 하고 사뢰었다. (世尊은) "미륵이여, 내가 假說한 法,
> 곧 經部와 音誦部와 授記部와 偈頌部와 讚嘆部와 因緣部와 譬喩部와 如
> 是部와 本生部와 方廣部와 未曾有部와 論議敎部 등 菩薩을 위해서 說해
> 진 모든 것을 보살이 잘 듣고 잘 受持하여 唱誦하고, 음으로써 잘 觀하
> 고, 깊이 通達하고 나서 홀로 閑處에 떠나 앉아서 안으로 安住하고, 잘
> 思念한 바와 같은 法 그대로 作意하고, 그 마음으로써 作意로 삼고, 안으
> 로 相續하여 잘 意作하고 그와 같이 廻入하고 거기에 머물 때에 몸이 輕
> 安하게 되고 마음이 輕安하게 되니 이것이 止依라고 말해진다. 이와 같

이 하였을 때에 菩薩은 止依를 尋求한 것이다. 그는 몸의 輕安함과 마음의 輕安함을 얻었으나 그것에 의해서 마음의 동요를 버리므로, 오직 思念한 바와 같은 法 속에 있어서 禪定의 行境에 있는 影像에 대하여 個別 觀察하여 信解하는 것이다.

　이와 같은 禪定의 行境인 影像에 있어서 그가 알아야 할 뜻을 깊이 분석하고, 널리 洞察하고, 忍許하고, 受樂하고, 個別하고, 보고 通達하는 일 등 모두가 勝觀이라고 말해지는 것이니, 이때에 菩薩은 勝觀에 善巧히 통한 것이다.”24)

라고 설해지고 있다.

　지(止)와 관(觀)의 현성(現成)에 의한 증금강신(證金剛身)

　앞에서 본 바와 같이 의지(依止), 곧 삼매에 머물고자 하는 수행자는 모든 경전과 교설에서 설해지고 있는 법을 마음속에 몇 가지로 통섭(統攝)하여 정리하고, 또는 하나의 법으로 회통하여 그것을 마음에 머물게 한다. 마치 용수(龍樹)가 일체의 법을 연기(緣起)인 공(空)으로써 회통한 것과 같다. 하나의 모습으로 회통될 경우에 그것이 불신의 모습으로 안립되어야 한다.

《선정왕경禪定王經》 속에서

　金色과 같은 身體에 의해서
　世間의 主가 된 자는 두루 아름답다.
　그와 같은 所緣에 모든 마음을 廻入하나니,
　이런 菩薩은 (禪定에) 等持한다고 말해진다.
　得如來身紫金色　一切端妙爲世親　緣於如是心安住　乃名得定之菩薩.
（《月灯三昧經》, 大正, 15, p.553）

고 한 것이 이것이다. 이와 같이 바라는 바 소연(所緣)에 마음을 머물게 하여 한결같이 이어지는 마음을 갖는다. 마음이 이렇게 안립되면, 다시 그 마음을 사택(思擇)하여 어떻게 수지(受持)하고 있는가, 혼침(昏沈)했는가, 동요하고 있는가를 살핀다. 그리하여 만일 마음이 어둡거나 혼침하거나 하거든 가장 뛰어난 불신의 형색(形色) 등이나 광명의 상을 짓는다. 이렇게 하면 마음의 침잠이나 우수가 없어지므로 마음이 그 소연을 지극히 분명하게 보게 되는 것이다.

이때에 답답하여 어둠이 느껴지고 눈앞이 흔들리면 마음이 침잠하고 있는 것이다. 이와 같이 동요하는 마음을 그치게 한 다음에는 정념(正念)과 정지(正知)로써 의(意)를 소연에 매는 것이다. 그렇게 하여 마음이 침잠하거나 고양되지 않게 되어, 그 소연에 대하여 마음이 올바르게 머물러서 그것이 바르게 보이게 되면 그대로 받아들여서 고요히 머물게 한다.

이와 같이 하여 수습된 지의(止依)가 힘이 얻어지면 몸에 의지한 마음이 경쾌하게 되고, 바라는 바에 따라서 그 소연에 대해서 마음이 자재하게 된다. 이것이 곧 지의가 나타난 것이다. 다음에 이와 같은 지의가 성취되면 승관(勝觀)을 수습해야 한다. 승관의 수습에 앞서서 이와 같이 사념해야 한다. 곧 지의만으로는 지(智)가 청정하게 되지 않을 것이요, 장애의 어둠도 제거되지 않을 것이니 지에 의해서 진실을 잘 수습했을 경우에는 지가 청정하게 될 것이다. 그러나 오직 지혜만으로는 장애가 올바르게 끊어지지 않을 것이다. 따라서 지의에 의지해서 지혜로써 진실을 익혀야 하니, 오직 지의만으로써 만족하다고 생각해서는 안 된다.

진실이란 어떤 것인가. 승의(勝義)로서는 모든 사상(事象)은 근본적으로 인법(人法)의 아성(我性)이 공(空)한 것이다. 그것은 지혜바라밀다(智慧波羅密多)로써 증득되겠으나, 다른 것으로는 증득되지 않는다. 《해심밀경解深密經》〈지바라밀다품地波羅密多品〉 제7에서 "'세존(世尊)이시여, 보살은 제법(諸法)의 실체가 없는 것을 어떤 바라밀다(波羅密多)로써 파악하겠나이까' '관자재(觀自在)여, 지바라밀다(地波羅密多)에 의해서 파악한다'"[25]라고 설해지고 있다. 따라서 지(止)에 의지해서 지혜를 닦는다. 그 관행자는 인·법 무아(無我)를 수습해야 한다. 곧 인아(人我)는 온(蘊)·계(界)·처(處)를 떠나서 달리 요득(了得)될 수 없다. 인아는 온(蘊) 등의 실체도 아니다. 이들은 상성(常性)도 아니고 일성(一性)도 아니고, 자체로서나 타체로서 나타내어질 수 없다. 그러므로 인아의 사상(事象)이 실체로서 있다고 할 수 없다. 따라서 인아라고 하는 것은 있을 수 없다. 법무아(法無我)도 이와 같이 수습해야 한다.

법이란 약섭(略攝)하면 5온(蘊)·12처(處)·18계(界)이다. 이러한 형색이 있는 것은 승의로서는 마음의 상에 지나지 않는다. 이것은 실체로서 파악되지 않는다. 따라서 무시이래로 형색 등에 잘못 집착되어 온 힘에 의해서, 마치 꿈에 본 형색이 나타난 것같이 어리석은 자에게는 마음 그것이 형색 등의 외경의 것으로서 나타난 것이지만 진실로는 그렇지 않으니, 승의로서는 형색 등이 마음의 상(相)임에 지나지 않는다라고 관찰해야 한다. 이것은 곧 삼계(三戒)는 유심조(唯心造)라고 할 뿐이다. 이와 같이 사념(思念)하면서 오직 마음만이라고 깨달아서 그 마음을 개별 관찰한다면, 일체법의 실체를 개별 관찰한 것이 된다.

다음에는 마음의 실체를 이와 같이 개별 관찰해야 한다. 곧 승의로서는 마음 또한 진실이 아니다. 마음은 허망한 형색의 모습을 집취(執趣)하는 것이요, 그런 마음이 여러 가지 모습으로서 나타나고 있으니, 그 모습은 어디에서도 진실성이 될 수 없다. 형색 등이 그릇된 것인 것처럼 마음 또한 형색 등을 떠나서 달리 있는 것이 아니므로 결국 그릇된 성(性)이다. 마음도 형색 등을 떠나서 달리 없는 것이므로 일(一)이나 다(多)로서의 실체가 아니다. 따라서 마음은 실체로서 환(幻) 등과 같은 것임에 지나지 않는다. 마음이 그렇다면 일체법(一切法) 또한 실체로서는 환(幻) 등과 같은 것에 불과하다고 사찰(伺察)해야 한다.

따라서 이상과 같이 지혜에 의해서 마음의 실체를 개별 관찰하면 승의로서의 마음은 안으로도 요득될 수 없고, 밖으로도 요득될 수 없으며, 양자가 아닌 다른 것으로도 요득되지 않는다. 마음이 생(生)한 것도 아니고 멸(滅)한 것도 아니며, 마음은 파악되는 것이 아니고 나타나진 것도 아니며, 형색이 있는 것도 아니다. 이와 같은 마음의 실체는 결국 다음과 같이 알려진다.

《대보적경大寶積經》〈보명보살회普明菩薩會〉 제43에서

이와 같이 迦葉이여, 마음의 모습은 구하여도 얻어질 수 없으니, 만약 얻어질 수 없으면 곧 과거도 아니고, 미래도 현재도 아니다.

如是迦葉 求是心相而不可得 若不可得非過去未來現在.[26]

라고 한 바와 같다. 이와 같이 마음을 관찰한다면 마음에 있어서 어디에서도 언제나 찾아볼 수 없는 것이니, 이와 같으므로 일체법도 어디에서도 찾을 수 없다고 깨닫게 된다. 형색을 찾을 수 없는 것과 같이 감수하고 생각하고, 행하고 인식하는 것 등에 있어서도 심사될 수 없으니, 일체법이 성립될 수 없다고 알아서 승의로서는 집착될 아무것도 없다고 할 때에는 무분별의 선정(禪定)으로 전입되고, 일체법이 무실체임에 통달한다.

이와 같이 되었을 때에 마음의 움직임이 소연에 따라서 전변하여 행상(行相)을 일으키지 않으므로 진실성을 완전히 수습한 것이 된다. 이것이 바로 증금강신(證金剛身)이다. 색신(色身)과 심(心)이 실체가 없는 최승(最勝)의 공(空) 그대로 지혜의 몸으로서 분별을 떠나 공무상(空無相)의 성(性)에 전입되고 있기 때문이다. 불신(佛身)이란 최상의 승의의 법에 의지해서 나타나는 신상(身相)이다.

《능가경楞伽經》에서

마땅히 알지니 三身이란 諸佛의 一切身을 두루 攝하여 最上 勝義의 法의 所依이다. 그러므로 三身의 相으로 開顯한다.

頌曰 應當了知三身者 普攝諸佛一切身 最上勝義法所依 是故開顯三身相…….[27]

라고 한 것이 이것이다.

삼마지(三摩地)에서 일어난 불신원만(佛身圓滿)

앞에서 보아 온 바와 같이 일체의성취보살(一切義成就菩薩)이 일체여래의 경각(警覺)으로 아사파나가삼마지(阿娑頗那伽三摩地)로부터 일어나서 오상성신의 수관(修觀)을 위촉받은 것을 알 수 있다. 이로써 불신원만이 이루어진 것이다. 그러면 아사파나가삼마지의 부동정(不動定)으로부터 일어났다는 것은 무엇을 뜻하는가? 불신원만을 이룬 계기는 여기에 있었다.

일체법은 승의로서는 실체가 없는 공성(空性)이라고 하더라도 세속으로서 안립(安立)하는 것이 본성이다. 그렇지 않으면 업이나 과(果)와의 관계가 안립되지 않는다. 이에 대하여 세존은《입능가경入楞伽經》〈게송품偈頌品〉에서 "사상(事象)의 생기는 세속으로서 있고, 승의로서는 자성(自性)이 없다"[28]고 설하고 있다. 공성(空性)의 승의는 자성이 없으나, 그것이 사상으로서 나타나는 세속이 있다. 세속은 대자비의 세계인 것이다. 선정(禪定)으로부터 일어나서 결가(結伽)를 풀지 않고 대자비의 세속을 안립하는 것이다. 이러한 정려(靜慮)는 일체 종(種)의 최승(最勝)을 갖춘 공성(空性)의 현성(現成)인 것이다.

《대방등대집경大方等大集經》〈보계보살품寶髻菩薩品〉 제11에서

그는 慈의 甲胄를 쓰고 大慈悲의 座에 머물기 때문에, 一切種의 最

勝을 갖춘 空性을 現成하는 靜慮를 행한다. 一切種의 最勝을 갖춘 空
性이란 어떤 것인가. 布施를 떠나지 않고, 持戒를 떠나지 않고, 忍辱
을 떠나지 않고, 精進을 떠나지 않고, 靜慮를 떠나지 않고, 智慧를 떠
나지 않고, 方便을 떠나지 않는다

라고 했다. 방편은 유정(有情)을 성불게 하려는 원만 방편이니, 보시 등
의 선(善)을 시현(示現)하는 것이다. 이로써 불신원만(佛身圓滿)의 과
(果)가 있게 된다. 그러므로 일체 종(種)의 최승(最勝)을 갖춘 일체 지(智)
는 보시 등의 방편으로써 완성되는 것이다.

　그러나 오직 방편만에 의지해도, 보살이 범부의 경지를 벗어날 수 없
어서 이에 결박될 뿐이다. 따라서 지혜와 방편이 같이 의지해야 한다.
이것은 마치 주(呪)에 섭지(攝持)된 독과 같이 제보살(諸菩薩)의 번뇌도
지혜에 의해서 섭지된 힘을 가지고 수습되면 감로(甘露)로 화한다. 하
물며 숭고한 과(果)를 가진 보시(布施) 등은 말할 필요도 없다.
　《대보적경大寶積經》〈대승십법회大乘十法會〉 제9에서

　迦葉이여, 가령 사람이 呪에 의해서 藥에 攝持된 毒이 된다면, 죽음에
이르게 하지 않는 것과 같이 諸菩薩은 煩惱를 (方便을 갖춘) 지혜에 의해
서 攝持되기 때문에, 다시 邪道에 떨어지게 하지 않는다.[29]

라고 하였다. 보살이 지혜의 힘으로써 윤회를 버리지 않는 것은 윤회에
떨어지지 않는 것이다. 그것은 지혜의 힘으로 소연의 모든 것을 끊기
때문에 윤회에 떨어지지 않는다. 여기에서 성불이 완성되는 것이다. 그
러므로 《성허공장경聖虛空藏經》에서도 "그는 지혜의 지(智)로써 모든
번뇌를 버리고, 방편의 지(智)로써 유정(有情)의 모두를 버리지 않는다"
고 말하고 있다.
　따라서 부처는 지혜와 방편의 두 가지를 모두 갖춘 분이니, 최승(最

勝)의 공지(空智)와 대비(大悲)의 두 가지는 세간과 출세간의 모든 지혜를 갖춘 것이다. 오상성신의 마지막 단계인 불신원만은 실로 이러한 세계인 것이다.

4. 오상성신관(五相成身觀)과 일체법 청정론(一切法淸淨論)

일체법 청정론(一切法淸淨論)과 자심청정(自心淸淨)

앞에서 보아 온 바와 같이, 오상성신관은 보리심을 원만히 성취하기 위한 관법임을 알 수 있다. 그렇다면 그 보리심은 청정한 것이라고 보고 있는 것이다. 보리심이 청정하다고 하는 것은 우리의 본심이 청정하다는 것이다. 청정본심(淸淨本心)을 가지고 있으나, 번뇌로 인해서 물들어서 더러워진 것이 범부의 마음이니 이 때를 씻는 것이 수행법이다.

그러나 본래가 깨끗한데 무슨 때가 묻겠는가 하는 역설이 성립될 수 있어서, 고래로 수많은 논사(論師)들에 의해서 이 문제가 제기되어 왔다. 그리하여 불설은 모두 방편설(方便說)이므로 근기(根機)에 맞추어서 수많은 교설이 설해지니, 수행법 또한 방편으로서 그 근기에 따라서 행법(行法)이 있게 된 것이라고 생각되는 것이다.

그렇다면 《금강정경》에서는 어떠한 입장에 의해서 오상성신관(五相成身觀)이 설해졌는가 하는 문제를 생각해 볼 필요가 있다. Hevajra-tantra에 속하는 것으로 알려지고 있는 《대비공지금강대교왕의궤경大悲空智金剛大敎王儀軌經》의 〈청정품淸淨品〉에서 《금강정경》의 청정론(淸淨論)이 보인다. 그의 〈청정품淸淨品〉 제9에서

부처님이 金剛藏菩薩에 고하여 말씀하시기를 "이 淸淨品을 나는 마땅히 설하겠노라. 一切의 法의 淸淨함이 확실하게 알려지고, 하나하나의

分別로써 그 연후에 그의 거룩함을 설하겠노라. 由說是淸淨 一切無疑惑
──賢聖位 後當分別說"

하고, 이어서

　　五蘊과 六根과 六處와 六大는 自性에 있어서 淸淨하다. 無知의 煩惱의
어두움도 자성이 모두 청정하다.
　　五蘊五大種 六根及六處 無知煩惱闇 自性悉淸淨.

라고 하고 있다. 그러므로 이와 같이 자성(自性)의 청정을 현증(現證)하
면 바로 그것이 해탈인 것이다. 그래서 경문에서는

　　自性이 淸淨함이 現證되고 나머지는 다른 것의 不淨함에서 벗어나고,
妙樂의 境界가 淸淨한 自性을 現證하여 妙樂을 얻는다. 色等과 다른 것
들도 밝게 비추면 實로 瑜伽行者이다. 一切에 있어서 그것이 淸淨性이
니, 실로 그러므로 佛性이 生한 것이다.
　　謂自身領納, 及餘他所作, 說妙樂相應, 境界等淸淨, 故佛善巧說, 一切
性淸淨.

라고 하였다. 여기에서 우리는 일체법이 청정하고, 청정한 그대로의 세
계는 묘락의 세계요, 그것이 바로 성불(成佛)임을 말하고 있는 것이다.
　　일체법이 청정하게 있으니 sat요, 그것이 청정 그대로 여실히 알려지
면 그것이 cit요, 그 세계는 또한 묘락인 ānanda임을 알 수 있다. 청정한
일체법은 알려질 것이요, 알려질 법이 여실히 알려져서 밝게 비추면 그
것이 불(佛), 곧 유가행자(瑜伽行者)요, 그러한 불(佛)에는 묘락이 따르
는 것이다. 일체법이 여실히 밝게 나타나지 않으면 법이 현증되지 않은
것이다. 그 법이 청정하지 않으면 그것은 여실함이 아니다. 또한 묘락

상응(妙樂相應)이 없으면 해탈이 아니다.

경문에서는 이어서 다시

> 이때에 金剛藏菩薩이 부처님께 사뢰기를 "세존이시여, 어떤 것이 淸淨
> 이옵니까?" 하니, 부처님이 말씀하기를 "눈에 의해서 色이 알려지고, 귀
> 에 의해서 소리가 알려지고…… 항상 이들의 淸淨함에 의해서 淨化된다.
> 眞實한 瑜伽行者는 自己轉倒이다."
>
> 時金剛藏菩薩白佛言, 世尊爲何等淸淨, 佛言於色等境觀想 離能取所取,
> 所謂眼取色耳取聲…… 無餘親近是卽淸淨.

라고 하였다.

여기에서 일체가 청정하다고 하는 것은 부정한 것이 청정하게 되는
것이 아니고, 청정한 것이 잘못 알려졌다가 다시 있는 그대로 청정함으
로 바뀐 것이다. 이것을 범문(梵文)에서는 "진실한 유가행자(瑜伽行者)
는 자기전도(自己轉倒)이다. tattvayoginaḥ adhyātmapuṭaṃ라고 표현하고
있다. 이것을 한문 경문에서는 '무여친근 시즉청정(無餘親近是卽淸淨)'
이라 하고 있다. 여기에서 '친근'이란, 본래의 청정성으로 돌아간 것이
다. 범문에서는 'adhyātmapuṭaṃ' 곧 '자기전변(自己轉變, 轉倒)'이라고
했다. 그릇됨으로부터 올바름으로 바뀐 것이다. 하여튼 《금강정경金剛
頂經》에서는 청정하다는 것을 여실히 알아서 현증(現證)된 것을 불(佛)
이라 하고 있다.

그러면 청정이란 어떤 것인가? 이에 대하여 경문에서는 "청정성은
이들 수용된 훈습(薰習)의 독이 제거된 것이다(sevitavyā-ime sevyā-
nirvisikṛtya suddhyaḥ)"라고 하였다. 청정이란 그릇된 취(取)의 훈습(薰
習)의 독을 제거한 것이라고 한 것에 주목할 필요가 있다. 독이란 무지
(無知)인 것이다. 무명(無明)이다. 무명을 제거한다고 하는 것은 무명이
명(明)으로 가치가 바뀐 것을 뜻한다. 여기에서 《금강정경》의 세계는

무명이 명으로, 고(苦)가 묘락으로 바뀌는 세계임을 알 수 있다. 청정이란 바로 본래의 불성(佛性)이요, 묘락의 경지요, 지(智)의 세계이다.

따라서 오상성신관(五相成身觀)은 청정한 본심을 관(觀)하여 일체법이 청정함으로 현증되는 것을 성취하는 관법이라 하겠다. 일체법이 청정하므로 색(色)이 색이 아니고, 소리가 소리가 아니며, 향이 향이 아니고, 맛이 맛이 아니며, 촉(觸)이 촉이 아니고, 법이 법이 아니며, 세간이 세간이 아니다. 색과 소리와 향과 맛과 촉과 법과 세간의 더러움이나 결박으로부터 벗어나기 때문에 '아니다'라고 한 것이다. 이미 여기에 이르면 희론(戲論)이 아니다. 그러므로 공(空)이다. 일체가 청정하므로 심(心)이 청정하다.

월륜관(月輪觀)의 근거와 요점

이상과 같이 《금강정경》류에서는 일체법이 청정하다는 것을 직관하기 위해서 오상성신관을 설한다. 보리심을 달로 상징하여 월륜(月輪)을 본존으로서 이에 마음을 전주(專注)함으로써 내가 달이 되고 달이 내가 되는 경지를 얻는 것이다.

이것은 바로 청정본심을 증득하는 방법이다. 그러므로 성불원만(成佛圓滿)을 현증하는 방법인 것이다. 월륜(月輪)을 관(觀)하는 근거는 어디에 있는가? 달은 둥글고 깨끗하고 서늘하고 밝다. 이것은 우리 마음의 실성(實性)이요, 일체법의 실상이다. 그러므로 자성성취(自性成就)의 수행이다. 일체의성취보살(一切義成就菩薩)이 일체여래의 경각(警覺)으로 아사파나가삼마지(阿娑頗那伽三摩地)로부터 일어나서 이 관법을 닦은 것이다. 그러므로 《금강정일체여래진실섭대승현증대교왕경金剛頂一如來眞實攝大乘現證大敎王經》의 권상, 〈금강계대만다라광대의궤품지일金剛界大曼茶羅廣大儀軌品之一〉에서 "선남자(善男子)야, 마땅히 자심(自心)을 관찰하여, 삼마지(三摩地)에 머물러 자성성취의 진언을 스스로

송(誦)하라"고 하였다.

본래 갖추고 있는 보리심은 청정하여 탐욕의 더러움이 없이 깨끗하고, 진에(瞋恚)의 뜨거움이 사라진 청량함과 우치(愚痴)의 어둠이 사라진 광명의 세 가지가 달이 가지고 있는 그것과 같다. 달에 때인 구름이 끼면 더럽게 되어 청량미가 없고 밝지 않다. 구름은 본래 달에 있는 것이 아니다. 객진(客塵)이다. 그러므로 이 객진(客塵)을 없애면 밝고 깨끗하고 서늘한 달의 본성을 가지는 것과 같다고 생각할 수 있다.

우리의 마음도 그 근본은 밖에 있는 것이 아니고 안에 있어 청정한 실재라고 한다. 이러한 마음은 우주의 일체의 본질과 통하는 것이므로, 이 마음의 본질인 청정성에 투철하면 일체의 진실을 알 수 있다고 하게 된다. 그러므로 청정한 보리심이 우주의 일체 생명의 근원이라고 하는 입장에서, 이 보리심의 본성을 관(觀)하기 위해서 월륜(月輪)을 관(觀)하는 것이다. 《금강정일체여래진실섭대승현증대교왕경金剛頂一切如來眞實攝大乘現證大敎王經》에서 "나는 자심(自心)을 봄에 있어서 월륜(月輪)과 같다"[30]고 한 것이 이것이다.

청량한 보리심은 자심(自心)이면서 일체여래의 마음이며, 지혜 그것이다. 그러므로 자심(自心)을 관(觀)함으로써 일체여래심(一切如來心)을 관(觀)하게 되고, 이에 의해서 자신이 여래신(如來身)임을 현증하게 되는 것이다.

월륜관(月輪觀)은 월륜(月輪)을 한 자심(自心)을 본존으로 하여 일체여래의 자성(自性)의 광명심을 통달하고, 이 월륜(月輪)의 보리심을 발하여 이를 닦아서, 이 일체여래의 보현발심(普賢發心)에 주(住)하여 이를 견고히 하고, 신(身)·구(口)·의(意)가 일체여래와 더불어 금강(金剛)과 같이 되어, 드디어는 일체여래가 자신이 되는 것을 관(觀)하는 것이다. 월륜관은 자심의 지혜 광명을 증득하는 관법으로서, 자성 청정을 신행(信行)하기 위한 방편이라고 하겠다.

그러면 이 관법의 실제 요령은 어떠한가? 선무외 삼장(善無畏三藏)의

《선요禪要》에 의하면, 먼저 무상보리심(無上菩提心)을 발하고, 계(戒)를 받고, 신기(身器)를 청정히 하고 이 법을 받으라고 가르치고 있다. 그리하여 이를 위해서 11문을 상세히 설하고 있다.

이 중에서 이 관법으로 들어감에 있어서 발심(發心)을 위해서 "唵日月地喞多毌恒波那野彌, Oṁ bodhi-cittam utpādayāmi(나는 보리심을 발하겠나이다)"라고 하는 진언을 세 번 송(頌)하라고 했다. 이 진언을 송하면 보리심을 발하여 성불에 이르기까지 견고 불퇴한다고 하고 있다. 다라니(茶羅尼)나 진언은 구경(究竟) 지극한 불경계(不境界)와 같은 것이므로 이를 송하면 신·구·의가 일체의 불지(佛智)에 오입(悟入)하기 때문이다.

그런데 《금강정일체여래진실섭대승현증대교왕경金剛頂一切如來眞實攝大乘現證大教王經》에서는, 이에 앞서서 "唵質多鉢囉底微騰伽嚕彌, Oṁ citaprativedhaṁ karomi(나는 마음에 통달하겠나이다)"라고 세 번 송하라고 했다. 이것은 자성(自性)에 통달하는 진언이다. 이 진언을 송하고 "세존여래(世尊如來)시여, 나는 두루 알겠나이다. 나의 자심(自心)을 형월륜(形月輪)과 같다고 알고 있나이다"라고 고한다. 이것은 오상성신관문(五相成身觀門)의 제1 통달보리심문(通達菩提心門)으로 들어가는 진언이다.

제2의 수보리심문(修菩提心門)에 있어서는, 통달한 보리심은 두루 공용(功用)을 나타내기 때문에 일체여래의 자성광명심지(自性光明心智)가 풍성하게 발하면, 자심(自心)이 월륜(月輪) 그대로 보인다. 이것이 성금강심(成金剛心)이다. 여기에 이르면 이미 일체여래의 보현심을 스스로 발하여 금강과 같이 견고하고 평등함을 획득한 것이다. 자심(自心)의 월륜에 있어서 금강형(金剛形)을 사유한다. 금강형(金剛形)이란 금강삼매야형(金剛三昧耶形)이니, 지혜의 상징물이다. 지혜의 묘용(妙用)인 것이다. 이때에 "唵底瑟姹嚩日囉, Oṁ tiṣṭhavajra(일어나소서, 金剛이여)"라고 진언을 송한다. 이때에 "세존여래(世尊如來)시여, 나는 월륜(月輪) 속에서 금강(金剛)을 보았나이다" 하고 고하게 된다.

이 다음에는 일체여래의 보현심의 금강(金剛)을 견고하게 하기 위해서 "唵嚩日囉麽句唅, Oṁ vajrātmako ham(나는 金剛의 性이옵니다)"라고 진언을 송한다. 여기에서 금강심이 증득된 것이니, 이것이 증금강심(證金剛心)이다.

여기에 이르면 일체의 허공계(虛空界)에 두루 찬 일체여래의 신·구·의의 금강계는, 여래의 가지력(加持力)으로 모두 금강이 되고, 금강계의 관정(灌頂)에 임해서 "세존여래시여, 나는 일체여래가 나 자신이 되었음을 보았나이다" 하고 고한다. 이때에 일체의 금강살타(金剛薩埵)는 일체의 형상을 갖추게 되고, 자신의 불형(佛形)으로서 관(觀)하여 자성 성취의 진언을 송하게 된다. "唵也他薩婆怛他哦多薩怛他唅, Oṁ yathā sarvat tathāgathas tathā ham(一切如來와 같이 나는 있겠나이다)"라고 이와 같이 송하고 나면 자신이 여래임을 현증한다. 이것이 제5의 불신원만문(佛身圓滿門)이다.

여기에 이르러서 일체여래(一切如來)의 대승현증삼매야(大乘現證三昧耶)가 성취되어 일체여래심이 곧 자심(自心)이 되는 것이다. 불신원만(佛身圓滿)에 있어서는 32상(相), 80종호(種好) 등의 존형상(尊形像)을 닦게 되니, 여기에서 월륜관(月輪觀)은 상호(相好)를 구족(具足)한 본존관(本尊觀)으로 바뀌는 것이다.

그러므로 월륜관(月輪觀)은 지혜의 방편관이면서 그대로 본존관이 되어 방편과 지혜가 불이(不二)로 된 것이다. 월륜관(月輪觀)은 지혜문에 속하는 《금강정경》의 세계를 배경으로 한 관법이다. 그러므로 이 대승법의 성취를 위해서는 성공관(性空觀)인 무식신삼마지(無識身三摩地), 곧 아사파나가삼마지(阿娑頗那伽三摩地)로부터 일어났던 것이다.

우리는 달마선(達磨禪)이 《반야경般若經》의 무상(無相)·무주(無住)를 배경으로 한 것이라면, 오상성신관은 《금강정경》의 일체법 청정론(一切法淸淨論)을 배경으로 한 것에 주목할 필요가 있다.

무릇 우리의 마음을 달에다 비유한 것은 《잡아함경雜阿含經》에도 나온다. 여기에서는 승가라바라문(乘迦羅婆羅門)에 대한 설법에서, 불선남자(不善男子)는 달의 어두운 부분같이 광명을 잃고 날로 소멸하는 것과 같고, 선남자(善男子)는 명월과 같이 정광(淨光)이 날로 더해져 만월에 이르러서 드디어 원광(圓光)이 일체를 덮는다고 대답하셨다. 이러한 비유는 《증일아함경增一阿含經》 제8에서는 그믐달을 악지식(惡知識)에 비유하고 있다. 《문수사리문보리경文殊師利問菩提經》에서는 달을 보살의 초발심(初發心)(新生月), 행도심(行道心)(5日), 불퇴전심(不退轉心)(10日), 일생보처심(一生補處心)(14日), 여래지혜(如來智慧)(15日)에 비유하고 있다.

이와 같이 만월을 불과불지(佛果佛智)에 비유한 예는 제대승경론(諸大乘經論)에 수없이 많다. 그러나 우리들이 본래 갖추고 있는 보리심의 모습을 달에 비유한 것은 《금강정경》에 이르러서 비로소 설해진다.

앞에서 든 바와 같이 "우리의 마음을 봄에 월륜(月輪)과 같다 我見自心 譬如月輪"(大正, 18, p.207) 하고, 혹은 곧 "마음의 원만함을 봄에 청정한 달과 같다 便見心滿如淨月"고 설해지고 있고, 금강지 삼장역(金剛智三藏譯)인 《불설칠구치불모준제대명다라니경佛說七俱胝佛母准提大明陀羅尼經》에서는 "스스로의 마음이 한 만월의 담연청정(湛然淸淨)하여 안과 밖이 분명함과 같다 自心如一滿月湛然淸淨內外分明"(大正, 19, p.177) 했고, 《제불경계섭진실경諸佛境界攝眞實經》에서는 "보리심의 실상은 청정원만한 월출을 관함으로써 나타난다"고 하여, 자심(自心)의 실상을 달과 같다고 하여 달을 관함으로써 자심을 보는 관법이 조직적으로 설해지게 된 것이다.

그러나 이러한 심월륜관(心月輪觀)은 《약출경略出經》을 비롯하여 《연화부심의궤蓮花部心儀軌》《비로자나삼마지법毘盧遮那三摩地法》《여의륜의궤如意輪儀軌》《관자재왕의궤觀自在王儀軌》《문수의궤文殊儀軌》 등에 이르러서 오상성신의 관법으로 체계를 갖추게 된 것이다. 그리하여 이들《금강정경의궤탄金剛頂經儀軌歎》에서는 심월륜상(心月輪上)에 흘리(紇哩, hriḥ)나 담(曇, dhaṁ)과 같은 종자를 관하게 하고, 혹은 오고금강저(五股金剛杵)·연화·검 등의 삼매야형(三昧耶形)을 관하고, 혹은 존형(尊形)을 관하는 것을 설했다.

그러나 이들 월륜관(月輪觀)을 바탕으로 하여 오상성신관을 설한 것 외에 일륜관(日輪觀)에 의한 오상성신관을 설하고 있는 것도 있다. 그러면 그의 근거는 어디에 있으며, 그 요령은 무엇인가?《보리심론》에서 유가행자(瑜伽行者)는 심중(心中)에 일월륜(日月輪)을 관(觀)하라고 권설했음을 앞에서 이미 보았다.

그러나《금강정연화부심의궤金剛頂蓮花部心儀軌》(大正, 18, p.260)(梵文音寫)에서는 "마타위양목(麼咤爲兩目), 응관일월(應觀日月)"이라고 말하고 있지만 일륜관(日輪觀)에 의한 수법(修法)을 설한 것은 근소하다. 그런데《오상성신사기五相成身私記》(大正, 75, p.972)에서는 일륜관과 월륜관을 구별하여

果의 智인 智德에 나가기 때문에 日輪觀으로써 본존의 形像을 觀한다. 因果三昧로 나아가서 닦기 때문에 月輪觀으로써 本尊形을 觀한다.

고 했다. 여기에서는 관법의 과(果)로서의 지덕을 일륜으로 삼았고, 인(因)과 과(果)의 삼매의 세계를 월륜으로 삼고 있는 것을 알 수 있다.

그러나 불공역(不空譯)《금강정유가타화자재천리취회보현수행염송의궤金剛頂瑜伽他化自在天理趣會普賢修行念誦儀軌》[31]에 의하면

自心은 해와 같으나 아직 分明하지 않으므로 이 眞言을 論한다(唵冒地質多母怛跛娜夜彌): 이 眞言加持로 인하여 마치 盛夏의 日輪과 같아서 光明晃耀하다…….

라고 했다. 여기에서는 자심(自心)을 여일(如日)이라 하고, 성하일륜(盛夏日輪)을 관하는 것으로 되어 있다.

또한 불공역(不空譯)《금강정경일자정륜왕유가일체시처념송성불의궤 金剛頂經一字頂輪王瑜伽一切時處念誦成佛儀軌》[32]에서는 "자성의 지광 (智光)으로써 위요일륜(威曜日輪)을 성취하여 무여계(無餘界)를 변조하 여 제암명(諸暗暝)을 최괴(摧壞)한다" 하고, 《대자공지금강대교왕의궤 경大慈空智金剛大敎王儀軌經》 권제1의 〈일체여래신어심성현품一切如 來身語心聖賢品〉 제3에서는 "현전에 라자(囉字)를 관한다. 치성일륜(熾 盛日輪)이 된다. 저 일륜(日輪) 중에 훔(吽, hūm)자는 금강업(金剛業)이 다"라고 하였다. hūm자는 최파(摧破)의 뜻이 있어 금강계의 지덕(智德) 을 나타낸다.

이와 같이 여러 경궤(經軌)를 통해서 보면, 일륜관은 과(果)의 지덕으 로서의 방편을 나타낸다고 하겠다. 이러한 일륜관을 통해서 지덕을 갖 추게 된다.

5. 오상성신관(五相成身觀)의 실수법(實修法)

《금강정경》과 《심지관경心地觀經》 등에서 설해지고 있는 오상성신관 이 일체법 청정(一切法淸淨)이라는 근본 입장을 청정보리심(淸淨菩提心) 의 개현에 두고, 이를 실수(實修)함에 있어서 일월륜관(日月輪觀)을 행 하고 있다는 것을 알게 되나, 그의 실수에 관한 의칙(儀則)으로서 관법 을 체계화한 것이 금강계의 근본 의궤들이다.

그런데 이들 근본 의궤 중에서 불공 삼장역(不空三藏譯)인 《금강정연 화부심념송의궤金剛頂蓮花部心念誦儀軌》가 그의 대표격으로 여겨지고 있다. 이에 따라서 진언 행자의 실수(實修)를 주로 한 것으로 홍법(弘法) 대사의 《금강계황지차제金剛界黃紙次第》가 있고, 이의 해설서가 있다.

그러나 중국으로 밀교를 전수한 선무외(善無畏, 637~735, Śubbakara-simha)가 숭악(嵩岳)의 회선사(會善寺) 대덕(大德) 경현(敬賢) 선사와 불법을 대론(對論)한 것을 서명사(西明寺)의 혜경(慧警) 선사가 선집한 것이라고 하는 《무외삼장선요無畏三藏禪要》를 통해서 정리해 보기로 하겠다.

밀교에 있어서의 수행은 선관(禪觀)과 지명(持明), 곧 진언행은 다른 것이 아니고 이들은 항상 병행되는 것이다. 따라서 지명으로 선관으로 들어갈 경우가 있고, 또한 선관으로 나아가는 경우도 있다.

《무외선요無畏禪要》에서는 다소 색다른 요소가 보이기도 하나, 밀교의 대표적인 관법을 설하고 있으므로 이에 의해서 오상성신관으로 들어가는 요점을 살펴보기로 한다.

청정한 율의(律儀)의 구족(具足)

대승의 법인 밀교의 수행으로 들어가려고 하는 자는 먼저 무상보리심(無上菩提心)을 발하고, 대보살의 계(戒)를 받아서 신기(身器)를 청정히 해야 한다. 그러한 뒤에 다음의 11문의 법을 받아서 수습하는 것이다. 11문이란 ① 발심문(發心門) ② 공양문(供養門) ③ 참회문(懺悔門) ④ 귀의문(歸依門) ⑤ 발보리심문(發菩提心門) ⑥ 문자난문(問遮難門) ⑦ 청사문(請師門) ⑧ 갈마문(羯磨門) ⑨ 결계문(結戒門) ⑩ 수사섭문(修四攝門) ⑪ 십중계문(十重戒門) 등이다.

• 발심문(發心門)

발심문(發心門)으로 들어감에 있어서, 자신의 시방 일체의 제불보살(諸佛菩薩)에게 귀의하여 보리심을 발함으로써 보리심에 따라서 능히 열반을 얻게 되기를 바라는 발심이다. 그러므로 보리심을 대도사(大導師)로 할 것을 제불보살(諸佛菩薩)에게 고하고, 따라서 제악취를 떠나서 능히 인·천으로 하여금 대열반으로 가는 길을 열기 위해서 지심(至心)으로 정례(頂禮)하는 것이다. 대보리심을 발한다는 것은 지혜를 열어서 인·천을 구도하는 대자비심을 발하는 것이다.

자비가 바탕이 되어서 지혜의 광명이 열리는 것이 보리심의 개발이다. 발심(發心)은 수행의 시작이다. 불보살(佛菩薩)에게 귀의하는 것은, 불보살의 마음을 받아서 불보살의 문으로 들어가는 것이다.

● 공양문(供養門)

제불보살(諸佛菩薩)에게 공양하는 것은 제불보살의 대보리심에 공양하는 것이다. 그러므로 시방 세계의 일체의 최상승묘(最上勝妙)한 향화(香華) 등 공양물로써 공양하는 것이다.

● 참회문(懺悔門)

우리 행자는 과거의 무시이래로 탐(貪)·진(嗔)·치(癡) 등 일체의 번뇌로 인해서 심신이 뇌란(惱亂)하고 많은 죄업을 지어 신(身)·구(口)·의(意) 삼업(三業)으로 인한 불선행(不善行)·살도사음(殺盜邪婬)을 범하였으며, 불선망어(不善妄語)·기어(綺語)·악구(惡口)·양설(兩舌)을 범하였고, 불선의(不善意)·탐·진·치를 지어 일체번뇌가 무시이래로 상속하여 심신을 결박하고 물들었으니, 수많은 죄과는 무량무변(無量無邊)하여 헤아릴 수 없다. "오늘 지심(至心)으로 참회하여 영구히 이를 끊어 감히 다시는 짓지 않겠사오니, 원컨대 시방일체제불보살(十方一切諸佛菩薩)은 가지호념(加持護念)하시어 우리의 죄장(罪障)을 소멸케 하소서" 하고 지심(至心)으로 참회 정례한다.

● 귀의문(歸依門)

참회가 끝나면 드디어 보리도량(菩提道場)에 앉아서 수습으로 들어가게 되는데, 이에 앞서서 법신불(法身佛)이신 비로자나불과 보신(報身)·

응신(應身) 등 삼신불(三身佛)에게 귀의하고, 다시 방광대승법장(方廣大乘法藏)에 귀의하고, 다시 일체의 불퇴전(不退轉)에 이른 보살승(菩薩僧)에게 귀의한다. 이와 같이 불·법·승 삼보(三寶)에 귀의하는 것이다.

• 발보리심문(發菩提心門)

보리심을 발한다고 하는 것은 무상보리심(無上菩提心)을 발하는 것이니, 중생무변서원도(衆生無邊誓願度)·복지무변서원집(福智無邊誓願集)·법문무변서원학(法門無邊誓願學)·여래무변서원공(如來無邊誓願供)·불도무상서원성(佛道無上誓願成) 등 오홍서원(五弘誓願)을 발한다. 이제 발하는 발심은 마땅히 아(我)라고 하는 가합체(假合體)인 육체에 미착(迷着)한 것이고, 법이라고 하는 오온(五蘊) 등의 법에 대한 망집(妄執)을 떠나는 것이니, 본각(本覺)인 진여(眞如)를 밝게 나타내서 평등성지(平等性智)를 나타내고, 선교(善巧)한 지혜로써 보현심(菩賢心)을 구족원만(具足圓滿)하는 것이다. 그러므로 "시방일체제불보살이시여, 우리로 하여금 이것을 증득케 하소서. 지심(至心)으로 발심성원하나이다" 하고 정례(頂禮)한다.

• 문자난문(問遮難門)

칠역죄(七逆罪) 등 죄과를 범한 자는 자계(遮戒)를 물어서 참회하게 하여 죄를 소멸하고, 청정신을 얻으면 불지(佛智)의 바다로 들어서 비로소 무상정등보리(無上正等菩提)에서 정려(精勵)하여, 불보살의 율의계(律儀戒)를 수지한다. 이것이 삼취정계(三聚淨戒)이다. 섭율의계(攝律儀戒), 섭선법계(攝善法戒), 요익유정계(饒益有情戒) 등이다. 보리심을 수습하여 성불하기에 이르기까지 이 삼취정계(三聚淨戒)와 오홍서원(五弘誓願)을 버리지 말아야 한다.

• 청사문 請師門

다음에는 제불보살(諸佛菩薩), 특히 관세음·미륵·허공장(虛空藏)·
문수사리(文殊師利)·금강장(金剛藏)·제개장(諸蓋藏) 등 보살을 청하여
받든다. "제보살(諸菩薩)께서는 본원(本願)을 억념(憶念)하시어 이 도량
에 내강(來降)하여 우리들을 증명하소서" 하고 지심(至心)으로 정례(頂
禮)한다. 그리고 또한 다음과 같이 정례한다. "나는 이제 석가모니불(釋
迦牟尼佛)을 청봉(請奉)하여 화상(和上)으로 삼고, 문수사리(文殊師利)를
갈마아사리(羯磨阿闍梨)로 삼고, 시방제불(十方諸佛)을 청봉(請奉)하여
증계사(證戒師)로 삼고, 일체보살 마하살(摩訶薩)을 청봉하여 동학의 법
려(法侶)로 삼사오니, 원컨대 제불보살(諸佛菩薩)은 자비로써 애수(哀
受)하소서" 하고 지심 정례한다.

• 갈마문(羯磨門)

갈마아사리(羯磨阿闍梨)로부터 갈마수계(羯磨受戒)하는 문이다. 이를
통해서 행자는 득계(得戒)한다. 이때에 "시방삼세의 일체제불보살은 자
비로써 억념(憶念)하소서. 이제부터 과거·현재·미래의 일체제불보살
의 정계(淨戒)를 수학하나이다. 이제 섭율의계(攝律儀戒)·섭선법계(攝
善法戒)·요익유정계(饒益有情戒)의 삼정계(三淨戒)를 구족하여 수지케
하소서. 이제 지심으로 정례하나이다" 하고 갈마득계(羯磨得戒)한다.

• 수사섭문(修四攝門)

이미 보리심을 발했고, 보살계를 구족(具足)했으므로, 다음에는 사섭
법(四攝法)을 닦아야 한다. 사섭(四攝)이란 보시·애어(愛語)·이행(利
行)·동사(同事)이다. 무시(無始)의 간탐(慳貪)을 조복(調伏)하고, 중생
을 이롭게 하기 위해서는 마땅히 보시를 행해야 한다. 진에(瞋恚)·교
만을 없애고 중생을 이롭게 하기 위해서는 애어(愛語)를 닦아야 한다.
중생을 이롭게 하고, 본원을 원만히 하기 위해서는 이행(利行)을 닦아야

한다. 또한 선지식에 친근하고, 선심(善心)으로 끊임이 없게 하기 위해
서 동사를 닦는다.

• 십중계문(十重戒門)

이미 보살계를 받았으므로 십중계(十重戒)를 다시 닦아야 한다. 십중
계란

① 불퇴전(不退轉)의 보리심을 가지는 일이니, 성불에 방해가 되기 때
문이다.

② 불·법·승 삼보(三寶)를 버리고 외도(外道)에 귀의하지 말아야 하
니, 외도들은 사도(邪道)이기 때문이다.

③ 삼보와 삼승(三乘)의 경전을 비방하지 말아야 하니, 불성에 위배되
기 때문이다.

④ 심심(甚深)한 대승경전에서 통하지 않아 알 수 없다고 하여 의심하
거나 현혹되지 말아야 하니, 범부의 경계가 아니기 때문이다.

⑤ 만일 중생이 보리심을 발한 자는 성문(聲聞)이나 연각(緣覺)의 이
승(二乘)으로 달려가지 말아야 하니, 삼보의 종자가 끊어지기 때문이다.

⑥ 아직 보리심을 발하지 않은 자는 이승(二乘)의 법을 설해서 이승심
(二乘心)을 발하게 하지 말아야 하니, 본원에 어긋나기 때문이다.

⑦소승인(小乘人)이나 사견(邪見)을 가진 사람 앞에서는 쉽게 깊고 묘
한 대승을 설하지 말아야 한다. 그에게서 비방을 낳게 하여 큰 화를 입
게 되기 때문이다.

⑧ 사법(邪法)을 일으키지 말아야 하니, 선근(善根)을 끊게 하기 때문
이다.

⑨ 외도(外道)의 앞에서 자기가 무상보리(無上菩提)의 묘계(妙戒)를 갖
추었다고 설하지 말 것이니, 그로 하여금 진심(瞋心)을 일으켜서 이 법
을 구함에도 획득하지 못하면 보리심이 퇴전하여 둘이 다같이 손해를
보기 때문이다.

⑩ 일체의 중생에게 손해가 나거나 이롭지 않은 일은 행하지 않고, 또한 남에게도 행하게 하지 않으며, 남이 행한 것을 보고 기뻐하지 말아야 하니, 이타의 법과 자비심에 위배되기 때문이다.

이상과 같이 십중금계(十重禁戒)를 받아서 청정하게 이를 수지(受持)하여 범치 말아야 한다.

지혜를 관하는 비밀선정법(秘密禪定法)

1) 삼밀청정법(三密淸淨法)

이 법문(法門)은 《금강정경》에 의해서 설해진 것이다. 불(佛)의 지혜를 얻는 비밀스러운 선정법(禪定法)이니, 여기에 오상성신법(五相成身法)이 이색적으로 설해지고 있다. 먼저 입문하기에 앞서서 다라니(陀羅尼)를 송하라고 한다. 다라니는 불(佛)과 같은 것이니, 일체의 지해(智海)로 들어갈 수 있는 것이다. 그러므로 먼저 "唵三昧耶薩怛嚩 Oṁ Samaya Sattvam(有情들에게 法·戒를 받게 하소서)" 하고, 법계다라니(法戒陀羅尼)를 세 번 송한다. 그러면 능히 일체보살의 청정한 율의(律儀)를 구족하고, 그 공덕은 무량하다.

다음에서 다시 "唵日月地喞多母怛波娜野弭, Oṁ bodhi cittam utpa-dayami(보리심을 발하겠나이다)"라고 하는 다라니를 세 번 암송한다. 이에 의해서 보리심이 발하여 성불에 이르기까지 견고 불퇴하게 된다.

다음에는 다시 또한 보리심으로 증입(證入)하기 위하여 다음과 같은 다라니를 염송한다. "唵喞多鉢羅底吠曇迦嚕迷, Oṁ Citta-prativedhaṁ Karomi(나는 마음을 通達하겠나이다)" 하고 세 번 염송한다. 이에 의해서 보리심으로 증입된다. 곧 일체의 깊은 계장(戒藏)을 얻어서 일체종지(一切種智)를 갖추고, 속히 무상보리(無上菩提)를 증득하니, 일체제불은 다같이 설하신다.

또한 보살위(菩薩位)로 들어가기 위해서 다시 다음 다라니를 세 번 염송한다. "唵嚩日囉滿吒嚂鉢囉避捨迷, Oṁ Vajra maṇḍale prave-śame(金剛曼茶羅에 能入하나이다)." 이 다라니에 의해서 일체의 관정만다라위(灌頂曼茶羅位)를 얻어서 듣는 바에 장애가 없고, 보살위로 들어가게 된다.

다음에는 다시 행인으로 하여금 그를 옹호하기 위해서 다라니를 10만 번 염송한다. "唵戌馱戌馱, Oṁ Śudha Śudha(三業淸淨하라)." 이를 염송하여 일체의 장애가 제거되고, 삼업(三業)이 청정하여 죄구(罪垢)가 소멸되며, 마가 들지 않는다. 이것은 흰 종이에 물이 잘 들 듯이 행인도 이와 같이 죄장(罪障)이 소멸되면 속히 삼매를 증득하게 된다. 그리하여 다시 행자는 한 다라니를 송하니 "唵薩婆尾提娑嚩賀, Oṁ Sarva Vidhi Svā-hā(一切의 儀軌가 이루어지이다)." 이러한 것들은 다음에 삼매(三昧)로 들어가기 위한 것이다.

2) 삼밀가지법(三密加持法)

• 신밀(身密)

삼매에 들고자 하는 자로서 초학자는 먼저 외경을 끊고, 모든 잡무를 제거한 다음 홀로 고요한 곳에 반가(半跏)로 앉는다. 그리하여 수인(手印)을 지어 호지(護持)한다. 수인(手印)은 왼손의 소지〔檀〕와 오른손의 소지〔惠〕를 합하여 세워서 왼손의 무명지〔戒〕·중지(忍)와 오른손의 무명지〔方〕와 중지〔願〕는 우로써 좌를 누르고, 서로 엇갈려서 두 손가락의 등에 대고, 좌수 엄지〔頭指〕와 우수 엄지를 세우고, 머리가 서로 받치게 하여 조금 벌린 다음에 좌수 엄지〔禪〕와 우수 엄지〔智〕를 합하여 세워서 작인(作印)한다. 이 인(印)이 끝나면 먼저 정수리 위로 올려서 인하고, 다음에 이마 위〔額上〕에서 인하고, 오른쪽 무릎에서 인하고 왼쪽 무릎에서 인하고, 그 연후에 심장에서 인하고, 다음에 오른쪽 무릎에서 인하고 왼쪽 무릎에서 인한다.

하나하나의 인처(印處)에서 각각 앞의 다라니를 송하여 입곱 번하고, 그 뒤에 정상에서 인을 풀어 염주를 잡고 이 다라니를 염송한다. 그 다라니는 2백 번, 3백 번 내지는 3천 번, 또는 많으면 10만 번 하여 그것이 차면 가장 잘 성취하게 된다.

이렇게 하여 신밀(身密)을 가지(加持)하고 나면, 몸을 단정히 반가좌(半跏坐)한다. 이때에는 우로써 좌를 누르고, 전가(全跏)하지 않는 것이 좋다. 전가하면 다리가 아프기 쉽다. 만일 마음이 아픈 곳에 따라가면 정(定)을 얻기 어렵다. 그러나 만일 처음부터 전가좌(全跏坐)를 할 수 있으면 가장 이상적이다. 그리하여 머리를 들어서 곧게 하고, 수평을 바라본다. 눈은 너무 열어서 뜨지 말고, 또한 닫아서 감지 않는다. 크게 열면 마음이 흩어져 산만해지고, 감으면 곧 혼침해진다. 외경에 끌리지 말아야 한다. 안좌(安坐)가 끝나면, 운심(運心)하여 공양하고 참회한다.

• 운심(運心)

운심에 있어서는 먼저 시방 일체(十方一切)의 제불(諸佛)이, 인천(人天)의 회중에서 사중(四衆)을 위해서 설법한다고 관하고, 그 뒤에 스스로 자기의 몸은 하나하나의 제불(諸佛) 앞에서 삼업(三業)으로써 공경 예배하고 찬탄한다고 생각한다.

행자는 이와 같이 관할 때에 마음을 분명하게 하여 눈앞에서 대하듯이 하고, 분명히 본다. 그 뒤에 운심하여 시방 세계에서 소유한 일체의 천상과 인간의 가장 뛰어난 향, 번개(幡蓋), 음식, 진보(珍寶) 등 여러 가지 공구로써 진허공편법계(盡虛空遍法界)의 일체제불(一切諸佛) · 제대보살(諸大菩薩) · 법신(法身) · 보신(報身) · 화신(化身)과 교리와 행과(行果) 및 대회중에게 공양하고, 행자는 다시 운심(運心)하여 하나하나의 제불보살(諸佛菩薩) 앞에서 은중(殷重)한 지성으로 마음을 일으켜서 참회하여, "우리들은 무시이래로 오늘까지 번뇌가 마음을 덮어서, 생사의 흐름에 휩싸여 신(身) · 구(口) · 의업(意業)을 닦아서 펴지 못하였음을 나는 이제 알고 참회하나이다. 한번 참회한 뒤에는 영구히 끊어서 다시 일으키지 않겠나이다. 원컨대 제불보살(諸佛菩薩)은 대자비력으로써 호념(護念)하셔서, 나의 참회를 받아 주시어 나의 죄장(罪障)을 속히 소멸케 하고서” 하고 참회한다. 이 참회는 내심비밀참회(內心秘密懺悔)라고 하니, 가장 묘한 것이라고 말해지고 있다.

• 발홍서원(發弘誓願)

다음에는 홍서원(弘誓願)을 발한다. 곧 “나는 오랜 유류(有流)에 있어서, 혹은 과거에 일찍이 보살행을 행하여 무변중생(無邊衆生)을 이롭게 하고, 혹은 선정(禪定)을 닦아서 근행정진(勤行精進)하여 삼업(三業)을 호지(護持)하였으니, 이것은 가진 바 항사(恒沙)와 같이 많은 공덕 내지는 불과(佛果)를 얻기 위한 것입니다. 오직 원컨대 제불보살(諸佛菩薩)은 자비력을 일으켜서 호념(護念)하시어, 나로 하여금 이 공덕을 따라서 속히 일체의 삼매문(三昧門)과 상응하여 속히 일체의 다라니와 상응하고, 속히 일체의 자성청정을 얻게 하소서” 하고 서원(誓願)을 발한다. 이와 같은 서원을 발하여 퇴실치 않게 하면 속히 이것이 성취된다.

• 조기(調氣)

다음에는 조기(調氣)를 행한다. 조기란 먼저 출입식(出入息)이 자기 몸속의 하나하나의 지절근맥(支節筋脈)으로부터 유출되고 있다고 생각한다. 그 다음에는 입으로부터 서서히 내뿜는다.

또한 이 기는 색이 흰 것이 눈과 같고, 윤택하여 젖과 같다. 이 기가 나가서 도달되는 곳의 멀고 가까운 것을 감지한다. 들어올 때에는 서서히 코로부터 들어와서, 몸 안에 두루 차게 한다. 그리하여 모든 근맥(筋脈)에 두루 찬다. 출입하는 숨을 각각 세 번씩 하여 이와 같이 조기(調氣)하면 몸에 병이 없어지고, 냉열풍 등이 모두 사라져서 안온적묘(安穩適妙)하게 하고, 그 다음에는 정(定)을 닦는다.

슈바카라(Śubhakara, 輪波迦羅, 善無畏) 삼장(三藏)이 말하기를 "초학자는 마음이 일어나고 움직이는 것을 구경(究竟)으로 삼으니, 이런 자는 더욱 나가려고 해도 얻지 못할 것이다. 염(念)에는 두 가지가 있다. 불선념(不善念)과 선념(善念)이다. 불선념(不善念)은 반드시 제거해야 한다.

선법(善法)과 정념(正念)은 다시 멸하지 않게 한다. 진정한 수행자는 반드시 정념(正念)을 증진시켜서, 뒤에 바로 구경청정(究竟清淨)에 이르게 된다. 마치 사람이 활을 쏘는 것과 같이 오래 익혀서 순숙해지면, 다시 마음을 일으켜서 생각지 않아도 행(行)·주(住)에 항상 정(定)과 더불어 같이한다. 마음을 일으키는 것을 두려워하지 말라. 배움이 더해 가지 못함을 걱정하라"고 했다.

3) 월륜관(月輪觀)

사마디(samādhi)란 심일경(心一境)에 머무는 것이다. 심일경(心一境)은 바로 일체중생의 자성청정심(自性清淨心)이다. 이것은 대원경지(大圓鏡智)이다. 위로는 제불(諸佛)로부터 아래로는 준동(蠢動)에 이르기까지 모두 다같이 평등하여 더하고 덜함이 없다. 단지 무명망상(無明妄想)의 객진(客塵) 때문에 덮였을 뿐이다. 이 때문에 생사에 유전하여 성불하지 못한다. 행자는 마땅히 마음을 편안히 하여 고요히 머물지니라. 일체의 제경(諸境)에 매이지 말아야 한다.

가상으로 둥글고 밝은 깨끗한 달과 같은 것을 생각하라. 몸에서 4척쯤 떨어진 앞에 이 밝은 달이 있어서 높지도 않고 낮지도 않다. 크기는 1주(肘, 8촌-12촌)로 하여 원만구족하다. 그 색은 밝고 내외에 빛나서 깨끗하여, 세상에 비할 것이 없다. 처음에는 이런 달이 보이지 않으나, 오래 닦아서 심구(尋求)하면 볼 수 있다.

다음에는 다시 이 달을 관찰하여 넓힌다. 혹은 4척으로 넓힌다. 이와 같이 더욱 크게 넓혀서 3천 대천 세계에 가득 채워서 지극히 분명하게 된다. 다시 이에서 나와 돌아오려고 하면, 점점 좁혀서 본래의 모습으로 돌아와서 같게 한다.

처음에 달을 관할 때에는 달과 같이 둥글게 관해지거나, 이것이 두루 퍼져서 둥글게 된 뒤에는 다시 둥글고 모진 것이 없어진다. 이와 같이 관하고 나서 곧 해탈일체개장삼매(解脫一切蓋障三昧)를 증득한다. 이 삼매를 얻는 자는 지전삼현(地前三賢)이라고 한다. 곧 10주(住)·10행(行)·10회향(廻向)의 30심(心)을 갖춘 보살이다. 이에 의해서 점차로 나아가서 법계에 두루 찬 자는 경(經)에서 설한 바와 같이 초지(初地)가 된다. 초지(初地)라고 하는 것은, 이 법을 증득하여 아직 얻지 못했던 바를 비로소 얻어서 대환희(大歡喜)가 생하기 때문이다. 이와 같이 초지(初地)를 환희지(歡喜地)라고도 한다.

또한 알음알이를 짓지 말라. 곧 이 자성청정심(自性淸淨心)은 세 가지 뜻이 있기 때문에 마치 달과 같은 것이다. 하나는 자성청정의 뜻이니, 탐욕의 때를 떠나기 때문이다. 둘째는 청량의 뜻이니, 진(瞋)의 열뇌(熱惱)를 떠나기 때문이다. 셋째는 광명의 뜻이니, 우치(愚痴)의 어둠을 떠나기 때문이다.

또한 달은 사대(四大)로 이루어진 것이니, 구경(究竟)으로는 무너져 없어질 것이나, 이것은 세상 사람들이 모두 같이 보는 것이기 때문에 이런 비유로써 오입(悟入)케 한다. 행자가 오래도록 이 관(觀)을 하여 관(觀)의 습력(習力)이 성취하면 연촉(延促)이 필요치 않고, 오직 명함만을 보고 다시 아무것도 없다.

또한 몸도 마음도 없다. 만법(萬法)은 불가득이니 마치 허공과 같다. 또한 공(空)을 알려고 하지 말라. 공(空)은 무념(無念)이기 때문이다. 허공과 같다고 설하나 공(空)의 생각이 있다고 하는 것이 아니다. 오래 익혀서 능히 익숙해지면, 행(行)·주(住)·좌(坐)·와(臥)의 일체 시(時)와 일체 처(處)에 생각을 일으키지 않음이 인연에 따라서 상응하여 걸림이 없다. 일체의 망상이나 탐(貪)·진(瞋)·치(痴) 등의 일체의 번뇌는 끊거나 제거할 것을 빌리지 않고 자연히 스스로 일어나지 않는다.

우리의 자성(自性)은 항상 청정하다. 이와 같이 수습하면 성불한다. 오직 도는 하나이니 다시 도리가 있을 수 없다. 이것은 제불보살(諸佛菩薩)의 내증의 도로서, 이승(二乘)이나 외도(外道)의 경계가 아니다.

이와 같이 청정한 월륜관(月輪觀)을 행하면 일체 불법의 무량공덕(無量功德)은 달리 얻어지는 것이 아니고, 오직 이 하나로써 꿰뚫어지는 것이다. 이것이 자연히 통달하면 능히 한 글자를 열어서 무량법(無量法)을 연설하고, 찰나에 제법 중으로 오입(悟入)하여 자재무애(自在無碍)이다. 가고 오며, 일어나고 멸함이 없으며 일체는 평등하다.

이와 같은 것을 행하여 점차로 나아가면, 더욱 나아가고 올라가는 모습을 스스로 알게 된다. 미리 이것을 설하여 구경(究竟)이라고 할 바가 아니다.

선무외 삼장(善無畏三藏)이 말하기를

이미 능히 修習하여 하나를 觀하여 성취했을 뿐이다. 너희들은 이제 이런 마음속에서 다시 다섯 가지 마음이 있음을 알라. 行者는 마땅히 알지니 하나는 刹那心, 곧 初心에 道를 보고 한 생각이 이에 相應하나 금시에 다시 忘失하니, 밤의 電光과 같이 잠시 나타나서 곧 없어진다. 그러므로 刹那心이라고 한다.

둘째는 流注心이니, 곧 이미 道를 보고 생각, 생각에 공을 가하여 이어져서 끊이지 않는 것이 마치 물이 흘러가는 것과 같다. 그러므로 流注라고 한다.

셋째는 恬美心이니, 공을 쌓아 쉬지 않고, 걸림이 없고, 밝게 비춰서 心身이 輕安하여 道를 맛본다. 그러므로 恬美라고 한다.

넷째는 摧散心이니, 문득 精懃心을 일으켰다가 다시 쉰다. 갑작스런 精懃과 쉬는 것은 둘이 다 道에 어긋나기 때문이다. 그러므로 摧散心이라고 한다.

다섯째는 明鏡心이니 곧 이미 散亂心을 떠나서 원만하고 밝은 경지에 달하여, 一切의 것에 집착이 없는 것이다. 그러므로 明鏡이라고 한다.

만일 이 다섯 가지 마음을 了達하여 이에 있어서 스스로 깨달아 알면 三乘의 凡夫와 聖位가 스스로 分別된다. 너희들 行人은 처음에 定을 배워서 익히려면, 하나로서 一切의 總持門과 상응한다. 그러므로 마땅히 반드시 이 네 다라니를 받으라.

"唵速乞叉摩賀日囉(Oṁ Sūksma-vajra, 甚妙金剛이여)." 이 다라니는 능히 觀한 바를 甚妙한 金剛으로 成就시킨다.

또한 "唵底瑟吒日囉(Oṁ tiṣṭha-vajra, 金剛에 머물라)." 이 다라니는 능히 觀한 바를 잃게 하지 않는다.

또한 "唵娑頗囉賀日囉(Oṁ sphāra-vajra, 不動의 金剛이여)." 이 다라니는 능히 관한 바를 확대시켜서 두루 차서 움직이지 않게 한다.

또한 "唵僧賀囉賀日囉(Oṁ Saṁhāra-vajra, 歸還의 金剛이여)." 이 다라니는 능히 관한 바를 수축시켜서 본래와 같이 한다.

이와 같은 다라니는 如來가 스스로 證得한 法 중에서 가장 깊은 方便이다. 이 方便에 따라서 잘 닦으면 속히 自性淸淨을 證得할 것이다. 만일 속히 이 三摩地를 얻고자 한다면 四威儀, 곧 行·住·坐·臥에 있어서 항상 이 다라니를 염송하라. 생각을 간절히 하고 功을 쌓아서 허망하게 폐휴하지 않으면 속히 증험이 있을 것이다. 너희들은 定을 익힐 때에는 다시 반드시 經行의 法則을 알아야 한다.

한 고요한 곳에서 깨끗한 땅을 골라서, 25肘의 넓이에 두 개의 장대의 標的을 세우고, 그 장대 꼭대기에 줄을 매어 가슴 높이만큼 한다. 竹筒을 손에 잡고, 日光에 따라서 右轉하여 平直하게 往來한다. 마음을 두루 넓혀서 앞의 6尺을 보라. 三昧의 깨달음에 따라서 本心을 任持하고, 分明히 알아서 잊지 않게 한다. 단지 한 발을 딛을 때마다 한 眞言을 송하라. 이와 같이 네 眞言은 처음부터 뒤에 이르고, 끝나면 다시 시작한다. 염송함이 머물지 말아야 한다. 피로함을 느끼면 곧 그곳에 安坐하라.

行者는 마땅히 道에 들어가는 方便을 알아서 더 깊이 더 나아가도록 닦아라. 마음은 金剛과 같이 움직이지 말아야 한다. 大精進의 갑옷을 입고, 猛利한 마음을 지어서 서원하여 얻고자 한다면 드디어는 退轉하지 않을 것이다.

쓸데없는 일에 마음을 현혹시켜서 一生을 헛되이 보내지 말라. 法은 두 相이 없다. 마음과 말을 모두 잊어라. 만일 方便으로 開示하지 않으면, 깨달음에 들어갈 수 없다.

라고 하였다. 여기에서 우리는 선무외 삼장(善無畏三藏)의 월륜관(月輪觀)의 삼마지법(三摩地法)이 《금강정경》 소설(所說)에 따라서 설해진 것임을 알 수 있다.

6. 맺음말

불교는 성불(成佛)이 목표이므로, 모든 경전에서는 누구나가 다같이 성불하도록 하기 위해서 선교(善巧)란 방편설이 설해지고 있다. 그리하여 소승에서 대승에 이르는 모든 교설은 우리로 하여금 성불을 조속히 성취하도록 하는 자비의 교설이다. 우리들 범부(凡夫)는 다 각각 근기(根機)가 다르므로 수많은 불설(佛說)을 수용하지 못할 수가 있겠으나, 근기에 따라서 수용할 수 있는 것이기도 하다. 이것은 모든 사람이 다같이 불성(佛性)을 가지고 있고, 청정본심(淸淨本心)을 가지고 있기 때문이다.

가는 길에는 여러 길이 있고, 가는 방법에도 여러 가지가 있겠으나, 이르고 말 곳은 하나의 구경(究竟)의 진실이니, 이 진실을 있는 그대로 가르친 것이 오상성신관이라고 하겠다. 왜냐하면 구경에 있어서 얻어질 불신(佛身)은 그것이 바로 오상의 불신이요, 그 오상은 우리 모두가 본구(本具)한 불성이기 때문이다. 따라서 자기가 가지고 있는 불심을 있는 그대로 보는 관법이 오상성신관이다.

이제 대승의 대승이라고 말해지는 《금강정경》의 종지(宗旨)를 나타내고 있는 오상성신관이 선행(禪行)의 정경(正經)이 되기를 바라며, 앞으로 이 방향의 연구가 활발히 이루어져서 진여해장(眞如海藏)의 이 감로문이 법계의 모든 함식(含識)에게 널리 회시(廻施)되기를 바란다.

---

1) 《金剛頂一切如來眞實攝大乘大校王經》 卷上 〈金剛界大曼茶羅廣大儀軌品之一〉.

2) 唐의 不空三藏譯으로 《金剛頂經》 梵文 10萬偈의 18會의 大要를 설한 것이라고 한다. 흔히 《十八會指歸》라고 한다.

3) "阿之無言, 娑頗那者識也. 三摩地平等持也. 伽者身也. 應云無識身平等持也. 入此定者. 能治 攀緣散亂等障故. 云不應動心及身枝節. 齒俱合. 兩日似盖閉. 息心摩緣. 勿令散亂也."(《大正藏》 39, p.811. a)

4) 《大正藏》 13, p.237.

5) 《大正藏》 87, p.110, 111. a. "如彼漸悟一切義成就菩薩之善修此法佛所得果. 便今頓悟凡夫如彼修行者, 必定 可得此佛果也."

6) ―인 《붓다의 호흡과 명상》, 정신세계사.

7) 譯, 《붓다의 호흡과 명상》 I, II, 정신세계사.

8) 《大正藏》 32, p.573. 《大正藏》 32, p.573.

9) 《大正藏》 18, p.944. a.

10) 《大正藏》 18, p.908. b.

11) 《大正藏》 2, p.25 c.

12) 《大正藏》 14, p.483.

13) 《大正藏》 18, p.274. a-b.

14) 《大正藏》 32. 이에 해당하는 것이 西藏大藏經에 있다. 여기에서 sgompahi rim-pa snam pa gsum (D. C. No.607) slob-dpon ka-ma-la-si-las mdsad-pa śloka 900, bam-po 3. 修習次第三種 軌範師 카말라 실라 造 900偈 3卷이라고 했다.

15) 《大正藏》 32, p.563, 564.

16) sgom-pahi rim-pa, bhāvanā krama. 《廣釋菩提心論》 권1에서는 "廣大勝上莊嚴하나니 菩提心은 有其二種이라. 一者願心이요, 二者分位心이니라"라고 했다.

17) 《大正藏》 16, p.701.

18) 《解深密經》〈地波羅密多品〉 第7(《大正藏》, 16, p.705).

19) 《大正藏》 15, p.558. 이것은 kamalaśila의 《修習次第》에서는 《聖禪定王經》의 偈文으로 引用되었다.

20) 이러한 내용은 쫑까파(Tson-kha-pa) (1357-1419)의 《菩提道次第廣論》에서도 引用하고 있다.

21) 《大正藏》 16, p.701.

22) 《大正藏》 32, p.112.

23) 《佛說寶雨經》 卷8(《大正藏》 16, p.319).

24) 《大正藏》 16, p.697, 698. 쫑카파師도 이 經文을 引用하여 止觀의 典據로 삼고 있다.(法尊譯 《菩提道廣論》 下, p.22, 23)

25) 《大正藏》 16, p.707.

26) 《大正藏》 11, p.635.

27) 《廣釋菩提心論》 卷 4.

28) 《大正藏》 16, p.575.

29) 《大正藏》 11, p.154.

30) 《大正藏》 18, p.207.

31) 《大正藏》 20, p.526.

32) 《大正藏》 19, p.320.

鄭泰爀
동국대학교 불교대학,
일본 도쿄대학교 대학원 석사 및 오타니대학교 박사과정 수료
철학박사, 동국대학교 인도철학과 교수 역임
저서: 《기초 서장어》《표준범어》《불교 기독교 공산주의》
《요가수트라》《정통밀교》《인도철학》《인도철학사》
《불교와 인도철학의 실천철학》《불교산책》

밀교의 세계

초판발행 : 2002년 10월 30일

지은이 : 鄭泰爀
펴낸이 : 辛成大
펴낸곳 : 東文選
제10-64호, 78. 12. 16 등록
110-300 서울 종로구 관훈동 74
전화 : 737-2795

편집설계 : 朴 月·韓仁淑

ISBN 89-8038-267-7 94220
ISBN 89-8038-000-3 (문예신서)

【東文選 現代新書】

84	조와(弔蛙)	金敎臣 / 노치준·민혜숙	8,000원
85	역사적 관점에서 본 시네마	J. -L. 뢰트라 / 곽노경	8,000원
86	욕망에 대하여	M. 슈벨 / 서민원	8,000원
87	산다는 것의 의미·1—여분의 행복	P. 쌍소 / 김주경	7,000원
88	철학 연습	M. 아롱델-로오 / 최은영	8,000원
89	삶의 기쁨들	D. 노게 / 이은민	6,000원
90	이탈리아영화사	L. 스키파노 / 이주현	8,000원
91	한국문화론	趙興胤	10,000원
92	현대연극미학	M. -A. 샤르보니에 / 홍지화	8,000원
93	느리게 산다는 것의 의미·2	P. 쌍소 / 김주경	7,000원
94	진정한 모럴은 모럴을 비웃는다	A. 에슈고엔 / 김웅권	8,000원
95	한국종교문화론	趙興胤	10,000원
96	근원적 열정	L. 이리가라이 / 박정오	9,000원
97	라캉, 주체 개념의 형성	B. 오질비 / 김 석	9,000원
98	미국식 사회 모델	J. 바이스 / 김종명	7,000원
99	소쉬르와 언어과학	P. 가데 / 김용숙·임정혜	10,000원
100	철학적 기본 개념	R. 페르버 / 조국현	8,000원
101	철학자들의 동물원	A. L. 브라쇼파르 / 문신원	근간
102	글렌 굴드, 피아노 솔로	M. 슈나이더 / 이창실	7,000원
103	문학비평에서의 실험	C. S. 루이스 / 허 종	근간
104	코뿔소 [희곡]	E. 이오네스코 / 박형섭	8,000원
105	《제7의 봉인》 비평연구	E. 그랑조르주 / 이은민	근간
106	《쥘과 짐》 비평연구	C. 르 베르 / 이은민	근간
107	경제, 거대한 사탄인가?	P. -N. 지로 / 김교신	7,000원
108	딸에게 들려 주는 작은 철학	R. 시몬 셰퍼 / 안상원	7,000원
109	도덕에 관한 에세이	C. 로슈·J. -J. 바레르 / 고수현	6,000원
110	프랑스 고전비극	B. 클레망 / 송민숙	8,000원
111	고전수사학	G. 위딩 / 박성철	근간
112	유토피아	T. 파코 / 조성애	7,000원
113	쥐비알	A. 자르댕 / 김남주	7,000원
114	증오의 모호한 대상	J. 아순 / 김승철	8,000원
115	개인—주체철학에 대한 고찰	A. 르노 / 장정아	7,000원
116	이슬람이란 무엇인가	M. 루스벤 / 최생열	8,000원
117	간추린 서양철학사·상	A. 케니 / 이영주	근간
118	간추린 서양철학사·하	A. 케니 / 이영주	근간
119	느리게 산다는 것의 의미·3	P. 쌍소 / 김주경	7,000원
120	문학과 정치 사상	P. 페티티에 / 이종민	8,000원
121	하느님의 가장 아름다운 이야기	A. 보테르 外 / 주태환	근간
122	시민 교육	P. 카니베즈 / 박주원	9,000원
123	스페인영화사	J.- C. 스갱 / 정동섭	근간
124	포켓의 형태	J. 버거 / 이영주	근간
125	내 몸의 신비—세상에서 가장 큰 기적	A. 지오르당 / 이규식	7,000원

126 세 가지 생태학 　　　　　　F. 가타리 / 윤수종 　　　　　　　근간
127 모리스 블랑쇼에 대하여 　　　E. 레비나스 / 박규현 　　　　　근간
128 작은 사건들 　　　　　　　　R. 바르트 / 김주경 　　　　　　　근간
129 번영의 비참 　　　　　　　　P. 브뤼크네르 / 이창실 　　　　　근간
130 무사도란 무엇인가 　　　　　新渡戶稻造 / 沈雨晟 　　　　　7,000원

【東文選 文藝新書】
 1 저주받은 詩人들 　　　　　　A. 뻬이르 / 최수철·김종호 　　개정근간
 2 민속문화론서설 　　　　　　　沈雨晟 　　　　　　　　　　　40,000원
 3 인형극의 기술 　　　　　　　A. 훼도토프 / 沈雨晟 　　　　8,000원
 4 전위연극론 　　　　　　　　　J. 로스 에반스 / 沈雨晟 　　12,000원
 5 남사당패연구 　　　　　　　　沈雨晟 　　　　　　　　　　10,000원
 6 현대영미희곡선(전4권) 　　　　N. 코워드 外 / 李辰洙 　　　절판
 7 행위예술 　　　　　　　　　　L. 골드버그 / 沈雨晟 　　　　절판
 8 문예미학 　　　　　　　　　　蔡 儀 / 姜慶鎬 　　　　　　절판
 9 神의 起源 　　　　　　　　　何 新 / 洪 熹 　　　　　16,000원
10 중국예술정신 　　　　　　　　徐復觀 / 權德周 外 　　　　24,000원
11 中國古代書史 　　　　　　　　錢存訓 / 金允子 　　　　　14,000원
12 이미지 — 시각과 미디어 　　　J. 버거 / 편집부 　　　　　12,000원
13 연극의 역사 　　　　　　　　P. 하트놀 / 沈雨晟 　　　　절판
14 詩 論 　　　　　　　　　　　朱光潛 / 鄭相泓 　　　　　9,000원
15 탄트라 　　　　　　　　　　　A. 무케르지 / 金龜山 　　　10,000원
16 조선민족무용기본 　　　　　　최승희 　　　　　　　　　　15,000원
17 몽고문화사 　　　　　　　　　D. 마이달 / 金龜山 　　　　8,000원
18 신화 미술 제사 　　　　　　　張光直 / 李 徹 　　　　　10,000원
19 아시아 무용의 인류학 　　　　宮尾慈良 / 沈雨晟 　　　　절판
20 아시아 민족음악순례 　　　　　藤井知昭 / 沈雨晟 　　　　5,000원
21 華夏美學 　　　　　　　　　　李澤厚 / 權 瑚 　　　　　15,000원
22 道 　　　　　　　　　　　　　張立文 / 權 瑚 　　　　　18,000원
23 朝鮮의 占卜과 豫言 　　　　　村山智順 / 金禧慶 　　　　15,000원
24 원시미술 　　　　　　　　　　L. 아담 / 金仁煥 　　　　　16,000원
25 朝鮮民俗誌 　　　　　　　　　秋葉隆 / 沈雨晟 　　　　　12,000원
26 神話의 이미지 　　　　　　　J. 캠벨 / 扈承喜 　　　　　근간
27 原始佛敎 　　　　　　　　　　中村元 / 鄭泰爀 　　　　　8,000원
28 朝鮮女俗考 　　　　　　　　　李能和 / 金尙憶 　　　　　24,000원
29 朝鮮解語花史(조선기생사) 　　李能和 / 李在崑 　　　　　25,000원
30 조선창극사 　　　　　　　　　鄭魯湜 　　　　　　　　　7,000원
31 동양회화미학 　　　　　　　　崔炳植 　　　　　　　　　9,000원
32 性과 결혼의 민족학 　　　　　和田正平 / 沈雨晟 　　　　9,000원
33 農漁俗談辭典 　　　　　　　　宋在璇 　　　　　　　　　12,000원
34 朝鮮의 鬼神 　　　　　　　　村山智順 / 金禧慶 　　　　12,000원
35 道敎와 中國文化 　　　　　　葛兆光 / 沈揆昊 　　　　　15,000원

36 禪宗과 中國文化	葛兆光 / 鄭相泓·任炳權	8,000원
37 오페라의 역사	L. 오레이 / 류연희	절판
38 인도종교미술	A. 무케르지 / 崔炳植	14,000원
39 힌두교의 그림언어	안넬리제 外 / 全在星	9,000원
40 중국고대사회	許進雄 / 洪 熹	22,000원
41 중국문화개론	李宗桂 / 李宰碩	15,000원
42 龍鳳文化源流	王大有 / 林東錫	25,000원
43 甲骨學通論	王宇信 / 李宰碩	근간
44 朝鮮巫俗考	李能和 / 李在崑	20,000원
45 미술과 페미니즘	N. 부루드 外 / 扈承喜	9,000원
46 아프리카미술	P. 윌레뜨 / 崔炳植	절판
47 美의 歷程	李澤厚 / 尹壽榮	22,000원
48 曼茶羅의 神들	立川武藏 / 金龜山	19,000원
49 朝鮮歲時記	洪錫謨 外/李錫浩	30,000원
50 하 상	蘇曉康 外 / 洪 熹	절판
51 武藝圖譜通志 實技解題	正 祖 / 沈雨晟·金光錫	15,000원
52 古文字學첫걸음	李學勤 / 河永三	14,000원
53 體育美學	胡小明 / 閔永淑	10,000원
54 아시아 美術의 再發見	崔炳植	9,000원
55 曆과 占의 科學	永田久 / 沈雨晟	8,000원
56 中國小學史	胡奇光 / 李宰碩	20,000원
57 中國甲骨學史	吳浩坤 外 / 梁東淑	35,000원
58 꿈의 철학	劉文英 / 河永三	22,000원
59 女神들의 인도	立川武藏 / 金龜山	19,000원
60 性의 역사	J. L. 플랑드렝 / 편집부	18,000원
61 쉬르섹슈얼리티	W. 챠드윅 / 편집부	10,000원
62 여성속담사전	宋在璇	18,000원
63 박재서희곡선	朴栽緒	10,000원
64 東北民族源流	孫進己 / 林東錫	13,000원
65 朝鮮巫俗의 研究(상·하)	赤松智城·秋葉隆 / 沈雨晟	28,000원
66 中國文學 속의 孤獨感	斯波六郎 / 尹壽榮	8,000원
67 한국사회주의 연극운동사	李康列	8,000원
68 스포츠인류학	K. 블랑챠드 外 / 박기동 外	12,000원
69 리조복식도감	리팔찬	절판
70 娼 婦	A. 꼬르벵 / 李宗旼	22,000원
71 조선민요연구	高晶玉	30,000원
72 楚文化史	張正明 / 南宗鎭	26,000원
73 시간, 욕망, 그리고 공포	A. 코르뱅 / 변기찬	18,000원
74 本國劍	金光錫	40,000원
75 노트와 반노트	E. 이오네스코 / 박형섭	절판
76 朝鮮美術史研究	尹喜淳	7,000원
77 拳法要訣	金光錫	20,000원

78	艸衣選集	艸衣意恂 / 林鍾旭	14,000원
79	漢語音韻學講義	董少文 / 林東錫	10,000원
80	이오네스코 연극미학	C. 위베르 / 박형섭	9,000원
81	중국문자훈고학사전	全廣鎭 편역	23,000원
82	상말속담사전	宋在璇	10,000원
83	書法論叢	沈尹默 / 郭魯鳳	8,000원
84	침실의 문화사	P. 디비 / 편집부	9,000원
85	禮의 精神	柳肅 / 洪熹	20,000원
86	조선공예개관	沈雨晟 편역	30,000원
87	性愛의 社會史	J. 솔레 / 李宗旼	18,000원
88	러시아미술사	A. I. 조토프 / 이건수	22,000원
89	中國書藝論文選	郭魯鳳 選譯	25,000원
90	朝鮮美術史	關野貞 / 沈雨晟	근간
91	美術版 탄트라	P. 로슨 / 편집부	8,000원
92	군달리니	A. 무케르지 / 편집부	9,000원
93	카마수트라	바짜야나 / 鄭泰爀	10,000원
94	중국언어학총론	J. 노먼 / 全廣鎭	18,000원
95	運氣學說	任應秋 / 李宰碩	8,000원
96	동물속담사전	宋在璇	20,000원
97	자본주의의 아비투스	P. 부르디외 / 최종철	6,000원
98	宗敎學入門	F. 막스 뮐러 / 金龜山	10,000원
99	변 화	P. 바츨라빅크 外 / 박인철	10,000원
100	우리나라 민속놀이	沈雨晟	15,000원
101	歌訣(중국역대명언경구집)	李宰碩 편역	20,000원
102	아니마와 아니무스	A. 융 / 박해순	8,000원
103	나, 너, 우리	L. 이리가라이 / 박정오	12,000원
104	베케트연극론	M. 푸크레 / 박형섭	8,000원
105	포르노그래피	A. 드워킨 / 유혜련	12,000원
106	셸 링	M. 하이데거 / 최상욱	12,000원
107	프랑수아 비용	宋勉	18,000원
108	중국서예 80제	郭魯鳳 편역	16,000원
109	性과 미디어	W. B. 키 / 박해순	12,000원
110	中國正史朝鮮列國傳(전2권)	金聲九 편역	120,000원
111	질병의 기원	T. 매큐언 / 서 일·박종연	12,000원
112	과학과 젠더	E. F. 켈러 / 민경숙·이현주	10,000원
113	물질문명·경제·자본주의	F. 브로델 / 이문숙 外	절판
114	이탈리아인 태고의 지혜	G. 비코 / 李源斗	8,000원
115	中國武俠史	陳山 / 姜鳳求	18,000원
116	공포의 권력	J. 크리스테바 / 서민원	23,000원
117	주색잡기속담사전	宋在璇	15,000원
118	죽음 앞에 선 인간(상·하)	P. 아리에스 / 劉仙子	각권 8,000원
119	철학에 대하여	L. 알튀세르 / 서관모·백승욱	12,000원

120	다른 곳	J. 데리다 / 김다은 · 이혜지	10,000원
121	문학비평방법론	D. 베르제 外 / 민혜숙	12,000원
122	자기의 테크놀로지	M. 푸코 / 이희원	16,000원
123	새로운 학문	G. 비코 / 李源斗	22,000원
124	천재와 광기	P. 브르노 / 김응권	13,000원
125	중국은사문화	馬 華 · 陳正宏 / 강경범 · 천현경	12,000원
126	푸코와 페미니즘	C. 라마자노글루 外 / 최 영 外	16,000원
127	역사주의	P. 해밀턴 / 임옥희	12,000원
128	中國書藝美學	宋 民 / 郭魯鳳	16,000원
129	죽음의 역사	P. 아리에스 / 이종민	18,000원
130	돈속담사전	宋在璇 편	15,000원
131	동양극장과 연극인들	김영무	15,000원
132	生育神과 性巫術	宋兆麟 / 洪 熹	20,000원
133	미학의 핵심	M. M. 이턴 / 유호전	14,000원
134	전사와 농민	J. 뒤비 / 최생열	18,000원
135	여성의 상태	N. 에니크 / 서민원	22,000원
136	중세의 지식인들	J. 르 고프 / 최애리	18,000원
137	구조주의의 역사(전4권)	F. 도스 / 이봉지 外	각권 13,000원
138	글쓰기의 문제해결전략	L. 플라워 / 원진숙 · 황정현	20,000원
139	음식속담사전	宋在璇 편	16,000원
140	고전수필개론	權 瑚	16,000원
141	예술의 규칙	P. 부르디외 / 하태환	23,000원
142	"사회를 보호해야 한다"	M. 푸코 / 박정자	20,000원
143	페미니즘사전	L. 터틀 / 호승희 · 유혜련	26,000원
144	여성심벌사전	B. G. 워커 / 정소영	근간
145	모데르니테 모데르니테	H. 메쇼닉 / 김다은	20,000원
146	눈물의 역사	A. 벵상뷔포 / 이자경	18,000원
147	모더니티입문	H. 르페브르 / 이종민	24,000원
148	재생산	P. 부르디외 / 이상호	18,000원
149	종교철학의 핵심	W. J. 웨인라이트 / 김희수	18,000원
150	기호와 몽상	A. 시몽 / 박형섭	22,000원
151	융분석비평사전	A. 새뮤얼 外 / 민혜숙	16,000원
152	운보 김기창 예술론연구	최병식	14,000원
153	시적 언어의 혁명	J. 크리스테바 / 김인환	20,000원
154	예술의 위기	Y. 미쇼 / 하태환	15,000원
155	프랑스사회사	G. 뒤프 / 박 단	16,000원
156	중국문예심리학사	劉偉林 / 沈揆昊	30,000원
157	무지카 프라티카	M. 캐넌 / 김혜중	25,000원
158	불교산책	鄭泰爀	20,000원
159	인간과 죽음	E. 모랭 / 김명숙	23,000원
160	地中海(전5권)	F. 브로델 / 李宗旼	근간
161	漢語文字學史	黃德實 · 陳秉新 / 河永三	24,000원

204 고대세계의 정치	M. I. 포리 / 최생열	근간
205 카프카의 고독	M. 로베르 / 이창실	근간
206 문화 학습 — 실천적 입문서	J. 자일즈 · T. 미들턴 / 장성희	근간
207 호모 아카데미쿠스	P. 부르디외 / 임기대	근간
208 朝鮮槍棒教程	金光錫	40,000원
209 자유의 순간	P. M. 코헨 / 최하영	16,000원
210 밀교의 세계	鄭泰爀	16,000원
211 토탈 스크린	J. 보드리야르 / 배영달	19,000원
212 영화와 문학의 서술학	F. 바누아 / 송지연	근간
213 텍스트의 즐거움	R. 바르트 / 김희영	15,000원

【기 타】

모드의 체계	R. 바르트 / 이화여대기호학연구소	18,000원
라신에 관하여	R. 바르트 / 남수인	10,000원
說 苑 (上·下)	林東錫 譯註	각권 30,000원
晏子春秋	林東錫 譯註	30,000원
西京雜記	林東錫 譯註	20,000원
搜神記 (上·下)	林東錫 譯註	각권 30,000원
경제적 공포〔메디시스賞 수상작〕	V. 포레스테 / 김주경	7,000원
古陶文字徵	高 明·葛英會	20,000원
古文字類編	高 明	절판
金文編	容 庚	36,000원
고독하지 않은 홀로되기	P. 들레름·M. 들레름 / 박정오	8,000원
그리하여 어느날 사랑이여	이외수 편	6,500원
딸에게 들려 주는 작은 지혜	N. 레흐레이트너 / 양영란	6,500원
노력을 대신하는 것은 없다	R. 쉬이 / 유혜련	5,000원
미래를 원한다	J. D. 로스네 / 문 선·김덕희	8,500원
사랑의 존재	한용운	3,000원
산이 높으면 마땅히 우러러볼 일이다	유 향 / 임동석	5,000원
서기 1000년과 서기 2000년 그 두려움의 흔적들	J. 뒤비 / 양영란	8,000원
서비스는 유행을 타지 않는다	B. 바게트 / 정소영	5,000원
선종이야기	홍 희 편저	8,000원
섬으로 흐르는 역사	김영희	10,000원
세계사상	창간호~3호: 각권 10,000원 / 4호: 14,000원	
십이속상도안집	편집부	8,000원
어린이 수묵화의 첫걸음(전6권)	趙 陽 / 편집부	각권 5,000원
오늘 다 못다한 말은	이외수 편	7,000원
오블라디 오블라다, 인생은 브래지어 위를 흐른다	무라카미 하루키 / 김난주	7,000원
인생은 앞유리를 통해서 보라	B. 바게트 / 박해순	5,000원
잠수복과 나비	J. D. 보비 / 양영란	6,000원
천연기념물이 된 바보	최병식	7,800원
原本 武藝圖譜通志	正祖 命撰	60,000원

東文選 文藝新書 101

중국역대명언경구집

가결歌訣

李宰碩 편역

　사람들은 흔히 처세나 수양이나 건강 등에 관한 名言이나 警句들을 붓으로 써서 서재나 응접실 같은 곳에 붙여두거나, 또는 수첩이나 비망록 같은 곳에 적어둔다. 그 이유는 이것들을 수시로 보며 마음에 새기기 위해서일 것이다.

　중국의 고대 문헌 중에서 명언이나 경구는 浩如煙海라고 할 만큼 많다고하는 것이 주지의 사실이나, 이를 〈歌訣〉로 엮은 것은 그렇게 쉽게 접할 수 있는 것이 아니다.

　〈歌訣〉은 원래 〈口訣〉이라고 하는데, 佛家나 道家에서 구두로 전수하는 道法 혹은 秘術의 要語를 말한다. 후에는 암기하기에 편리하도록 사물 내용의 요점에 근거해서 편성한 韻文 및 비교적 整齊된 文句를 모두 〈歌訣〉(또는 〈訣歌〉·〈訣語〉)이라고 지칭하게 되었다.

　〈歌訣〉은 표현이 간결하고 의미가 함축적이며 운율을 가지고 있어 기억하기가 쉽다는 등의 특징을 가지고 있다.

　본서는 고대 중국 문헌 속에서 名言이나 警句라고 할 수 있는 것들을 모아 哲理·修身·論政·讀書·處事 등 23가지 주제별로 분류하였으며, 이를 모두 4언·5언·7언의 〈歌訣〉 형식으로 재구성한 것이다. 따라서 서예인들의 훌륭한 공구서로서 뿐만 아니라 일반 교양인들에게도 더할 나위 없는 수신서가 되고 있다.

東文選 文藝新書 9

神의 起源

何 新 지음
洪 熹 옮김

문화란 단층이나 돌연변이를 낳지 않는다. 따라서 중국의 상고시대에 대한 연구는 신화의 바른 해석에서부터 시작되어야 하며, 그 방법은 고고학·인류학·민속학·민족학은 물론 언어학까지 총동원되어야 한다. 그래야만 과학적 접근을 통한 인간 삶의 본연의 모습을 오늘에 적용할 수 있기 때문이다.

중국의 소장학자 何新이 쓴 《神의 起源》은 문자의 훈고와 언어 연구를 기초로 한 실증적 방법과 많은 문헌 고고자료를 토대로 중국 상고의 태양신 숭배를 중심으로 중국의 원시신화, 종교 및 기본적 철학 관념의 기원을 계통적으로 거슬러 올라가 탐구하고 있다.

'뿌리를 찾는 책'이라는 저자의 말처럼 이 책은 중국 고대 신화계통에 대한 심층구조의 탐색을 통하여 중국 전통문화의 뿌리가 되는 곳을 찾아보려 하고 있다. 즉 본래의 모습을 찾되 단절되거나 편린에 그친 현상의 나열이 아님을 강조한 것이다.

이 때문에 그는 이 책의 체제도 우선 총 20여 장으로 나누고 있다. 그 속에는 원시신화 연구의 방법론과 자신의 입장을 밝힌 十字紋樣과 太陽神 부분을 포함하고, 민족문제와 황제, 혼인과 생식, 龍과 鳳에 대한 재해석, 지리와 우주에 대한 인식, 음양논리의 발생, 숫자와 五行의 문제 등을 고대문자와 언어를 과학적으로 분석하여 근거로 제시했으며, 여러 문헌의 기록도 철저히 재조명해 현대적 해석에 이용하고 있다.

그외에도 원시문자와 각종 문양 및 와당의 무늬 등 삽화자료는 물론, 세계 여러 곳의 동굴 벽화까지도 최대한 동원하고 있다. 특히 도표와 도식·지도까지 내세워 신화와 원시사회의 연관관계를 밝힌 점은 아주 새로운 구조적 분석이라 할 수 있다. 이렇게 하여 그는 일반적 서술 위주의 학술문장이 자칫 범하기 쉬운 '가시적 근거의 결핍'을 극복하고 있다.

東文選 文藝新書 85

禮의 精神

柳 肅 지음
洪 憙 옮김

　이 책에서 다루고 있는 〈예〉는, 현재 의미상의 문명적인 예의뿐만 아니라 사회의 도덕가치·민족정신·예술심리·풍속습관 등 여러 방면에 이르는 극히 넓은 문화적 범주를 뜻한다.

　〈예〉는 인류 문명의 자랑할 만한 많은 것들을 창조하였지만, 동시에 후인들로 하여금 지금까지 내던져 버리기 어려운 보따리를 짊어지게 하였다고 전제하고, 어떻게 하면 이 둘 사이에서 적합한 문명 발전의 길을 찾느냐를 모색하고 있다.

　정신문화상으로는 동양의 오랜 문명과 예의를 가지며, 물질문화상으로는 서양의 선진국가를 초월하여 동서양 문화의 성공적인 결합을 이루고자 함에 있어 그 정신을 다시 한번 되짚는다.

　또한 이 책은 〈예〉라는 한 각도에서 그 문화적인 심층구조와 겉으로 드러난 형태 사이의 관계를 논술하면서 통치자인 군주의 도덕윤리적 수양을 비롯하여, 일반 평민의 가족관계를 유지하고 사회의 안정을 유지하는 기초적인 조건에 이르기까지 저마다 자각하고 준수해야 할 도덕규범을 민족정신과 문화현상을 통해 비교분석하고 있다.

　【주요 내용】禮의 기원과 작용 / 예의 제도와 禮樂의 교화 / 예와 중국의 민족정신 / 예악과 중국의 정치 / 국가와 가정 / 예의 권위 / 체제와 직능 / 윤리화된 철학 / 조상 숭배와 천명사상 / 儒學의 연원 / 예의 반란 / 종교감정과 현실이성 / 신화와 전통 / 士官의 문화와 巫祝의 문화 / 美와 善의 합일 / 詩教와 樂教 / 예의 형상 표현 / 정치윤리 / 집단주의 / 여성의 예교와 여성의 정치 / 예의의 나라 / 윤리강령의 통속화 / 가족과 정치 / 예악의 문화 분위기 / 민족정신의 확대 / 정치적 곤경